4歳児の年間指導計画

あゆのこ保育園（神奈川県）

年間目標

- ◎生活に必要な決まりがわかり、基本的習慣や態度が身につく。
- ◎食事をすることの意味がわかり、みんなで食事を楽しむ。
- ◎危険な場所や危ない行動がわかり、安全に過ごそうとする。
- ◎感じたこと、想像したことを様々に表現して楽しむ。
- ◎自分の意見を主張したり、相手の意見を受け入れながらかかわりを楽しむ。

●人とのかかわりや思いやりをはぐくむ

基本的な生活習慣が身につきはじめ、体の動きも巧みになってくる4歳児。何事にも自信をもって取り組めるようになる一方で、心身ともにまだ未熟な部分も見受けられます。

特に人間関係においては、言葉でうまく表現し、気持ちを伝えることができず、感情的になってしまう姿も多く見られます。長い人生において、相手の話を落ち着いて聞いたり、相手にわかるように話したりすることは、非常に大切な要素です。それをはぐくんでいくためには、周りの保育士の適切な援助が必要です。

4歳児は、自分の思っていることをある程度表現できる年齢なので、保育士が子どもの気持ちを代弁しすぎたり、仲介し過ぎたりしないように配慮します。子どもの葛藤を受け止め、その気持ちを支え、見守ることで、人とのかかわりや人への思いやりを育てていきたいと思います。また、4歳児クラスの子どもたちは、年度の途中で順に5歳の誕生日を迎えます。年度末には、どの子どもも5歳になることを意識しながら、計画を振り返ることも大切だと思っています。

※幼児期の終わりまでに育ってほしい姿 （ア）健康な心と体　（イ）自立心　（ウ）協同性　（エ）道徳性・規範意識の芽生え　（オ）社会生活との関わり　（カ）思考力の芽生え　（キ）自然との関わり・生命尊重　（ク）数量や図形、標識や文字などへの関心・感覚　（ケ）言葉による伝え合い　（コ）豊かな感性と表現

	1期（4〜6月）	2期（7〜9月）	3期（10〜12月）	4期（1〜3月）
予想される子どもの姿	●新しいクラスになり、気分が高揚したり不安になったりする。 ●体を動かしてあそぶことを好むが、危険なことをする姿も見られる。 ●自分の思いが相手に受け入れてもらえないと、手が出てしまうこともある。	●「疲れたから休む」「暑いから着替える」など、自ら気づいて行おうとする。 ●異年齢の子どもに関心をもち、かかわろうとするが、年下の子どもにうまくかかわれない姿も見られる。 ●昆虫など身近な小動物や植物に興味を示し、友達と一緒に観察したりする。	●様々な運動あそびや友達と集団で行うゲームなど、ルールのあるあそびに興味が高まる。 ●5歳児の体の動きにあこがれ、自分もやってみようと挑戦する。 ●自然物をあそびに取り入れて楽しんでいる。	●進級に向けての期待が高まる。 ●自分の物の整理整とんなどに対する意識が高まる。 ●友達と話し合いで問題を解決しようとするが、まだうまく調整できない場面も見られる。
ねらい	◎新しい環境になじみ、担任や友達に親しみをもち、心身ともに健康的に過ごす。（ア）（イ） ◎十分に体を動かして、のびのびとあそぶ。（ア） ◎自分の思いを表現しようとする。（エ）（ケ）	◎身の回りのことを自分で行い、健康に過ごす。（ア）（イ） ◎水あそびやプールあそびなどを通して、水に親しむ。（カ）（ク） ◎異年齢児とあそぶ楽しさを味わう。（ウ）（エ） ◎身近な動植物に親しみ、それらに関心や愛情をもつ。（キ）（ケ）	◎季節の変化に応じた生活の仕方を身につける。（ア）（イ） ◎少し難しいことに挑戦することを楽しみ、体を動かしてあそぶ。（ア）（ウ） ◎自分なりのイメージを膨らませ、工夫して作り、達成感を味わう。（カ）（コ） ◎季節の自然物に興味をもち、あそびに取り入れて楽しむ。（キ）（ク）（コ）	◎健康、安全、身の回りのことなど、基本的な習慣を身につける。（ア）（イ）（エ） ◎進級への期待を膨らませ、意欲的に過ごす。（イ）（オ） ◎自分たちであそびや生活を進めようとする。（ウ）（エ）（ケ） ◎友達とイメージを共有しながら想像の世界を楽しむ。（ウ）（ケ）（コ）
内容	○困ったことなどを担任に伝える。 ○順番や危ないことを知る。 ○コーナーあそびなどを通して、気の合う友達と十分にあそぶ。 ○戸外で集団ゲームなどを楽しむ。 ○散歩先や園庭で身近な遊具や用具を使い、のびのびと体を動かして楽しむ。 ○自分の考えを伝え、友達の考えも聞こうとする。	○水分補給や休息などに気を付けようとする。 ○安全に水あそびを楽しむための約束事を知る。 ○水にふれてあそぶ。 ○異年齢合同のあそびを通して、ふれあいを楽しむ。 ○近隣の畑や田んぼの様子を見て、育てている野菜の生長を楽しみにする。 ○身近な動植物などを観察したり、育てたりすることで、生命の尊さに気づく。	○気温に合わせて衣服の調節をしたり、手洗い・うがいをする。 ○運動用具を使って、興味のある運動にじっくり取り組む。 ○友達や異年齢児と一緒に積極的に体を動かす。 ○様々な素材や材料を工夫して使い、作ることを楽しむ。 ○芋掘り体験などを通して、季節の自然物にふれてあそぶ。	○体調管理に関心をもち、自分で気を付けたり身の回りのことをしようとする。 ○散歩や園外保育などを通して交通ルールに意識を向けるとともに、園内で安全に過ごすために必要な決まりをみんなで確認する。 ○進んで手伝いなどをしようとする。 ○年下の子どもと一緒に過ごし、優しく接したり教えてあげたりする。 ○自分に起こった問題を整理する方法を理解する。 ○あそびや話し合いのなかで気持ちを出し合い、話し合って解決しようとする。 ○絵本、物語、視聴覚教材などを見たり、聞いたりしてイメージを広げ、保育士や友達とあそびに取り入れ、表現して楽しむ。
環境・援助・配慮のポイント	◆緊張や不安からの心身の疲れがいやされるように、ごせる環境を準備し、ひとりひとりの健康状態を十分に把握しておく。また、子どもが話しやすい雰囲気を作るようにする。 ◆散歩時の交通安全や固定遊具であそぶ際の約束事は、無理なく守れるような約束にし、繰り返し伝えていく。また、身の回りの危険予知について関心をもてるように、絵本や紙芝居を読み聞かせるなどの工夫をする。 ◆日々の生活やあそびのなかで安心感をもち、のびのびと友達とかかわれるように、散歩をしたり、園庭でみんなで楽しめるようなあそびを取り入れる。 ◆ひとりひとりの考えを聞く機会をもち、保育士がまず子どもの話に共感することで、自分の思いを伝える楽しさを感じられるようにしていく。	◆暑さや汗に関する話をし、自分の健康に関心をもてるようにする。 ◆あそびに夢中になっているので、水分補給や休息、帽子の着用などに気づくよう声をかけていく。 ◆ひとりひとりが十分に水あそびを楽しめるよう、大きなプールやタライ、おもちゃなどを用意する。また、安全のための約束事をわかりやすく伝える。 ◆異年齢交流で5歳児から優しくされることを心地よく感じたり、3歳児に優しく接したりする経験ができるように、交流の内容を考え、環境を設定する。 ◆育てている野菜の生長に関心が向くように、近隣の田畑の様子を見にいき、保育士が生長したところを伝えていく。 ◆興味をもっている動植物の図鑑や虫かご、えさなどを用意する。世話をするなかで必要な物を一緒に考えたり、扱い方を知らせ、命の尊さを伝えていく。	◆衣服の調節や手洗い、うがいの大切さを知らせ、自分たちで声をかけ合って意識できるようにし、習慣として身につくように援助していく。 ◆様々な運動を楽しめるように環境を整えるとともに、挑戦する姿を励まし、楽しみながら繰り返し取り組めるようにする。 ◆運動会後も体を動かせるように、異年齢活動を取り入れる。そのなかで、年下の子に思いやりをもったり、年上の子へのあこがれを感じられるようにする。 ◆自然にふれる機会を多くもち、興味が深まるようにコーナーなどを用意する。 ◆表現しやすいように素材や道具などを十分に調える。また、自由に作れる環境を整え、できた物を友達に見せたり飾ったりして完成を喜べるようにする。 ◆イメージした通りに作れないときはポイントを伝え、できた点を褒めるなど、個々に合わせた援助をして、自信をもてるようにする。	◆生活の様々な場面で、子ども自らが危険な場所やあそび方を考え、理解し、判断しながら適切な行動を選択できるように援助する。また、身の回りのことを自分から行う姿を認め、個々に応じた援助をしていく。 ◆身近な人を見て手伝おうとするので、子どもの気づきに共感し、認めていく。また、人の役に立とうとする気持ちの芽生えを大切にし、手伝いの機会を作る。 ◆異年齢での活動を積極的に取り入れ、友達とのかかわりのなかで、自分自身で考え、判断して行動する力が培われるように援助する。 ◆ぶつかり合ったときは、自分の気持ちを整理できるように見守りながら、必要に応じて相手の気持ちを知らせ、子どもの心の安定に配慮した援助をする。 ◆子どもひとりひとりの表現を受け止め、そのおもしろさや発想の豊かさに共感し、表現することの楽しさが味わえるよう配慮する。
家庭との連携	・保護者が不安を感じないよう、子どもの様子を十分に伝え、伸ばしたい点や、保護者が心配している点などについて話し合うようにする。 ・クラス懇談会では、年齢、発達に応じた園での保育について紹介し、保護者の理解を得られるようにすることで、今後の保護者への支援につなげていく。	・子どもの様子や成長を保護者が理解しやすいようにクラス便りで伝えたり、保育参加への出席を積極的に呼びかける。 ・登園時の健康観察や保護者との会話で、子どもの体調について互いに把握し、健康管理に努めていく。	・「子どもにきちんとさせたい」という保護者の気持ちも受け止めながら、自立を焦らず、甘えたい気持ちを十分に受容することや、スキンシップが大切だということを伝えていく。 ・運動会を通して成長した姿を伝え、喜びを共有する。	・子どもの成長を共に喜び合いながら進級への期待を高める。心配な点などがあれば面談を通して話し合い、次年度へつなげていけるようにする。 ・クラス懇談会では、進級後の保育内容について保護者に伝え、不安のないように、わからないことは気軽に尋ねられるようにする。
食育	・簡単な当番活動に取り組み、食事をする準備などに関心をもつ。 ・野菜の栽培を通して、食への興味・関心を広げる。	・友達や保育士と一緒に、楽しい雰囲気のなかで食べることを楽しむ。 ・自分たちでよそい、収穫した野菜などを食べることで、食べる意欲をもつ。	・収穫物について知り、食事と健康の関連に興味をもち、食べてみようとする。 ・食事の後片付けに興味をもち、自分で丁寧にやってみようとする。	・食事のマナーに興味をもつ。 ・進級に向けて、おかずを詰めるお弁当作りやバイキングに参加する。
行事	4月：内科健診、歯科検診　5月：入園・進級1か月後のアンケート、クラス懇談会　6月：プール開き	7月：七夕、夕涼み会 9月：内科健診、園児引渡し訓練	10月：歯科検診、みんなの運動会、芋掘り 11月：遠足、交通安全指導　12月：お店屋さんごっこ、クリスマスパーティー	2月：節分、みんなでありがとうの会 3月：ひな祭り、卒園式

※保育参加、個人面談、給食試食（随時行い、保護者1人につき1回の参加）は、年間を通して行っている。

4歳児の年間指導計画

いわき市いちご研究会（福島県）

年間目標

◎健康で安全な生活の習慣や態度を身につける。

◎教師や友達とかかわってのびのびと活動し、共に過ごす楽しさを味わう。

◎自然にふれて生活していくなかでさまざまな体験を積み重ね、美しさや不思議さ、偉大さなどを感じとる。

●戸惑いと混乱を十分に受け止めて、次のステップへ

新入園児と進級児が同じクラスでスタートする「4歳児」の新年度は、戸惑いと混乱から始まります。新入園児はこれまでに家庭で身につけた生活習慣との違いに、また進級児は、周りの対応の変化に。「かわいいね」と言ってくれていた教師たちが、4月になると3歳児や新入園児の世話で忙しそう。5歳児が「さすが年長さん！」と頼りにされているのに比べると、進級児の存在はとても中途半端なものです。「わたしのことも見て！」と、できるのに片付けをさぼったり、「ぼく、やりたくない！」と言ったり。ちょうど3人きょうだいの真ん中の子と同じ気持ちなのでしょうか。そんなとき、「○○ちゃん、大きくなったね」とか「さすが、○○組さん。上手だね」と、どの教師でもいいから頭をなで、抱きしめてもらうことが大きな自信になります。4歳児での1年間の保育成果は、じわじわと行きつ戻りつ、しかし確実にその後の成長に表れてくるものです。感受性豊かで独自の発想ができる、この時期のひとりひとりを大切にとらえ、教師も十分に成長の過程を楽しむこと、それが1年間の園全体の充実した保育へとつながります。

※幼児期の終わりまでに育ってほしい姿 (1)健康な心と体 (2)自立心 (3)協同性 (4)道徳性・規範意識の芽生え (5)社会生活との関わり (6)思考力の芽生え (7)自然との関わり・生命尊重 (8)数量や図形、標識や文字などへの関心・感覚 (9)言葉による伝え合い (10)豊かな感性と表現

	1期（4〜5月）	2期（6〜7月）	3期（8〜12月）	4期（1〜3月）
予想される子どもの姿	●入園当初は不安で保護者から離れられない子や教師のそばにいることで安定する子もいるが、次第にやりたいあそびを見つけて取り組むようになる。①※1 ●進級の喜びを感じる一方で、新入園児や新しい環境に戸惑いを感じる。②※1 ●傍観している子や活発に動く子など、あそびや生活に個人差が大きい。③※1	●新しい生活や友達に慣れてきて、安定して過ごすようになる。 ●友達と同じ物を身につけ、まねをしながら、友達とのかかわりを楽しんでいる。 ●自分の思いを言葉にできず、相手の思いに気づけないための衝突も多くなる。 ●身近な自然や不思議なことへの興味・関心をもち、考えたり調べたりする。	●大勢であそぶことを喜び、友達と集団あそびや鬼ごっこなどを楽しんでいる。 ●運動会や遠足、生活発表会などの様々な行事を経験しながら、満足感を味わい、自信をもって生活するようになる。 ●自分の思いを一方的に通そうとする子や、なかなか思いを出せない子がいる。	●気の合った友達同士では、イメージや考えを出し合ってあそぶ姿が見られる。 ●興味の持続時間も長くなり、繰り返しあそびに取り組むようになる。 ●当番活動の引き継ぎなどを通して、5歳児クラスに進級することに期待をもっている。
ねらい	◎教師や友達に親しみ、園生活に安心感をもつ。①(1)(2) ◎進級したことを喜び、新しい環境に慣れる。②(1)(2) ◎興味をもったあそびに取り組み、友達とかかわってあそぶ。②(2)(4)(9) ◎春の自然の美しさや、心地よさを味わう。③(7)(10)	◎園生活の流れを知り、身の回りのことをしようとする。(1)(2) ◎クラスのみんなと一緒に活動することを楽しむ。(3)(6) ◎自分の気持ちを言葉や態度で表現する。(9) ◎様々な植物や小動物にふれ、夏ならではのあそびを十分に楽しむ。(1)(7)	◎生活リズムを取り戻し、安定した生活を送る。(1) ◎戸外で十分に体を動かしてあそぶ楽しさを味わう。(1)(4) ◎したいことを、言葉や態度で表現しながら友達とかかわる。(3)(6)(9) ◎いろいろな行事やあそびを通して様々な表現を楽しみ、達成感を味わう。(3)(5)(8) ◎身近な自然に興味をもち、あそびに取り入れて楽しむ。(6)(7)	◎身の回りのことを自分で行い、健康に過ごす。(1)(2) ◎クラスの活動や園全体の活動に喜んで取り組み、年長組になる期待をもつ。(2)(3) ◎思っていることや考えていることを伝え合いながらあそび、友達とのつながりを深めていく。(3)(9) ◎冬から早春への季節の移り変わりを感じ、自然に関心をもつ。(6)(7)(10)
内容	○教師や進級児と一緒に行動しながら、必要な生活習慣（あいさつ・身支度・食事・排せつなど）を身につける。① ○新しい生活や新入園児とのふれあいを楽しみ、進級した喜びを味わう。② ○園生活の様々なルールを知り、安全な生活への意識をもつ。③ ○困ったことや、してほしいことなどを、教師に言葉や態度で表現する。③ ○気の合った友達と一緒に好きなあそびを楽しむ。② ○きれいな草花やさわやかな風など、春の自然の心地よさを感じながらあそぶ。③	○あそびや活動に必要な身支度や片付けなどを自分でしようとする。 ○友達とふれあい、身近なものを見立ててあそんだり、なりたいものになりきったりして一緒にあそぶ。 ○水や砂・泥で十分にあそんだり、プールで思い切りあそんだりして、様々な感触を楽しみ、解放感を味わう。 ○自分の思いを表現し、相手の思いに気づく。 ○友達と一緒に、植物や小動物の世話を楽しむ。	○生活やあそびを通して生活リズムを整え、安心して過ごす。 ○友達と一緒に簡単な決まりやルールを守って、あそびを楽しむ。 ○体を動かしてあそぶ心地よさを味わいながら、いろいろな運動あそびに興味をもち、楽しんで取り組む。 ○音楽に合わせて体を動かしたり、友達と一緒に歌ったり楽器を合わせたりしながら、表現する楽しさを味わう。 ○いろいろな材料を使って、あそびに必要な物を作り、工夫してあそぶ。 ○園内外の自然物を集めて観察したり、あそびのなかで使う。	○健康に関心をもち、うがい・手洗いや身の回りのことを進んで行う。 ○友達一緒にあそびや当番活動を進めていくことを楽しむ。 ○5歳児に感謝の気持ちを込めて、お別れ会や修了式の準備を行う。 ○友達と互いに思いを伝え合ってあそぶことを楽しむ。 ○友達と考えを出し合い、協力してあそびに必要な物を作ってあそぶ。 ○冬から早春への微妙な変化を五感で感じ取り、教師や周りの友達と伝え合う。
環境・援助・配慮のポイント	◆不安な子には教師が寄り添い、草花や小動物を見ながら会話をするなど、自分の思いを教師に伝えられるようにすることで、安定できるようにする。① ◆生活習慣が身につくよう丁寧にかかわり、図や写真などで表示を工夫する。① ◆新しい環境に戸惑いや不安を感じている子には、安心感がもてるよう新入園児の降園後などに、たっぷりとかかわるようにする。② ◆3歳のときに使った遊具を出しておいたり、経験したあそびを取り入れたりして、教師一緒にあそび、楽しめるようにする。② ◆「集まると楽しいことがある」と感じられるように、教師とクラスの友達とふれあう時間や場を工夫していく。③ ◆園庭の草花や畑の野菜を観察し、新しい苗を植えたり種をまいたりして生長を楽しめるようにする。③	◆衛生に十分注意し、うがい・手洗い・衣服の調整の仕方を丁寧に伝える。また、着替えは、繰り返しのなかで身につくようにしていく。 ◆水や砂・泥などの感触を十分に味わい、解放感を楽しめるよう、様々な素材や道具を準備し、教師も一緒にあそびながら楽しさに共感していく。 ◆子どものあそびの様子を見ながら、必要な素材や遊具や場を用意し、友達と一緒にあそぶ楽しさを感じられるようにする。 ◆言葉の使い方が不十分なことや相手の思いに気づかないことで、ぶつかり合いが増えてくるので、教師が互いの思いを丁寧に伝え、仲立ちをしていく。 ◆種まきや草花・小動物の世話を通して、教師と植物の生長を楽しんだり、小動物にふれ、観察を楽しみ、世話の仕方などを調べる。また、観察を続けるなかで、様々な生命の不思議さや「命」について考えるきっかけ作りをしていく。	◆長い休み明けは、子どもの生活リズムが崩れるので、ひとりひとりと丁寧にかかわり、ゆったり過ごせるようにする。また、生活やあそびを通して、教師や友達とのつながりを感じられるようにする。 ◆友達とあそびたい気持ちを大切にし、じっくりと取り組めるように場や時間を柔軟に設定していく。 ◆ルールが共通のものになるよう、教師が互いの思いを伝えて仲立ちをし、あそびのなかで思いを伝え合うことで友達とのつながりに気づけるようにする。 ◆互いに刺激し合えるグループで活動したり、チームを作ったりしながら、友達関係を広げられるように機会を作っていく。 ◆全身で表現する楽しさや、歌や楽器を合わせる心地よさを感じられるように、様々な発表の機会をとらえ、自信や満足感を味わえるようにしていく。 ◆自然の移り変わりに気づくよう、収集物の掲示や図鑑を見やすく配置して魅力ある観察コーナーを作り、自然物をあそびに取り入れられるようにする。	◆風邪の予防を進んでできるよう、うがい・手洗いをする意味を改めて伝える。 ◆ひとりひとりが進級の喜びを感じ、自信をもって生活できるように、身の回りのことなどを見直し、個々に応じた援助をしていく。 ◆これまでの経験を基にして、自分たちで生活やあそびを進めていこうとする姿を大切にし、必要なものを用意したり、材料を提示したりして援助する。 ◆5歳児へのあこがれの気持ちを大切にし、様々な行事の準備を通して、自信や満足感が味わえるようにしていく。 ◆自分の思いを伝えたり友達の思いに気づいたり、互いに共感したりできるよう、場をとらえて援助していく。 ◆雪や氷など、冬ならではの自然事象を保育に生かせるよう、天気予報などの情報を調べ、準備をしておく。また、戸外に出たときは、様々な発見や、疑問を共有できるよう、子どもたちのつぶやきを聞き逃さないようにしていく。
家庭との連携	・入園・進級時は保護者も戸惑うことがあるので、送迎時などに園生活の様子などを具体的に伝え、安心感をもてるようにしていく。 ・生活リズムが整うまで、家庭でもゆったりと過ごし、子どもが十分に休息をとれるよう伝える。	・保育参観や行事への参加を通して子どもたちの成長を知らせ、保育や園への理解が深まるようにし、保護者との信頼関係を築いていく。 ・園での栽培物や飼育物について保護者や地域の人へ知らせ、情報交換をし、詳しい飼い方やよい栽培方法などのアドバイスを得る機会にする。	・運動会や発表会、「幼稚園へ行こう週間」などを通して、保護者や地域の人とかかわり、多くの方に園生活を知ってもらう機会とする。 ・園が中心となって個人面談や教育相談、また地区の巡回相談について知らせながら、地域全体で子育てをサポートしていく。	・子どもの成長の姿を具体的に保護者に知らせ、互いに成長を喜び合えるようにし、次年度へつなげるようにする。
行事	4月：入園式、始業式、保育参観 5月：こどもの日の集い、春の遠足、検診（歯科、眼科）、内科健診、家庭訪問、タケノコ掘り	6月：プール開き、親子お話会、パパふれあいデー、みゅう広場 7月：七夕の集い、カレーパーティー、夏祭り、個別懇談会	8月：夏休み【みゅう広場】 9月：お月見会、祖父母参観、みゅう広場 10月：運動会、秋の遠足、芋掘り、みゅう広場 11月：幼稚園へ行こう週間、生活発表会、みゅう広場 12月：もちつき会、おたのしみ会、みゅう広場	1月：保育参観、みゅう広場 2月：豆まき会、一日入園、おもいで遠足 3月：ひな祭り会、お別れ会、修了式

※1 ①＝新入園児 ②＝進級児 ③＝全員を表している。　※2 いわき市が毎年行っている文化の日前後1週間の園開放。保護者や地域の人との交流のためのイベント（自由参観、パパふれあいデー、教育相談など）を行う。

幼稚園教育要領、保育所保育指針
幼保連携型認定こども園教育・
保育要領改訂（定）
に当たって

指導計画にいかしたいPOINT

平成30年4月から、
新しい幼稚園教育要領、
保育所保育指針等が施行されることになりました。
改訂（定）の意図を理解し、
指導計画にいかすにはどう考えたらよいのか、
解説します。

秋田喜代美
東京大学大学院教授

指導計画にいかしたいPOINT

育みたい「資質・能力」とは何か?

「資質・能力」は小学校と共通する内容なので、以下では学習指導要領と幼稚園教育要領（以下、教育要領）をベースにしていますが、幼児教育を行う施設として、保育所や幼保連携型認定こども園（以下、こども園）においても、「資質・能力としての3要素」は同様に考えます。

資質・能力という言葉

今回の改訂において、学習指導要領、教育要領、幼保連携型認定こども園教育・保育要領（以下、教育・保育要領）とも、

- 子供たちが未来社会を切り拓くための資質・能力を一層確実に育成。その際、子供たちに求められる資質・能力とは何かを社会と共有し、連携する「社会に開かれた教育課程」を重視。
- 知識及び技能の習得と思考力、判断力、表現力等の育成のバランスを重視する現行学習指導要領の枠組みや教育内容を維持した上で、知識の理解の質をさらに高め、確かな学力を育成。
- 先行する特別教科化など道徳教育の充実や体験活動の重視、体育・健康に関する指導の充実により、豊かな心や健やかな体を育成。

が、改訂の基本的な考え方です。資質・能力の3つの柱について偏りなく実現できる

【小学校以上】

知識及び技能　　思考力、判断力、表現力等

学びに向かう力、人間性等

※下に示す資質、能力は例示であり、遊びを通しての総合的な指導を通して育成される。

【幼児教育（環境を通して行う教育）】

知識及び技能の基礎
（遊びや生活の中で、豊かな体験を通じて、何を感じたり、何に気付いたり、何が分かったり、何ができるようになるのか）
- 基本的な生活習慣や生活に必要な技能の獲得
- 身体感覚の育成
- 規則性、法則性、関連性等の発見
- 様々な気付き、発見の喜び
- 日常生活に必要な言葉の理解
- 多様な動きや芸術表現のための基礎的な技能の獲得　等

思考力、判断力、表現力等の基礎
（遊びや生活の中で、気付いたこと、できるようになったことなども使いながら、どう考えたり、試したり、工夫したり、表現したりするか）
- 試行錯誤、工夫
- 予想、予測、比較、分類、確認
- 他の幼児の考えなどに触れ、新しい考えを生み出す喜びや楽しさ
- 言葉による表現、伝え合い
- 振り返り、次への見通し・自分なりの表現
- 表現する喜び　等

遊びを通しての総合的な指導

学びに向かう力、人間性等
（心情、意欲、態度が育つ中で、いかによりよい生活を営むか）
- 思いやり・安定した情緒
- 自信・相手の気持ちの受容
- 好奇心、探究心・葛藤、自分への向き合い、折り合い
- 話し合い、目的の共有、協力
- 色・形・音等の美しさや面白さに対する感覚
- 自然現象や社会現象への関心　等

※三つの円の中で例示される資質・能力は、五つの領域の「ねらい及び内容」及び「幼児期の終わりまでに育ってほしい姿」から、主なものを取り出し、便宜的に分けたものである。

※文部科学省「幼児教育部会における審議の取りまとめ」（平成28年8月26日）の図を改編

ようにすることとされています。※

学習指導要領では「育成すべき資質・能力」、教育要領や教育・保育要領、保育所保育指針（以下、保育指針）では、「育みたい資質・能力」と、「資質・能力」という語が共通して使用されるようになりました。つまり、各学校段階及び全ての教科等について共通する、育成を目指す資質・能力を明確にしているということです。小学校では最低基準として、どの児童生徒も学習することが求められているために「育成すべき」、幼稚園やこども園、保育所等では、子どもの発達の特性を踏まえていることから「育みたい」資質・能力として位置付けられています。

注）
※文部科学省「幼稚園教育要領、小・中学校学習指導要領等の改訂のポイント」より

資質・能力としての3要素

この「資質・能力」とは、学習指導要領や教育要領等に基づく指導を通して、子どもたちに何を身につけてもらうのかを示す内容のことであり、保育所やこども園においても同様です。

これからの社会では、電子情報通信技術（ICT）の発展やグローバル化等で、職業の在り方も大きく変化するだろうといわれています。そうした将来を見据えた時に、何が育ってほしいか、学習者としての子どもたちにどのようなことが求められるかという視点から、3つの要素からなる「資質・能力」が考えられています。それが、「知識及び技能の基礎」「思考力、判断力、表現力等の基礎」「学びに向かう力、人間性等」です。前2つは現行の内容の中でも記されていますが、「学びに向かう力、人間性等」が新たに加わっています。

注）
今回の改訂（定）では、幼児教育についての記載内容が、幼稚園教育要領、保育所保育指針、幼保連携型認定こども園教育・保育要領において、ほぼ共通になりました。ここでは、保育所保育指針の原文を掲載します。解説の参考としてご覧ください。

一体的・総合的に育む

そして、「生きる力の基礎を育むため、3つの資質・能力は、それぞれ別々にではなく、一体的に育むよう努めるものとする」とされています。つまり、総合的に活動を通して育つものとして考える必要があるということです。

(1) 豊かな体験を通じて、感じたり、気付いたり、分かったり、できるようになったりする「知識及び技能の基礎」
(2) 気付いたことや、できるようになったことなどを使い、考えたり、試したり、工夫したり、表現したりする「思考力、判断力、表現力等の基礎」
(3) 心情、意欲、態度が育つ中で、よりよい生活を営もうとする「学びに向かう力、人間性等」

と説明がされています。「学びに向かう力、人間性等」とされているものはいわゆる心情・意欲・態度です。非認知スキルや社会情動的スキルとして、2000年代になってその重要性が特に、指摘されるようになっている内容です。

（原文）
第1章総則 4 幼児教育を行う施設として共有すべき事項
(1) 育みたい資質・能力
ア 保育所においては、生涯にわたる生きる力の基礎を培うため、1の(2)に示す保育の目標を踏まえ、次に掲げる資質・能力を一体的に育むよう努めるものとする。
(ア) 豊かな体験を通じて、感じたり、気付いたり、分かったり、できるようになったりする「知識及び技能の基礎」
(イ) 気付いたことや、できるようになったことなどを使い、考えたり、試したり、工夫したり、表現したりする「思考力、判断力、表現力等の基礎」
(ウ) 心情、意欲、態度が育つ中で、よりよい生活を営もうとする「学びに向かう力、人間性等」

3要素と「幼児期の終わりまでに育ってほしい姿」

園での教育において育みたい資質・能力を幼児の生活する姿からとらえたものが、5領域それぞれの「ねらい」ということになります。5領域のねらい及び内容に基づく、活動全体を通して資質・能力が育まれている卒園時の具体的な姿が「幼児期の終わりまでに育ってほしい姿」と呼ばれている10の姿になります。

指導計画にいかしたいPOINT

2 「幼児期の終わりまでに育ってほしい姿」とは

新たに提示された「10の姿」の成り立ちや意味について、知っておきましょう。

何のために考えられたのか？

幼児期にふさわしいあそびや生活を、それぞれの子どもが入園時から順に積み重ねていくことによって、**5歳児後半時期に見られる具体的な姿を示す観点**です。幼児期の教育で育みたい資質・能力が、園の生活を通して育まれているかをとらえるためのものといえます。**子どもたち全員が同じように達成しなければならない到達目標とは異なります**。大事なのは、ひとりひとりの発達の特性に応じて、この姿は見られるものであることです。10の姿は、別々に取り出して指導するものではありません。園での暮らしやあそびの中に表れる子どもの姿をより丁寧に見取ることによって、求められる資質・能力の育ちの過程を意識し、発達にふさわしい細やかな支援を行っていくことが必要といえます。

どのようにして作られたか？

この「10の姿」は、平成22年11月に幼児期の教育と小学校教育の円滑な接続の在り方に関する調査研究協力者会議の「幼児期の教育から小学校教育の円滑な接続の在り方について（報告）」の報告書に記されている「各学校・施設において幼児期の終わりまでに育ってほしい姿をイメージする」として記された12の姿をもとに、10に整理し提出されたものです。

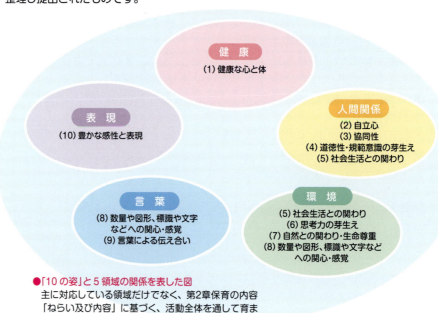

●「10の姿」と5領域の関係を表した図
主に対応している領域だけでなく、第2章保育の内容「ねらい及び内容」に基づく、活動全体を通して育まれることに留意しましょう。

学習指導要領では育つべき具体的な姿が記されていますが、教育要領や保育指針では「…を味わう」「…を感じる」などの表記だけではわかりにくいという指摘が以前からありました。そこで、より一層の円滑な接続を目指し、今回の改訂（定）で「10の姿」が記されることになりました。**幼児期の教育を通して育った幼児の成長の姿を、小学校教師をはじめ園の関係者以外の人にもわかりやすく伝え、子どもの姿を共有できるようにするために記されているものです。** なぜこの内容が記されているかの背景を知ることで、具体的に園でのエピソードを通して子どもの姿をとらえることができます。「ねらい」を通して、「10の姿」各々がどのように育っているのかを見取り、語り合うことが大事になってきます。

要領や指針を読む時に大事にしたいことは？

　「10の姿」として記されている告示文の中には、複数の内容が含まれています。ですので、含まれている鍵となる句や語に注意して子どもの姿をとらえることが大事です。
　なお、教育要領や保育指針での5領域のねらいと内容には年齢が記されていません。したがって、5歳児後半の部分を中心に、この中の大事な点を整理して記述したものということができます。

（原文）
第1章総則 4幼児教育を行う施設として共有すべき事項
(2) 幼児期の終わりまでに育ってほしい姿
次に示す「幼児期の終わりまでに育ってほしい姿」は、第2章に示すねらい及び内容に基づく保育活動全体を通して資質・能力が育まれている子どもの小学校就学時の具体的な姿であり、保育士等が指導を行う際に考慮するものである。

(1) 健康な心と体

領域「健康」の内容です。やりたいことをもって充実感をもちあそべているか。そのために伸び伸びと心と体を動かしているか。行動しているだけでなく、見通しをもっているか、この経験の積み重ねを通して、心身の健康や安全を守る意識や習慣が育っているかをとらえてみましょう。

（例）今日は暑いから、保育者に言われなくても自分から気づいて上着を脱ぎ、園庭に行こうとしている姿。

（ア）健康な心と体
保育所の生活の中で、充実感をもって自分のやりたいことに向かって心と体を十分に働かせ、見通しをもって行動し、自ら健康で安全な生活をつくり出すようになる。

(2) 自立心

領域「人間関係」の内容です。主体的に環境に関わり様々な活動を楽しむことだけではなく、その中でも、しなければならないことがわかって、そのために考えたり工夫したりしている姿、あきらめずにやり遂げ達成感をもった姿があるでしょうか。そうした経験の繰り返しを通して、自信をもって日々行動できている姿があるかを見ましょう。

（例）いつも失敗していたけれど、今日は頑張ってできた！ という姿。

（イ）自立心
身近な環境に主体的に関わり様々な活動を楽しむ中で、しなければならないことを自覚し、自分の力で行うために考えたり、工夫したりしながら、諦めずにやり遂げることで達成感を味わい、自信をもって行動するようになる。

指導計画にいかしたいPOINT

(原文)
(ウ)協同性
友達と関わる中で、互いの思いや考えなどを共有し、共通の目的の実現に向けて、考えたり、工夫したり、協力したりし、充実感をもってやり遂げるようになる。

(エ)道徳性・規範意識の芽生え
友達と様々な体験を重ねる中で、してよいことや悪いことが分かり、自分の行動を振り返ったり、友達の気持ちに共感したりし、相手の立場に立って行動するようになる。また、きまりを守る必要性が分かり、自分の気持ちを調整し、友達と折り合いを付けながら、きまりをつくったり、守ったりするようになる。

(オ)社会生活との関わり
家族を大切にしようとする気持ちをもつとともに、地域の身近な人と触れ合う中で、人との様々な関わり方に気付き、相手の気持ちを考えて関わり、自分が役に立つ喜びを感じ、地域に親しみをもつようになる。また、保育所内外の様々な環境に関わる中で、遊びや生活に必要な情報を取り入れ、情報に基づき判断したり、情報を伝え合ったり、活用したりするなど、情報を役立てながら活動するようになるとともに、公共の施設を大切に利用するなどして、社会とのつながりなどを意識するようになる。

(カ)思考力の芽生え
身近な事象に積極的に関わる中で、物の性質や仕組みなどを感じ取ったり、気付いたりし、考えたり、予想したり、工夫したりするなど、多様な関わりを楽しむようになる。また、友達の様々な考えに触れる中で、自分と異なる考えがあることに気付き、自ら判断したり、考え直したりするなど、新しい考えを生み出す喜びを味わいながら、自分の考えをよりよいものにするようになる。

(3) 協同性
領域「人間関係」に関わる内容です。友達と関わる中で、互いの思いや考えなどを共有できているでしょうか。そこから共通の目的をもって実現に向け、一緒に考えたり工夫したり協力したりする姿があるでしょうか。さらに仲間との協同を通して、充実感をもってやり遂げる姿が育っているでしょうか。

(例)発表会での演じ方をめぐって意見を出し合う姿。

(4) 道徳性・規範意識の芽生え
領域「人間関係」の内容です。してよいことや悪いことが分かって自らの行動を振り返ったり、友達の気持ちに共感したり相手の立場に立った行動の姿が見られるでしょうか。きまりの必要性を理解して自分の気持ちを調整し友達と折り合いをつけることや、さらに、きまりを自分たちで考え守るというような姿が仲間との間で見られるでしょうか。

(例)鬼ごっこで問題発生。子どもたちでルールを決めて話し合っている姿。

(5) 社会生活との関わり
領域「人間関係」や「環境」の内容です。家族を大事にする気持ちとともに、地域の身近な人と触れ合う時に相手の気持ちを考えて関わったり、自分が役に立つ喜びを感じられたりしているでしょうか。それらの経験から、地域に親しみをもったり、地域に関わりながらあそびや生活に必要な情報を取り入れたり、伝え合って活用したりするなどの姿が見られるでしょうか。また、公共の施設利用などを通じて社会とのつながりの意識が育っているでしょうか。

(例)消防士さんが安全について説明してくれ、子どもが仕事をイメージしている姿。

(6) 思考力の芽生え
領域「環境」の内容です。物の性質や仕組みなどを感じて気づいたり、考えて予想したり、工夫したりする姿があるでしょうか。その中で友達の様々な考えに触れ、違う考えに気づいて、自ら判断したり考え直したり、新しい考えを生み出す喜びを感じたり、自分の考えをさらによくしようとする姿があるでしょうか。

(例)もっとこうしたらよく転がるのではないかと、ビー玉転がしの坂の角度を見ながら、仲間とともに考えている姿。

(7) 自然との関わり・生命尊重

領域「環境」の内容です。自然に触れる感動体験を通して自然の変化などを感じ、好奇心や探究心をもってそれを言葉などで表現する姿です。そして自然への愛情や畏敬の念、生命の不思議さや尊さに気づくことで、命あるものへのいたわりや大事にする気持ちをもってかかわる姿を見ることができるでしょうか。

(例) 保育室で飼っている、ウサギの排泄の世話などを嫌がらずにして慈しんでいる姿。

(原文)
(キ) 自然との関わり・生命尊重
自然に触れて感動する体験を通して、自然の変化などを感じ取り、好奇心や探究心をもって考え言葉などで表現しながら、身近な事象への関心が高まるとともに、自然への愛情や畏敬の念をもつようになる。また、身近な動植物に心を動かされる中で、生命の不思議さや尊さに気付き、身近な動植物への接し方を考え、命あるものとしていたわり、大切にする気持ちをもって関わるようになる。

(8) 数量や図形、標識や文字などへの関心・感覚

領域「環境」や「言葉」の内容です。標識や文字などの役割に気づき、必要感から数量や図形などを活用し興味や関心、感覚をもつ姿が生活の中で見られるでしょうか。

(例) お店屋さんごっこで、看板に数字やロゴで表現し、やり取りをしている姿。

(ク) 数量や図形、標識や文字などへの関心・感覚
遊びや生活の中で、数量や図形、標識や文字などに親しむ体験を重ねたり、標識や文字の役割に気付いたりし、自らの必要感に基づきこれらを活用し、興味や関心、感覚をもつようになる。

(9) 言葉による伝え合い

領域「言葉」の内容です。保育者や友達と心を通わせ絵本などを楽しみ、そこでの豊かな言葉や表現を身につけて言葉で伝えたり、相手の話に耳を傾け合い、言葉による伝え合いを楽しむ姿が見られるでしょうか。

(例) 2、3人で1冊の絵本を一緒に見ながら、感想を言い合っている姿。

(ケ) 言葉による伝え合い
保育士等や友達と心を通わせる中で、絵本や物語などに親しみながら、豊かな言葉や表現を身に付け、経験したことや考えたことなどを言葉で伝えたり、相手の話を注意して聞いたりし、言葉による伝え合いを楽しむようになる。

(10) 豊かな感性と表現

主に領域「表現」の内容です。心を動かす出来事に出合い、感性を働かせたり、また様々な素材の特徴や表現の仕方などに気づき、感じたことや考えたことを自ら表現したり、あるいは友達と表現する過程を楽しむ姿が見られるでしょうか。

(例) 友達が作ったものを見て感動し、作った子も言ってもらって喜んでいる姿。

(コ) 豊かな感性と表現
心を動かす出来事などに触れ感性を働かせる中で、様々な素材の特徴や表現の仕方などに気付き、感じたことや考えたことを自分で表現したり、友達同士で表現する過程を楽しんだりし、表現する喜びを味わい、意欲をもつようになる。

指導計画にいかしたいPOINT

3 カリキュラム・マネジメントについて

今回の改訂（定）では、自分（や園）の保育を振り返り、評価・改善していくことが強く求められています。

カリキュラム・マネジメントとは

　園では、教育要領や保育指針、教育・保育要領に基づき、園の教育（保育）目標・目的に応じて、教育（保育）課程を作成していました。したがって、今回の改訂（定）において、各園では教育（保育）課程を見直し、新たに提示された「10の姿」を踏まえて、カリキュラムを再編成することになります。これまでの実施状況や、実践してみて、ねらいとした事柄が子どもたちの現状と照らし合わせてどうであったかを評価し、その評価に基づいて改善を図ることが求められます。

　その教育課程等の編成、実施、評価、改善のサイクルを、組織としてたどることによって、保育・教育内容のさらなる質の向上が図られます。また、園長や主任だけではなく、職員間での共有もとても大切です。「カリキュラム」だけではなく、「カリキュラムをマネジメント」するということは、この力動的なサイクルを示す言葉です。その主体は、各園や保育者です。トップダウンに、国から改訂（定）が求められているのではなく、自律的に各園がマネジメントを行うことが大事になるわけです。

カリキュラム編成のポイント

　園のある地域によって、生活条件や環境、文化も違います。教育課程等を編成する際は、幼児の心身の発達への見通しをもち、その地域や園の実態を踏まえて、近隣の地域資源などの活用も考慮しながら行うことになります。その時には、入園から卒園までの長期的な視野をもって、子どもがどのように発達するのか、そのためには、どのような経験や指導が必要なのかを考えていくわけです。つまり、園の特徴や園児の育ちの姿などをもとにして編成をすること、さらに編成後も力動的に評価をしては改善をするマネジメントを行うことが大事になるわけです。

　園によって教育課程等の改善方法は異なりますが、評価のための資料を収集して、そこから整理した問題点を検討して、その背景や原因を職員皆で共有し、さらに改善案を考え、次のサイクルへと実施していくという流れになります。日々の日誌や記録などがこのための資料となり、保護者や第三者からの意見や評価もまた重要なものとなります。

注）
保育指針の中では、このカリキュラム・マネジメントという言葉は使用されていません。いわゆる学校教育法上の教育課程とは異なるためです。しかし、保育における全体的な計画においても、今回の保育指針の中では、編成、実施、評価からさらに具体的な改善へという循環性が明確に記されています。教育要領の第1章総則第6 幼稚園運営上の留意事項に、「1 各幼稚園においては、園長の方針の下に、園務分掌に基づき教職員が適切に役割を分担しつつ、相互に連携しながら、教育課程や指導の改善を図るものとする。また、各幼稚園が行う学校評価については、教育課程の編成、実施、改善が教育活動や幼稚園運営の中核となることを踏まえ、カリキュラム・マネジメントと関連付けながら実施するよう留意するものとする」とあります。

発達が見える!
4歳児の指導計画と保育資料
第2版

Gakken

4歳児の保育環境

4歳児がのびのびと楽しく活動できる保育環境とは、どのようなものでしょうか。

あゆのこ保育園 神奈川県

子どもの動線を意識し、静と動の活動がぶつかり合わないよう、あそびに合わせて配置を変えている。身の回りのことができるようになってきているので、自分で片付けをしやすい工夫もしている。

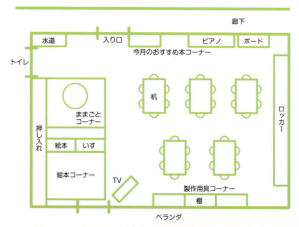

保育室

ままごとコーナー
押し入れの下は、体を休めたい子がくつろいでいることもある。

今月のおすすめ本コーナー
保育室入り口の横にある。そのときに子どもたちが興味をもって調べたいテーマの本を置き、関心が深められるようにしている。

絵本コーナー
ままごとコーナーと背中合わせになっている。友達に読み聞かせをして、「保育園ごっこ」をする子の姿も。ここで調べ物ができるよう、図鑑も置いてある。

製作用具コーナー
引き出しには廃材を分類して入れてある。塗り絵や製作は机の上で、ブロックや積み木は、机や床で友達と作っている姿が見られる。

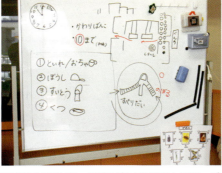

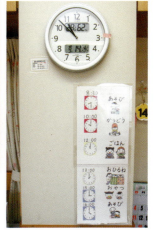

子どもへの伝え方　数字や文字を、日常生活に少しずつ取り入れている。子どもがわかりやすいように、ボードや時計には絵も一緒に。

虫の名前をつけたグループごとに座る。ホワイトボードには表を、テーブルにはマークがはってある。

トイレ 明るく清潔。使用する紙の長さをわかりやすく表示。

手洗い場 コップ、歯ブラシを順に取りやすい配置に。座って待てるよう、いすも置いておく。奥はトイレ。

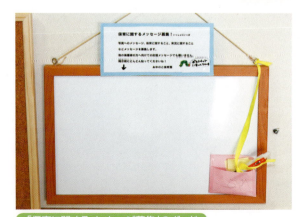

「保育に関するメッセージ募集」のボード 廊下の壁には、子どもやほかの保護者への応援メッセージなどを、ふせんに書いてはれるようになっている。

廊下の壁 子どもの活動の様子を写真で紹介。子どもも見やすい位置に掲示してあるので、送迎時に親子で会話したり、保育者が保護者と思いを共有したりするきっかけになっている。1か月に1度くらいの割合で変更している。

> **絵本コーナー**
> 2階廊下の奥にあり、全年齢と保護者が利用できる。自由あそびの時間には、数人がテーブルに集まって一緒に読んだり、お迎え後、保護者と子どもがゆったりとした時間を過ごす姿も。

絵本の貸し出し表。

園職員による「絵本プロジェクト」メンバーの、おすすめ絵本を紹介。

西小名浜幼稚園 福島県

2年保育、3年保育の混合になるため、それぞれの子どもたちが落ち着いて過ごせる場を第一に考えている。4歳児は2クラスある。

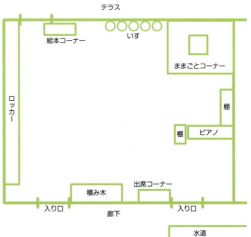

保育室

※避難訓練の際、教師の指示に従って、真ん中に集まりやすくするためにビニールテープで丸く囲ってある。

出席コーナー　入り口の横に、出席シールをはる机が置いてある。

> 共有の用具入れ
>
> 4歳児が自分で安全に使用できるよう、セロハンテープはこの場所で使う約束をしている。配置は子どもたちと決め、雑然としたらその理由をみんなで考え、改善している。

> ままごとコーナー
>
> 家族関係の役割が明確になり、友達とかかわりながらのあそびが増えてくる。家事の再現もよりリアルに、自分たちで場を設定しやすいように可動の遊具を置いたり、再現あそびに有効なエプロンや買い物バッグなどを、分類しやすく写真や絵で表示したりしている。

> 絵本コーナー　廊下に充実したコーナーがあるので、部屋にはそのときどきで子どもに人気のあるものや活動のテーマに合ったものを。

> 玄関　主に4歳児が使用。保育室入り口の横に、水筒掛けを配置。

> いす
>
> グループごとに色分け。色別だと子どもにわかりやすく、片付けやすい。

絵本コーナー
保育室の廊下側の壁には子どもの作品を飾っている。月1回くらいの割合で変更。

それぞれの保育室の前にも、年齢に合った絵本コーナーがある。

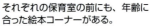

トイレ
3歳児と4歳児の保育室の間にある。出てきた子とぶつからないように、「止まれ」の立て札を置いている。

コップかけ
クラスカラーのビニールテープの上に、自分のマークのシールをはっている（登園時に掛けて、毎日持ち帰る）。

観察コーナー
子どもの目の高さに置いたメダカの水槽（右）。ヌマエビ（左）の水槽のそばには、じっくり観察できるよう、虫眼鏡も置いてある。全年齢、興味のある子がよくのぞいている。

はじめに　「第2版」刊行に当たって

　平成30年度より新幼稚園教育要領、新保育所保育指針、新幼保連携型認定こども園教育・保育要領へと改訂（定）がなされることになりました。本著初版は2013年2月の刊行以来、ありがたいことに多くの園の保育者の方々に使っていただくことができました。そこでその内容をそのままいかしながらも、今回の改訂（定）で重要な点である、資質能力の考え方や、幼児期の終わりまでに育ってほしい10の姿について解説し、実際に指導計画の中で、それが各園においてどのように位置づいているのかがわかるような新たな付記等も行いました。

　教育課程や全体的な計画等は、子どもの健やかな見通しを示す地図です。そしてその地図は、子どもたちの育ちの実態に応じて見直される必要があります。改訂（定）を契機に、さらに新要領や新指針に即しての見直しをして、幼児教育・保育の質向上につなげていただきたいと切に願っています。子どもたちの興味・関心に同行し、その育ちの旅を共に楽しんでいただくためには、子どもひとりひとりが確かな歩みを自ら主体的にできるような資質を育てる支援や指導が求められます。今回の改訂（定）では、カリキュラム・マネジメントという言葉が大事にされています。それは指導計画から実践、そして振り返りと評価、改善までのひとつひとつの過程がつながりあって、具体的な子どもの育ちの姿から振り返ること、さらにそこにどんな工夫ができそうかと、指導計画と子どもの具体的な姿のつながりが実感できるようになっていることが大切です。ですので、そこに10の姿がより丁寧に見取られ、つながっていくとよいといえるでしょう。

　どの園にも活動の工夫があります。自園の保育をよりよくしていくためには、他園の工夫からも柔軟に学ぶことのできる学び上手になることが求められます。この指導計画と保育資料は、各時期の育ちのつながりを計画から実際の活動まで具体的に目に見えるようにし、こんな工夫があるといいねという実践の知恵がたくさん掲載されています。ですので、それを参考にしながら、ぜひあなたの園の保育がさらに豊かになっていくように実現していくことを総監修者として楽しみにしております。

秋田喜代美

CONTENTS

- ●保育園年間指導計画
- ●幼稚園年間指導計画　　　　　　　　　　　巻頭
- ●指導計画にいかしたいPOINT

- ●4歳児の保育環境 ……………………………………… 2
- ●はじめに ………………………………………………… 9
- CD-ROMをお使いになる前に必ずお読みください！ ……… 11
- ●0〜5歳児の姿 ………………………………………… 12
- ●4歳児の姿 ……………………………………………… 14
- 指導計画の使い方 ………………………………………… 19

4月 5月 6月 指導計画と保育資料

- 指導計画 ………………………………………………… 22
- 保育資料 ………………………………………………… 34

7月 8月 指導計画と保育資料

- 指導計画 ………………………………………………… 48
- 保育資料 ………………………………………………… 56

9月 10月 11月 12月 指導計画と保育資料

- 指導計画 ………………………………………………… 64
- 保育資料 ………………………………………………… 80

1月 2月 3月 指導計画と保育資料

- 指導計画 ………………………………………………… 98
- 保育資料 ………………………………………………… 110
- ●週（日）案の工夫
  - 保育園 ……………………………………………… 120
  - 幼稚園 ……………………………………………… 122
- ●保護者とのかかわり
  - 保育園 ……………………………………………… 124
  - 幼稚園 ……………………………………………… 126
- 執筆園紹介 ……………………………………………… 128

指導計画と「振り返り」のヒント集

- ●Special対談
  秋田喜代美先生・増田まゆみ先生
  感じ、考え、「気づく」保育を目指して ………… 130
- ●指導計画の書き方 Q&A ……………………………… 134
- ●保育に生かすエピソード記録 ………………………… 139
- CD-ROMの使い方 ……………………………………… 144

本書では、「保育士」・「教師」と「保育者」という言葉が出てきます。「保育士」・「教師」は、資格・免許を有し、職種を限定している場合に用い、「保育者」は、保育教諭、看護師、栄養士、調理師、養護教諭また資格を有さない職員も含め、保育にかかわるすべての方を指す場合に用いています。主に、指導計画のなかでは「保育士」・「教師」を、そのほかのページでは様々な職種の方々が見ることを踏まえて、「保育者」という言葉を用いています。

CD-ROMについて

ページの上部にCDマークがついているものは、付属のCD-ROMに掲載内容が収録されていることを示しています。図のように、順にクリックすると、そのページに記載されているもののデータを見ることができます。CD-ROMをご使用する前に、必ずP.11の「CD-ROMをお使いになる前に必ずお読みください！」をお読みください。使い方はP.144〜151で解説しています。

CD-ROMをお使いになる前に必ずお読みください!

付属のCD-ROMは、Excelのデータを収録しています。付属のCD-ROMを開封された場合、以下の事項に合意いただいたものとします。

動作環境

パソコン
Microsoft Windows 10、Windows 8.1、Windows 7が動作するパソコン。
Macではご利用になれません。

アプリケーション
データを利用するには、Microsoft Excelバージョン2016/2013/2010がパソコンにインストールされている必要があります。

CD-ROMドライブ
付属のCD-ROMを再生するには、CD-ROMドライブが必要です。

※Microsoft Windowsは、米国マイクロソフト社の登録商標です。
※その他記載されている、会社名、製品名は、各社の登録商標および商標です。
※本書では、™®©マークの表示を省略しています。

ご注意

- 本書掲載の操作方法や操作画面は、『Microsoft Windows 10』のOS（環境）で、『Microsoft Excel 2016』を使った場合のものを中心に紹介しています。お使いのWindowsのOSやExcelのバージョンによって、操作方法や操作画面が異なる場合がありますので、ご了承ください。
- 指導計画のデータは、Excel 2016/2013/2010に最適化されています。お使いのパソコン環境やアプリケーションのバージョンによっては、レイアウト等が崩れる可能性があります。
- お客様が本書付属CD-ROMのデータを使用したことにより生じた損害、障害、その他いかなる事態にも、弊社は一切責任を負いません。
- 本書に記載されている内容に関するご質問は、弊社までご連絡ください。ただし、付属CD-ROMに収録されているデータについてのサポートは行っておりません。
- 付属CD-ROMに収録されているデータは、本書と異なる箇所があります。
- WindowsのOSやアプリケーションに関する操作方法などはお持ちの商品の説明書をご覧ください。

CD-ROM収録のデータ使用の許諾と禁止事項

- **CD-ROM収録のデータは、ご購入された個人または法人が、その私的範囲内において自由に使っていただけます。ただし、以下のことを遵守してください。**
- 募集広告、商用営利目的、インターネットのホームページなどに使用することはできません。
- CD-ROM収録のデータを複製し、第三者に譲渡・販売・頒布（インターネットを通じた提供も含む）・賃貸することはできません。
- 本書に付属のCD-ROMは、図書館、およびそれに準ずる施設において、館外へ貸し出すことはできません。

弊社は、CD-ROM収録のデータのすべての著作権を管理しています。

CD-ROM取り扱い上の注意

- 付属のディスクは「CD-ROM」です。一般オーディオプレーヤーでは絶対に再生しないでください。パソコンのCD-ROMドライブでのみお使いください。
- CD-ROMの裏面に指紋をつけたり、傷をつけたりするとデータが読み取れなくなる場合があります。CD-ROMを扱う際には、細心の注意を払ってお使いください。
- CD-ROMドライブにCD-ROMを入れる際には、無理な力を加えないでください。CD-ROMドライブのトレイに正しくセットし、各パソコンの操作方法に従ってください。トレイにCD-ROMを正しく載せなかったり、強い力で押し込んだりすると、CD-ROMドライブが壊れるおそれがあります。その場合も一切責任は負いませんので、ご注意ください。

0〜5歳児の姿

執筆・高辻千恵
（元東京家政大学准教授）

見通しをもって保育をするために、0〜5歳児の発達の流れを、各年齢の特徴的な姿を追って見ていきます。

	6か月未満	6か月以上〜12か月未満	1歳
生活	●眠って、飲んで 睡眠とほ乳を中心とする生活リズムの安定	●「もぐもぐ」してみよう 離乳の開始と幼児食への移行	●「やってみたい！」 「自分でしたい」という意欲の芽生え
体	●体を使って世界と出合う 体の発育と姿勢の変化	●「あ！ いいもの、見つけた」 移動の開始と探索活動の活発化	●「あっちに行きたい！」 歩行の開始 ●スプーンですくって 道具の使用
言葉と理解	●「あーあー」「ぶーぶー」 泣きと喃語による発信 ●じっと見つめて 周囲に対する興味や関心の始まり	●「わんわん、いるね」 指さしによるコミュニケーションと言葉の始まり ●「いないいない、ばあ！」 対象の永続性の成立と象徴機能（イメージ）の芽生え	●「マンマ、食べる」 言葉の獲得 ●「かごを持って、お買い物」 ふりや意図・つもりの育ち
人とのかかわりと心	●この人は自分を守ってくれる 身近な大人との関係の形成	●「知らない人、やだ〜！」 人見知りと愛着の形成	●「お友達、何してるのかな？」 周囲の人への関心と自我の芽生え
発達の特徴	睡眠を基盤としながら、次第に生活のリズムが整っていく時期です。首がすわっていくと共に、うつ伏せで寝ている姿勢から手をついて頭を上げられるようになっていきます。周囲に対する興味が生まれ、機嫌のよいときには、盛んに声を出したり手足をよく動かしたりして楽しむ様子が見られます。また、人にあやされると喜んで笑います。	はいはいから伝い歩きへと行動範囲が広がります。活発に動き回って、興味をもったものを見つけると近づいていきます。身近にいる大好きな大人とのかかわりを通して、愛着が形成されると共に、人と同じものを見てそれを共有する関係も生まれてきます。「伝えたい」という思いを指さしで示すなど、コミュニケーションの土台が培われる時期です。	身の回りのことを自分でしたいという気持ちが膨らんでいきます。上手にはできないことも多いものの、スプーンを使って食事をしたり、スコップで砂を運んだりと、道具を使うこともできるようになります。歩行と言葉の獲得によってあそびの世界が大きく広がり、行動の主体としての育ちが著しい時期です。大人だけでなく、ほかの子どもに対しても親しみをもち、興味を示し始めます。

※12か月未満は3つの視点（身体的発達に関する視点「健やかに伸び伸びと育つ」、社会的発達に関する視点「身近な人と気持ちが通じ合う」、精神的発達に関する視点「身近なものと関わり感性が育つ」）、1歳からは5領域（健康、人間関係、環境、言葉、表現）の観点を意識して、子どもの姿から発達をとらえていきましょう。

2歳

- 「一人で食べられたよ」
  基本的生活習慣の自立への一歩

- 「見ててね、のぼれるよ」
  全身運動の発達

- 「さあ、早く寝ましょうね」
  イメージの世界の広がり

- 「自分で」と「いやいや」
  自我の育ちと自己主張

手指の操作や運動能力が発達し、食事や排せつなど基本的な生活習慣の自立が進み始めます。自我の育ちや言葉の発達と共に「自分で」「いやいや」と大人に対して自己主張や反抗が強くなります。身近な人や生き物に興味をもって、行動や身振り、言葉などを盛んにまねてあそぶ姿がよく見られます。また、簡単なごっこあそびも楽しむようになります。

3歳

- 「自分でできたよ」
  身辺の自立と基本的生活習慣の形成

- 「見て見て、こんなこともできるよ！」
  運動の広がり

- 「きょうね、先生がね…」
  言葉のやり取りを楽しむ
- 「なぜ？ どうして？」
  知的好奇心が活発になる

- 「一緒にあそぼう」
  友達との関係をつくる
- 「ぼく」「わたし」
  自己の認識の明確化

身の回りの簡単なことは自分でできるようになります。子ども同士の関係がつくられ、言葉でのやり取りをしながら一緒にごっこあそびなどを楽しみます。身近な事物や現象に強い好奇心をもち、盛んに「なぜ？」と尋ねたり直接ふれたりしようとして、積極的に知ろうとします。また、「ぼく」「わたし」といった一人称を使うなど、自己の認識がより明確になってきます。

4歳

- 「次、これしよう」
  生活の流れを理解し、行動する

- 「〜しながら…する」
  体を巧みに使って活動する

- いつ・どこで・だれが
  経験を語る
- 「ザリガニは何を食べるの？」
  身近な環境に対する興味と理解が深まる
- 「ぼくが◯◯ヒーローだ！」
  イメージを膨らませ、友達と共有する

- 「代わってあげる」
  他者の気持ちに気づき、自分をコントロールする

一日の生活の流れを見通して行動するようになります。ケンケンしながら前に進むなど、複数の動きを組み合わせて滑らかにできるようになり、体を活発に使って新しい運動に挑戦します。友達と言葉で思いを伝え合い、イメージを共有しながら一緒にあそぶことを楽しみます。時には葛藤を経験しながら、次第に他者の気持ちに気がつき、譲ったり我慢するなど自分をコントロールする力もついていきます。

5歳

- 「きょうはわたしがお当番だからね」
  生活をつくり上げていく力の育ち

- 「竹馬、できたよ！」
  より複雑、複合的な運動が可能になる

- 「ああして、こうして…」
  言葉を使って考える
- 「わたしの名前、こうやって書くんだよ」
  読み書きの始まり
- 「色水、混ぜてみたらどうなる？」
  思考力の芽生え

- 「でも、小さい子には優しいんだよね」
  他者の気持ちや立場の理解

役割を分担したり目標を共有したりしながら、生活やあそびを同じクラスの仲間たちと共に進めていく力が育っていきます。自分の思いを言葉で表現すると共に他者の気持ちや立場を理解してかかわることができるようになり、協同的な集団活動を展開します。また、頭の中で思考することや言葉あそび、簡単な読み書きを楽しむこともできるようになっていきます。

4歳児の姿

執筆・高辻千恵（元東京家政大学准教授）

0〜5歳児の発達の流れを踏まえ、4歳児の姿と保育を行ううえでのポイントを解説します。

生活
「次、これしよう」
生活の流れを理解し、行動する

「外あそびの後は手を洗おう」「食事の前にトイレに行っておかなくちゃ」「嫌いなものでも少しずつがんばって食べてみよう」など、毎日繰り返される園での様々な活動について、その流れや意味を理解し、見通しをもちながら行動できるようになってきます。身の回りのことがほぼ自分でできるようになり、一人で難しいときには保育者や友達に声をかけ、「〜してほしい」と具体的に伝えて援助を求めたりすることもあります。さらに、自らも周囲の求めに応えて簡単な手伝いをする姿が見られるようになります。集団で生活するなかで、自分の位置や役割を意識しながら主体的に行動する習慣が身についていきます。

体
「〜しながら…する」
体を巧みに使って活動する

全身のバランスをとる能力が発達していくのに伴い、4歳ごろの子どもたちは、これまで以上に活発に体全体を動かし、新しい運動に挑戦していきます。ケンケンやスキップのように「片足を上げながら前に進む」といったふたつの動作を組み合わせ、コントロールする動きもできるようになります。また手指の操作の面でも、利き手がほぼ決まり、両手の動きを相補的に組み合わせて使いながら、はさみで紙を切り抜いたり、粘土や折り紙でパーツを作りそれらを用いて全体の形を整えたりすることができるようになります。

言葉と理解
「いつ・どこで・だれが」
経験を語る

個人差はあるものの、4歳ごろになると多くの子どもは日常生活で用いるのにほぼ十分な語彙と文法を習得します。会話は滑らかになり、「先週の日曜日に家族みんなで遊園地に行って…」と、経験したことをひとつのエピソードとしてほかの人に語ることもできるようになります。聞き手の子どもも相手の話に合わせて質問をしたりすることができ、友達同士で盛んにおしゃべりを楽しむ姿が見られるようになる時期です。

「ザリガニは何を食べるの?」
身近な環境に対する興味と理解が深まる

昆虫や小動物の世話をしたり自然にふれたりと、自分を取り巻く環境に興味を抱いて積極的にかかわろうとする姿がよく見られます。体全体を駆使して自らの体験を広げていきながら、様々な事物についてその特性を理解すると共に、「生き物」「命」といった概念にも徐々に気づいていきます。上下や左右などの位置関係や事物のグループ分けなどの理解も進む時期です。

また、おおむね10くらいまでの数を自分で数えられるようになり、友達とあそぶ際に「3個ずつね」「5回やったら交代ね」とルールを取り入れた交渉も始まります。さらに、色のちょっとした違いを感じとったり、好きな色がはっきりしてきたりと、色彩についての感覚もより豊かなものになってきます。

「ぼくが○○ヒーローだ!」
イメージを膨らませ、友達と共有する

この時期の子どもたちは、想像する力もとても豊かです。大好きなヒーローになりきったり、お母さん役をやったりと、絵本などのストーリーや登場人物を取り入れながら自分なりに想像の世界のストーリーを展開させたりして楽しむ姿が見られます。時には、お化けや妖精など想像上の生き物に親しみをもったり怖れを抱いたりすることもあります。

さらに、そうしたイメージの世界のおもしろさを味わいながら、それを友達ちと共有してあそぶことも楽しみます。ごっこあそびをする際には、あらかじめ役割をきちんと決めて、細かくしっかりとした状況を設定し、役柄に合わせて話し方まで変えて演じるなど、イメージの世界が子どもの間でしっかりと共有されていることがうかがわれます。

人との かかわり と心

「代わってあげる」
他者の気持ちに気づき、自分をコントロールする

4歳ごろは、友達とのいざこざで保育者の仲立ちが必要となる場面もまだ多くあります。しかしそうした他者との葛藤を経験するなかで、相手の思いに気がつき、自分の気持ちを調整して我慢する、譲るといったこともできるようになっていきます。「相手の立場にたって考える」ということは難しいことが多く、うまく気持ちが抑えられないこともありますが、ルールや順番を決めて子どもたち同士で解決したり、自分の気持ちを言葉にして友達に一生懸命伝えようとしたりする姿が見られます。

保育のポイント

身辺の自立がいっそう進み、見通しをもって主体的に日々の生活を営んでいくことができるようになってきます。自分の気持ちをコントロールする力や自分たちなりに考えて判断や評価する力も育ってくるため、一日の流れや集団のなかでの決まりを意識しながら行動する姿が見られるようになります。

しかし、「しなくてはならない」ということはわかっているけれど、思うようにうまく気持ちをおさめられないといった場面も少なくありません。よくわかっているからこそ、できないことに焦ってイライラしてしまったり、気持ちが揺らいでしまったりすることもよくあります。そんなとき、保育者が一方的に指示や注意をするのではなく、子どもの思いを受け止めて「次はこうしてみようか」と励ますことが大切です。子どもの気づきや自己肯定感を促していくようなかかわりが求められます。

● 子どもの自信を支える

4歳児は、「自分」と「他者」の違いをはっきり区別するようになり、実によく家族や友達、保育者など周囲の人たちを見ています。同時に、「他者から見られている自分」にも気がつき、自分でできることやできたことに対する誇らしさとそれを周囲に認めてもらいたい気持ち、できないかもしれないことやできなかったことに対する不安や悔しさなどによって、心が揺れ動きます。保育者がこうした内面に寄り添い、子どもの努力や挑戦を認め、励ましたりねぎらったりすることで、次へ向かおうとする意欲が培われます。子どもの「誇り」を尊重する姿勢が大切です。

また、こうした保育者のかかわりを受け止めて、子ども自身も他者を気遣う心を育んでいきます。自分よりも小さな子どもたちの世話をしたがったり、大人の手伝いをして「ありがとう」と言われるとうれしそうにしたりする姿が見られます。他者を思いやるということを子どもが意識し、またそれが実際に行動として現れ始める時期です。

● イメージの世界を大切に

描画や造形活動などで様々な素材を用いながら、自分の経験したことや想像したことのイメージを表現することも楽しみます。イメージ通りに描けなかったり、どうやって表現したらよいかわからない様子が見られた場合には、「だれと手をつないでたっけ？ どんなお花咲いてた？」「この葉っぱは何かの形に似てるね」など、言葉をかけることによって子どもがより具体的にイメージを描き出せるような援助が求められます。子どもたちの思いを丁寧に引き出すことで、表現することの楽しさや素材を工夫して使う力が培われます。

子どもたちがイメージの世界に親しむことは、この時期の様々な育ちにつながっています。ひとりひとりが安心してのびのびと自由にイメージの世界を楽しむことができるよう、環境やかかわりの面で配慮が必要です。

集団・保育環境を考えるポイント

この時期の子どもたちは、お互いの主張がぶつかり合い、それを乗り越えていく経験を繰り返しながら、自己主張をしたり我慢したり譲ったりすることを調整する力を身につけ、他者を受け入れ協調していくということを学んでいきます。同時に、「クラスの皆と共にいる自分」を理解し、肯定する気持ちも育っていきます。保育者は子どもたち同士のやり取りを丁寧にとらえ、状況に応じて見守ったり仲立ちをしていきます。

また、好奇心いっぱいに周囲の人や物、自然とふれあい、様々な素材を用いながら、自分のイメージを、心を込めて表現するために工夫を重ねていくなかで、様々な知識や物事を認識する力が大きく広がります。子どもたちの心を引き付け、経験を豊かに広げていくような保育環境が求められます。

● 「友達と一緒に」の楽しさを知る

ルールを守るということが日常の様々な場面で子どもたちに共有されてくると、ときにそれが強制的なものになってしまったり、ルールを破った子どもに対して「それダメなんだよ！」とほかの子どもたちが一斉に強く非難したりする場面も出てきます。集団生活においてルールとは何のためにあるのかということを、子どもたちが体験的に学んでいく機会が必要です。「ルールは守らないといけない」というだけでなく、「ルールがあるから皆で一緒に楽しめる」「皆で楽しむ（気持ちよく過ごす）ためには、どうしたらよいか」という視点をもち、子どもたち自らが考えていけるような働きかけを心がけたいものです。

● 集団づくりのプロセスを丁寧に

4歳児は、友達の姿をまねたり友達に聞いて教えてもらったりしながら、自分の活動に取り入れていくことができます。子ども同士が互いにかかわりを深め育ち合う力が、大きく育つ時期です。日々の保育における様々な活動のなかに「グループで取り組む」ことを入れていくことによって、仲間やそこでの自分の役割についての意識が培われます。

　グループで協力して取り組むことで一人ではできないことも達成できる、グループごとに競い合うことで一体感や迫力が増してあそびがさらに楽しくなるなど、日常の多様な場面で、集団生活だからこそ味わえる経験があります。こうした経験を重ねながら、子どもたちは仲間の存在の大切さや友達に対する信頼感、そして集団において個々が責任を果たすことの意味を自覚していきます。

● 感性の育ちを支える保育環境

全身や手指の運動機能の発達、鋭い観察力や考える力の育ち、友達関係の深まりと集団活動の展開などに支えられて、この時期の子どもたちのあそびはぐんとダイナミックかつこまやかなものになります。保育者に頼らず、子どもなりに試してみたり工夫してみたりすることも楽しみます。自分たちの力でどんどんあそびを展開していく力を存分に発揮する時期です。子どもたちの興味や関心、発達の状態を常に丁寧に把握し、状況に応じて柔軟に再構成できる環境づくりを心がけましょう。

指導計画の使い方

● 巻頭とじ込み 年間指導計画

この1年、どのように育ってほしいかという保育者の願いのもと、子どもの姿・発達過程を予測し、年間を見通して立てた計画です。

※期の分け方は、執筆園により異なります。
第2版より、「ねらい」(◎)に「幼児期の終わりまでに育ってほしい姿」を追記しています。

年間目標
全体的な計画・教育課程を踏まえ、子どもの成長と発達過程を見通し、この1年間で育てたい子ども(及びクラス全体)の姿を挙げています。

執筆園より
この1年、子どもたちの予想される姿と、それに対して保育者がどのような願いをもって保育を進めていくか、各執筆園の1年間の保育における姿勢方針を表しています。

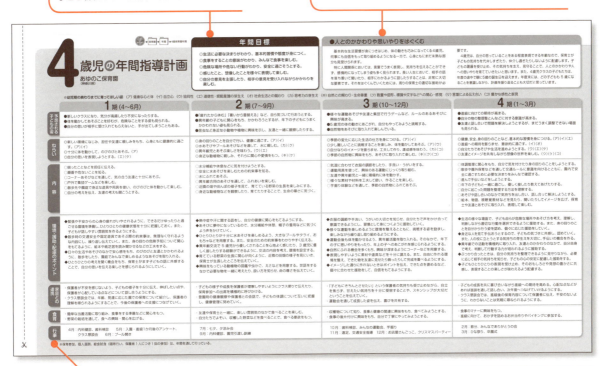

予想される子どもの姿…●
期ごとに予想される子どもの姿。年齢ごとの発達過程を踏まえ、クラス全体のなかでその時期によく見られる姿を挙げています。

ねらい…◎
「予想される子どもの姿」を受け、その期に保育者が育てていきたい子どもの姿を表しています。

内容…○
その期の「ねらい」を達成するために必要な体験を挙げています。
※「ねらい」「内容」とも、子どもを主体とした表現になります。

環境・援助・配慮のポイント…◆
その期の「予想される子どもの姿」「ねらい」「内容」を受け、子どもたちに必要な体験・経験をするために保育者が行う環境構成・援助・配慮のポイントを挙げています。

家庭との連携
その期の保育、子どもの育ちを考えるうえで必要な家庭との連携について、特に留意すべき事柄を挙げています。

食育 ※保育園のみ
その期のなかで、特に育てていきたい食育に関する子どもの姿、必要な体験を挙げています。

行事
各執筆園において、園全体及びクラス単位で行う行事について、期ごとに紹介しています。

●月間指導計画

多様性のある活動を提供していくと共に、ひとつひとつの体験がつながり合い、学びの道筋が作られることを意識しています。

※「ねらい・内容」は、同じ記述が何週にもわたることもあり、その場合は→で示しています。
第2版より、「週のねらい」(◎)に、「幼児期の終わりまでに育ってほしい姿」を追記しています。

ねらい（月・週）
「子どもの姿」「年・期のねらい」を踏まえ、発達過程も見通したうえで、どのように育ってほしいかという、子どもの心情・意欲・態度を表します。その月の保育の重点、クラス運営の柱となるものを「月のねらい」とし、それを週ごとの「前週末の子どもの姿」を踏まえて具体化したものが、「週のねらい」(◎)になります。

家庭との連携
子どもの状態、季節、行事などの関連で、保護者に伝えたい事柄。なかでも、生活の連続性を踏まえ、保護者とのよい関係を築き、家庭と共に子どもの育ちをどう支えていくかということを重点的に示しています。

教材資料
その月の保育に取り入れたい歌、手あそび、絵本など。その時期の子どもの様子や季節に合ったものを毎月選んで紹介します。

食育 ※保育園のみ
保育指針では、食育の計画を立てることが求められていることから、保育園のみ「食育」の項目を設定。子どもが食べることを楽しみ、主体的に参加できるような食育の取り組みを紹介します。

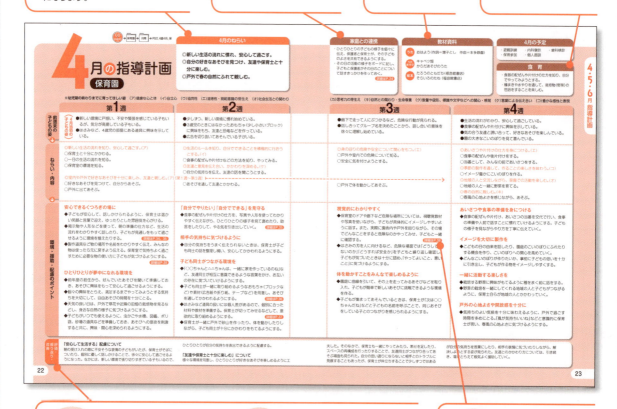

前週末の子どもの姿…●
前週末または「○月当初」にとらえた子どもの姿から導き出します。成長や変化が顕著に見られるいくつかの側面から、その時期の子どもの特徴を挙げています。

内容…○
ねらいを達成するために必要な体験を、「内容」(○)として挙げています。ただし、ここでは、具体的なあそび名などは紹介しません。「ねらい」「内容」とも、子どもを主体とした表現になります。

環境・援助・配慮のポイント…◆
「前週末の子どもの姿」「ねらい」「内容」を受け、子どもの育ちに必要な体験・経験をするために保育者が行う環境構成・援助・配慮のポイントを挙げています。

評価・振り返り・改善
その月の保育を見直し、次につなげるための観点と、振り返っての反省点が述べられています。主に「月のねらい」を反映する形で挙げています。

詳細はP.00
指導計画と保育資料は連動しています。それぞれ表記されている対応ページに、その計画に基づいた実践を紹介し、保育資料の各タイトル横には、関連する指導計画上のページを表記しています。

4月 5月 6月

指導計画と保育資料

指導計画と保育資料は連動しています。

4月の指導計画 保育園

CD excel → 保育園 → 月間 → P022_4歳4月_保

4月のねらい
◎新しい生活の流れに慣れ、安心して過ごす。
◎自分の好きなあそびを見つけ、友達や保育士と十分に楽しむ。
◎戸外で春の自然にふれて親しむ。

※幼児期の終わりまでに育ってほしい姿　(ア)健康な心と体　(イ)自立心　(ウ)協同性　(エ)道徳性・規範意識の芽生え　(オ)社会生活との関わり

	第1週	第2週
前週末の子どもの姿	（4月当初の子どもの姿）●新しい環境に戸惑い、不安や緊張を感じている子もいるが、気分が高揚している子もいる。●はさみなど、4歳児の部屋にある道具に興味を示している。	●少しずつ、新しい環境に慣れ始めている。●3歳児のときにはなかったおもちゃ（少し小さいブロック）に興味をもち、友達と恐竜などを作っている。●広告を切り抜いてあそんでいる子がいる。
ねらい・内容	◎新しい生活の流れを知り、安心して過ごす。(ア) ○保育士と十分にかかわる。 ○一日の生活の流れを知る。 ○保育室の環境を知る。 ◎室内や戸外で好きなあそびを十分に楽しみ、友達と親しむ。(ア)〔第1週〜第3週〕 ○好きなあそびを見つけて、自分からあそぶ。 ○戸外に出てあそぶ。	◎生活のルールを知り、自分でできることを積極的に行おうとする。(イ) ○食事の配ぜんや片付けなどの方法を知り、やってみる。 ◎友達と意見を伝え合い、かかわりを深める。(ケ) ○自分の気持ちを伝え、友達の話を聞こうとする。 ○あそびを通して友達とかかわる。
環境・援助・配慮のポイント	**安心できるくつろぎの場に** ◆子どもが安心して、話しかけられるように、保育士は温かい笑顔と言葉で迎え、ゆったりとした雰囲気を心がける。 ◆掲示物や人形などを使って、朝の準備の仕方など、生活の流れをわかりやすく話したり、子どもが見通しをもって過ごせるように環境を整えたりする。詳細はP.34、35 ◆製作道具など物の場所や名前をわかりやすく伝え、みんなの物は使ったら元に戻すよう伝える。保育室で気持ちよく過ごすために必要な物の使い方に子どもが気づけるようにする。詳細はP.35 **ひとりひとりが夢中になれる環境を** ◆前年度の担任から、好んでいたあそびを聞いて準備しておき、あそびに興味をもって安心して過ごせるようにする。 ◆個々の興味をとらえ、満足するまでやってみようとする気持ちを大切にして、自由あそびの時間を十分にとる。 ◆天気の良い日は、戸外で草花や近隣の田畑の栽培物を見るなどし、身近な自然の様子に気づけるようにする。 ◆子どもがいつでも使えるように、虫かごや水槽、図鑑、ポリ袋、砂場の道具などを準備しておき、あそびへの意欲を刺激すると共に、興味・関心を深められるようにする。	**「自分でやりたい」「自分でできる」を見守る** ◆食事の配ぜんや片付けの仕方を、写真や人形を使ってわかりやすく伝えながら、ひとりひとりの様子を見て褒めたり、助言をしたりして、やる気を引き出していく。詳細はP.35 **相手の気持ちに気づけるように** ◆自分の気持ちをうまく伝えられないときは、保育士が子ども同士の話を整理し補い、安心してかかわれるようにする。 **子ども同士がつながる環境を** ◆「○○ちゃんと△△ちゃんは、一緒に家を作っているのね」など、友達同士が相互に意識できるような言葉をかけ、お互いの存在に気づいていけるようにする。 ◆子ども同士が一緒に取り組めるようなおもちゃ（ブロックなど）や素材（広告紙や折り紙、テープなど）を用意し、あそびを通してかかわれるようにする。詳細はP.36 ◆はさみなど道具の扱いには個人差があるので、個別に合った材料や教材を準備する。保育士が切ってみせるなどして、意欲的に取り組めるようにする。詳細はP.37 ◆保育士が一緒に戸外で砂山を作ったり、体を動かしたりしながら、子ども同士が十分にかかわりをもてるようにする。

評価・振り返り・改善

「安心して生活する」配慮について
朝の受け入れの際に不安そうな表情の子どもがいたが、保育士がそばについたり、個別に優しく話しかけることで、徐々に安心して過ごせるようになった。なかには、新しい環境で張り切りすぎている子もいるので、ひとりひとりが自分の気持ちを表出できるように配慮する。

「友達や保育士と十分に楽しむ」について
様々な環境を用意し、ひとりひとりが好きなあそびを楽しめるように工

家庭との連携

・ひとりひとりの子どもの様子を個々に伝え、保護者と保育士が、その子どものよさを共有できるようにする。
・その日の活動の様子をボードに記し、子どもと保護者がその日のことについて話すきっかけを作っておく。

詳細はP.34

教材資料

うた おはよう(作詞＝増子とし　作曲＝本多鉄麿)

うた あそび キャベツ畑／からだあそびのうた

絵本 たろうのともだち(福音館書店)／そらいろのたね(福音館書店)

4月の予定

・避難訓練　・内科健診　・歯科検診
・保育参加　・個人面談

食育

・食器の配ぜんや片付けの仕方を知り、自分でやってみようとする。
・種まきや水やりを通して、栽培物(野菜)の世話をすることを楽しむ。

4・5・6月指導計画

(カ)思考力の芽生え　(キ)自然との関わり・生命尊重　(ク)数量や図形、標識や文字などへの関心・感覚　(ケ)言葉による伝え合い　(コ)豊かな感性と表現

第3週

- ●廊下で走って人にぶつかるなど、危険な行動が見られる。
- ●話し合ってグループ名を決めたことから、話し合いの意味を徐々に理解し始めている。

◎身の回りの危険や安全について関心をもつ。(エ)
○戸外や室内での危険について知る。
○安全に気を付けようとする。

○戸外で体を動かしてあそぶ。

視覚的にわかりやすく

◆保育室のドアや廊下など危険な場所については、視聴覚教材や写真を使いながら、子どもが具体的にイメージしやすいように話す。また、実際に園舎内や戸外を回りながら、その場でどんなことをすると危険なのかやってみせ、子どもと一緒に確認する。

詳細はP.38

◆はさみの刃を人に向けるなど、危険な場面では「どうして危ないのか」「どうすれば安全か」を子どもと繰り返し確認し、子どもが気づいたときは十分に認め、「やってよいこと、悪いこと」に気づけるようにする。

体を動かすことをみんなで楽しめるように

◆園庭に曲線を引いて、その上を走ってみるあそびなどを取り入れ、子どもが簡単で新しいあそびに挑戦できるような環境を作る。
◆子どもが集まってあそんでいるときは、保育士が「次は○○ちゃんだね」などと子どもの名前を呼ぶことで、同じあそびをしている子とのつながりを感じられるようにする。

第4週

- ●生活の流れがわかり、安心して過ごしている。
- ●食事の配ぜんや片付けに興味を示している。
- ●気の合う友達と誘い合って、好きなあそびを楽しんでいる。
- ●園の大きなこいのぼりを見て喜んでいる。

◎あいさつや片付けの仕方を身につける。(エ)
○食事の配ぜんや後片付けをする。
○当番として、みんなの前であいさつをする。
◎季節の製作を通して、作ることの楽しさを味わう。(コ)
○イメージ豊かにこいのぼりを作る。
◎地域の人と交流しながら、菜園での活動を楽しむ。(オ)
○地域の人と一緒に野菜を育てる。
◎春の自然に親しむ。(キ)
○春風の心地よさを感じながら、あそぶ。

あいさつや食事の準備を身につける

◆食事の配ぜんや片付け、あいさつの当番を交代で行い、食事の準備や人前で話すことに慣れていけるようにする。子どもの様子を見ながらやり方を丁寧に伝えていく。

イメージを大切に製作を

◆こどもの日の由来を話したり、園庭のこいのぼりにふれたりする機会を作り、こいのぼりへの関心を高めていく。
◆どんなこいのぼりが作りたいか、事前に子どもの思いを十分に引き出し、子どもが作る物をイメージしやすくする。

一緒に活動する楽しさを

◆栽培する野菜に興味がもてるように種をまく前に話をする。
◆野菜の栽培を一緒にしてくれる地域の人と子どもがつながるように、保育士自らが地域の人とかかわっていく。

戸外の心地よさや開放感を十分に

◆気持ちのよい気候を十分に味わえるように、戸外で過ごす時間を多めにとる。「風が気持ちいいね」などと意識的に保育士が言い、春風の心地よさに気づけるようにする。

夫した。そのなかで、保育士も一緒にやってみたり、素材を足したり、スペースの再構成を行ったりすることで、友達同士がつながり合ってあそぶ場面も見られた。自分の思い通りにならないと相手とのトラブルに発展することもあったが、保育士が仲立ちすることで少しずつではあるが自分の気持ちを言葉にしたり、相手の表情に気づいたりしながら、解決しようとする姿が見られた。友達とのかかわり方については、引き続き、場をとらえて根気よく援助していく。

4月の指導計画 幼稚園

4月のねらい
◎新しい生活に慣れ、安心して過ごす。
◎教師や友達と親しみ、好きなあそびを楽しむ。
◎春の心地よさを感じながら、戸外でのびのびとあそぶ。

※幼児期の終わりまでに育ってほしい姿　(1)健康な心と体　(2)自立心　(3)協同性　(4)道徳性・規範意識の芽生え　(5)社会生活との関わり

	第1週	第2週
前週末の子どもの姿（4月当初の子どもの姿）	●保育室や担任に興味を示すが、不安そうである。 ●名札の色が新しくなり、進級したことを実感しているようだ。 ●進級前の姿に戻り、教師に甘える姿も見られる。	●自分のロッカーなどの場所がわかり、朝の身支度をスムーズにする子が出てきた。 ●教師やクラスの友達の名前がわかるようになってきた。 ●興味をもったあそびをする姿が見られる。
ねらい・内容	◎教師とかかわり、新しい生活に慣れ、安心して過ごす。(1)(2)(8)〔第1週～第2週〕――――――――――――――→ ○(新入園児)園での生活の場所を知る。 ○(進級児)園生活のリズムを取り戻す。 ○できることは自分でしようとする。 ◎教師や友達と親しみ、好きなあそびを楽しむ。(2)(6)〔第1週～第2週〕――――――――――――――→ ○好きなあそびを見つける。	○身の回りのことを自分でしようとする。 ○(新入園児)園の生活の流れを知る。 ○(進級児)見通しをもって過ごす。 ○好きなあそびを選んであそぶ。
環境・援助・配慮のポイント	**わかりやすく、安心して生活する** ◆靴箱やロッカー・引き出しなど、自分の場所がわかりやすいように、個人の名前とマークで表示しておく。 ◆不安そうな子どもも、教師は温かい笑顔で接して受け入れ、安心して生活できるようにする。 ◆教師からスキンシップをとったり、一緒にあそんだりして、子どもが親しみやすく、安心して過ごせるように配慮する。 ◆新入園児の降園後などに、進級児だけで絵本を読んだり、3歳児のときにやったゲームを楽しんだりしながらゆったりと過ごし、園生活のリズムを取り戻せるようにしていく。 ◆進級児は、できていたことをやらなくなることもあるので、新入園児と同様に丁寧にかかわり、安心感をもてるようにする。また、自信をもてるように、できたときは褒め、「○○ちゃんにも教えてあげてね」などと伝える。 **好きなあそびを見つけて** ◆子どもたちがあそびに入りやすいよう、ままごとやブロックなどを、きれいに整理しておくのではなく、少しあそび始めたような感じに設定しておく。　詳細はP.36 ◆3歳児のときに使った遊具や聞き慣れた曲、手あそびなどを取り入れ、あそびながら落ち着けるようにしていく。	**幼稚園での生活に慣れるために** ◆手洗いやトイレなど園での生活習慣について、絵本や紙芝居を使って大切なことや必要性を伝えながら、具体的に手順を伝えていく。 ◆自分たちで遊具の片付けをしやすいように、棚やかごには、入れる物の写真をはっておく。 ◆一日の生活が見通せるように、ボードを利用し、活動の予定がわかるようにしておく。また、使用する教材の写真を添付し、自分で材料の準備などができるようにしていく。 **好きなあそびを選べるように** ◆ままごとや積み木などは、前日のイメージを継続してあそべるように、前日のあそび材料をそのまま置いておいたり、新たに必要になりそうなものを予想して用意しておき、環境構成を頻繁に変えないようにする。　詳細はP.36 ◆身近な素材にふれてあそび出したくなるように、子どもたちの興味や活動の様子に合わせてコーナーを作り、いろいろな紙（広告紙、折り紙など）やテープ、空き容器、ペンなどの製作材料や遊具を準備しておく。　詳細はP.36
評価・振り返り・改善	「好きなあそびや安心できる場を見つけ、楽しく生活する」ために ①保育室の遊具について（環境構成→再構成） 積み木やままごとの食器の数が多かったため、乱雑になってしまった。積み木を整理し、組み合わせやすい形に統一したことで、落ち着いて構成したり、乗ってあそんだりする姿が見られ、片付ける時間が短縮された。ままごと道具も種類を限定し、様子を見てその都度必要な物を出したことで、子ども同士のイメージも合いやすく、楽しんでいた。	

家庭との連携
・保護者の不安な気持ちを十分に受け止め、園での子どもたちの成長の姿を具体的に伝えていく。朝も笑顔で受け入れ、安心感をもてるようにしていく。
・園での体調や小さな傷などは、きちんと保護者に伝え、積み重ねのなかで信頼関係を築けるようにする。

教材資料
うた
チューリップ
（作詞＝近藤宮子　作曲＝井上武士）
幸せなら手をたたこう
（作詞＝木村利人　アメリカ民謡）

うたあそび
ハッピーファミリー
だいすきだい
パンダうさぎコアラ

絵本
はらぺこあおむし（偕成社）

4月の予定
・入園式
・始業式
・身体測定
・保育参観
・個人面談
・誕生会

4・5・6月 指導計画

(6)思考力の芽生え　(7)自然との関わり・生命尊重　(8)数量や図形、標識や文字などへの関心・感覚　(9)言葉による伝え合い　(10)豊かな感性と表現

第3週
● 新しい環境に慣れてきて、笑顔が見られるようになってきた。
● 周りの友達の様子が見えてきて、かかわりが出てくるが、思いが通らず、トラブルになることもある。
● 砂あそびや固定遊具などを喜び、戸外であそんでいる。

◎食べる楽しさを感じながら、食事の手順を身につける。(1)〔第3週〜第4週〕
○お弁当を食べる手順を知る。
◎教師や友達と親しむ。(2)(9)(10)〔第3週〜第4週〕
○自分のしたいことや困ったことを、言葉や動きで表現する。

◎春の心地よさを感じながら、戸外でのびのびとあそぶことを楽しむ。(1)(7)〔第3週〜第4週〕
○身近な自然に親しみ、春の心地よさを感じる。
○固定遊具の安全なあそび方を知る。

食べる楽しさが感じられるように①
◆食事の準備や食べること、片付けにも最初は時間をたっぷりとりながら、一つずつ手順を身につけていけるように丁寧にやり方を説明し、かかわっていく。

教師に親しみを感じられるように
◆子どもが言葉や態度で伝えようとしていることを、教師は積極的に理解しようと努める。そのなかで子どもが、教師への信頼感をもち、伝える喜びをはぐくんでいけるようにする。

春の戸外で楽しくあそぶ
◆園内の草花や小動物、ミニ・ビオトープを、教師と一緒に見る機会を作り、春の自然にふれられるようにする。同時に、子どもの不安な気持ちが和らいでいくのを待つようにする。
詳細はP.40
◆固定遊具の安全なあそび方や順番を待つといったルールなどを、ひとりひとりに丁寧に伝えるとともに、クラス全体にも繰り返し伝えていく。

第4週
● 幼稚園での生活の流れに慣れてきた。
● 友達の名前を覚えたり、気の合う友達のそばで同じような動きをしたりする姿が見られる。
● 園庭の固定遊具や乗り物の形をした遊具であそんでいる。

○教師や友達と一緒に楽しく食べる。

○みんなで体を動かす。
○同じ場で、製作に取り組む。

○砂や土にふれ、開放感を味わう。

食べる楽しさが感じられるように②
◆「みんなで食べるとおいしい」と感じられるように、活動や天候に支障がないときは、園庭の涼しい場所にシートを敷いて食べるなど、楽しく食べられるように工夫する。
◆食べる時間は個人差が大きいので、早く食べ終わった子どもたちが静かにあそべるよう遊具を用意し、あそぶスペースを確保しておく。

みんなと一緒にあそぶ楽しさを味わって
◆ピアノに合わせて表現あそびをしたり、親しみのある曲で全身を動かしたりと、大勢の友達と一緒に動く楽しさが味わえるようにする。教師も一緒にのびのびと表現することで、場を盛り上げていく。
◆廃材などを使って自由に製作できるコーナーを設けておく。同じ場で製作をするなかで、子ども同士が互いの存在を意識できるようにしていく。

安全な生活への意識をもつ
◆砂場で存分にあそべるよう、上着のそでやズボンのすそをまくるなど、身支度の仕方を丁寧に知らせる。
◆開放感を味わえるように、はだしになって砂の感触を楽しんだり、道具を使わずに砂にふれたりしてみる。

②生活にメリハリをつけて（一日の活動の工夫）
製作が好きでも、朝から作り始めるとマンネリ化して、製作物を大切にしなくなった。「廃品製作はお弁当後だけ」と限定したところ、楽しみに待ち、作った物を大事に持ち帰ったり、友達とのあそびに使ったりしていた。一日の活動に「静と動」のメリハリもついた。
〈振り返り①・②より〉
教師の予想と子どもの実態にずれが見られた場合は、その都度、環境構成の見直しと再構成が重要になってくる。

5月の指導計画（保育園）

→ 保育園 → 月間 → P026_4歳5月_保

5月のねらい

◎生活のリズムを整え、健康に過ごす。
◎友達と一緒に様々な活動を楽しむ。
◎身近な自然にかかわり、興味をもつ。

※幼児期の終わりまでに育ってほしい姿　（ア）健康な心と体　（イ）自立心　（ウ）協同性　（エ）道徳性・規範意識の芽生え　（オ）社会生活との関わり

前週末の子どもの姿

第1週
- 連休の間に、生活リズムが変化して体調の崩れなどが見られる子どもがいる。
- おもちゃの貸し借りで、トラブルが起きることがある。
- テントウムシなど戸外の小さな生き物に興味を示している。

第2週
- 戸外あそびを好み、固定遊具や砂場などで楽しそうにあそんでいる。
- 集団で行うあそびに興味を示している。

ねらい・内容

第1週
◎生活のリズムを整え、健康に過ごす。(ア)〔第1週〜第2週〕------→
○ゆったりと過ごす。
◎お互いに気持ちよく過ごせるよう、約束事を守ろうとする。(エ)
○おもちゃの使い方の簡単な約束事を考える。
◎春の戸外で活動を楽しむ。(キ)
○戸外の様々なものにふれ、興味をもつ。
○友達と一緒に体を動かす。

第2週
○徐々に生活のリズムを整える。

◎友達と一緒に様々な活動を楽しむ。(ウ)(コ)〔第2週〜第3週〕---
○戸外で、簡単な集団あそびをする。
○表現活動を通して、友達と楽しくかかわる。

環境・援助・配慮のポイント

第1週

ひとりひとりの様子を丁寧に
◆ゆったりと過ごせるように、休息や自由あそびの時間を多めにとる。
◆体温や表情を確認するなど、子どもの様子を十分に観察し、体調に無理がないか注意する。

無理なく、気持ちよく過ごせるように
◆話を理解しやすいように、保育士が「○○すると、どうなるかな？」など、考えるきっかけになる言葉をかける。
◆子どもたち自身が約束事を決められるように、ひとりひとりの意見をホワイトボードに書き出すなどして、積極的に話し合いに参加できるようにする。
◆約束事を決めるときは、子どもが無理なく守れる内容や数になるように、話し合いをまとめていく。

気候のよさを十分に生かして
◆近隣の畑や田んぼの様子を見学に行き、野菜や虫などに興味をもてるようにする。虫眼鏡などを準備しておいて、植物や虫の観察をしやすいようにする。　詳細はP.39
◆簡単なルールの集団あそびを提供し、保育士や友達と楽しみながら戸外で体を動かせるようにする。

第2週

自然に生活リズムを作れるように
◆長期休暇明けの子もいるので、ひとりひとりの体調を見ながら、ゆったり過ごす時間を多めにとるようにする。また、子どもが十分に体を動かし、程よい疲れや空腹感を感じられるように、週の後半には戸外での活動を取り入れ、自然に生活リズムを整えていけるようにする。

みんなであそぶ楽しさを
◆全員でのかけっこなど簡単なルールのある戸外あそびを取り入れ、みんなで一緒に楽しめるようにする。
◆保育士が楽しそうに応援する姿を見せることで、子どもも友達を応援し、順番が来たら、思い切り走ることを楽しめるようにする。
◆つなげて大きくした紙に自由に絵をかく活動を取り入れ、友達と素材を共有しながら活動することを体験できるようにする。子どもが選べるように、紙の色は複数準備し、量も多めに用意しておく。　詳細はP.43
◆友達と一緒に、床面でのびのびとかくことを味わえるようにする。ビニールテープのラインなどを利用しながら、混雑しないように工夫する。　詳細はP.43

評価・振り返り・改善

「友達と一緒に様々な活動を楽しむ」について
集団あそびや表現活動などをするなかで、友達を意識しながら過ごしたり、戸外あそびを通して、一緒にあそんだりする姿が多く見られた。一方で、まだ相手に自分の思いをうまく伝えられずに、たたいてしまう場面も見られるので、適切な見守りや言葉かけ、相手の気持ちに気づけるような働きかけをしていきたい。

家庭との連携

・クラス懇談会を通して、子どもの発達の姿や保育の方法についてわかりやすく伝える。　**詳細はP.125**
・入園・進級1か月後のアンケートを実施し、保護者の不安などに対し、個別にこたえられるようにする。
・6月下旬から始まる水あそびについて、持ち物や準備の方法、健康面での配慮などを伝える。

教材資料

うた
犬のおまわりさん
（作詞＝佐藤義美　作曲＝大中 恩）
たのしいね（作詞＝山内佳鶴子
補作・作曲＝寺島尚彦）

うたあそび
いっぴきののねずみ

絵本
ちょっとだけ（福音館書店）
どろんこハリー（福音館書店）

5月の予定

・避難訓練　　・ぎょう虫検査
・入園・進級1か月後のアンケート
・クラス懇談会　・保育参加　・個人面談

食育

・育てている野菜の生長を楽しみにする。
・当番活動を通して、配ぜんに興味をもつ。

4・5・6月指導計画

(カ)思考力の芽生え　(キ)自然との関わり・生命尊重　(ク)数量や図形、標識や文字などへの関心・感覚　(ケ)言葉による伝え合い　(コ)豊かな感性と表現

第3週

● 少しずつ、簡単な約束を守って行動し始めている。
● 園舎から園庭へ行くときに横断する道で、車が来てもなかなか気づかない子どもがいる。
● 友達と一緒に体を動かしてあそぶことを楽しんでいる。

◎清潔について関心をもち、意識して過ごす。(ア)〔第3週〜第4週〕
○正しい手洗い・うがいの方法を知り、やってみようとする。
◎戸外の安全について意識し、気を付ける。(エ)(ク)
○道路横断や散歩時の安全について知る。
○自分から危険に気づく。

○友達と一緒にコーナーであそぶ。
○あそびながらほかの子に興味をもって接する。

清潔に毎日を過ごせるように
◆イラストを使用して、手洗い・うがいの仕方をわかりやすく伝える。また、水道場付近に「手洗いの仕方」を掲示し、子どもが気づいて自ら行いやすい環境にする。

実体験を大切に
◆交通安全についての視聴覚教材を見たり、手をつないで並ぶあそびを取り入れたりする。　**詳細はP.39**
◆戸外に出かける際には、「車が来たら、どうすればいいのかな？」などと子どもが危険に気づけるような言葉をかける。

かかわりを楽しめるようなきっかけを
◆友達とかかわりやすいように、自由に扱える様々な素材を準備したり、テーブルをつなげたりして大きなコーナーにするなど、環境を工夫する。　**詳細はP.43**
◆「○○ちゃんと、一緒に作っているのね」などと声をかけ、子どもが友達とあそんでいることを意識できるようにする。
◆あそびながら「○○ちゃんは、走るのが速いのね」など、子どもの得意な面を保育士が言葉にするなどして、子ども同士が互いに興味・関心をもてるようにする。

第4週

● 手洗い・うがいについて意識している子がいる。
● 虫眼鏡でいろいろな物を見ることに興味をもっている。
● 空き箱、包装紙、プリンカップなどを使って製作することを楽しんでいる。

○手洗い・うがいを行うタイミングを知る。
◎身近な自然にかかわり、興味をもつ。(キ)
○野菜を大切に育てようとする。
○散歩で身近な植物や生き物を観察する。
○生き物の飼育をする。

手洗いのタイミングを伝える
◆子どもが手洗いを行っている場面を丁寧に見ながら、助言したり、上手にできたときには十分に褒めたりする。
◆戸外からの帰りや食前などに「手をきれいにするといいね」などと声をかけ、手洗いのタイミングを伝えていく。

自然とのかかわりを十分に
◆ひとりひとりに個人用の鉢を用意し、ミニトマトを植えて、生長を楽しみにできるようにする。また、送迎時に保護者に見てもらえるような場所に鉢を置き、親子で「大きくなったね」などと会話が楽しめるようにする。
◆「今日は暑いから、お水がたくさん欲しいかもしれないね」など、保育士がさりげなく栽培のポイントを伝えていく。
◆「お水をあげたい」「自分の鉢を持ち歩きたい」など、子どもの思いを受け止め、十分に認めていく。
◆散歩には虫眼鏡を持参し、子どもたちが身近な植物や生き物を観察できるようにする。また、園庭や散歩で見つけたカエルやザリガニなどに対する関心が継続し、深まるように、水槽を用意して飼育できるようにする。図鑑などを用意し、子どもと一緒に飼い方を調べ、世話をすることに意欲がもてるようにしていく。

「身近な自然にかかわり、興味をもつ」について
園庭や散歩で、小さなカエルを発見する機会が多くあり、生き物に関心をもつきっかけとなった。また、虫眼鏡や水槽を準備し、飼育、観察できるようにしたことで、子どもの関心を促せた。ただ、捕まえた生き物を適切に扱えていない場面も見られたので、命の大切さをどう伝えていくのか、今後考えていきたい。

5月の指導計画 幼稚園

5月のねらい
- ◎園生活のリズムを取り戻し、安心して過ごす。
- ◎教師や友達と一緒にあそぶことを楽しむ。
- ◎春の自然にふれて楽しみ、心地よさを味わう。

※幼児期の終わりまでに育ってほしい姿　(1)健康な心と体　(2)自立心　(3)協同性　(4)道徳性・規範意識の芽生え　(5)社会生活との関わり

	第1週	第2週
前週末の子どもの姿	●園生活の流れもわかってきて、自分で身の回りのことをしようとする姿が見られる。 ●新学期の緊張が解け、安定している子どももいるが、疲れの出てくる子どももいる。 ●気の合う友達関係ができてくる。	●大型連休明けで保護者から離れられない子どもがいるが、いつもと変わらない子もいる。 ●親子で参加する「春の遠足」を、とても楽しみにしている。
ねらい・内容	◎園生活のリズムを取り戻し、安心して過ごす。(1)(2)〔第1週〜第2週〕--------------→ ○身の回りのことの手順を思い出す。 ○休み中の体験を教師に話す。 ◎教師や友達と一緒にあそぶことを楽しむ。(2)(3)(4)〔第1週〜第2週〕--------------→ ○教師や友達とかかわってあそぶ。 ◎「こどもの日」に親しむ。(5) ○こどもの日の集いに参加する。	○園生活の流れに見通しをもつ。 ○身の回りのことを自分でしようとする。 ○友達や教師とふれあう。 ◎親子でふれあうことを楽しむ。(5)(7) ○親子で春の遠足に参加する。 ○公共の場のルールを知る。
環境・援助・配慮のポイント	**園生活のリズムを取り戻していくために** ◆大型連休で生活リズムが変わってしまった子もいるので、登園時の準備やお弁当の準備など、身の回りのことに時間をかけてゆったりと取り組み、園生活のリズムを取り戻せるようにする。 ◆休み中の楽しかった体験を教師や友達に伝える機会を設ける。教師が積極的に子どもに問いかけ、自分の言葉で話す楽しさを味わえるようにし、安心できるようにする。 **気の合った友達と一緒に過ごせるよう手助けを** ◆教師は子どもたちの興味や動きをよく見て、気の合いそうな子を同じあそびのコーナーに誘ったり、友達の様子を伝えたりして、かかわりの仲立ちをしていく。 ◆不安そうな表情の子どもや、あそびに入るきっかけがつかめない子どもには、教師が手をつないだり、好みそうなあそびに誘ったりして、安心感をもてるようにする。 **こどもの日を楽しむ** ◆集会では楽しい雰囲気のなかで、こどもの日の由来を話す。また、園庭のこいのぼりが見える場所を確保し、こいのぼりの歌をうたったり、柏もちを食べたりする。	**身の回りのことに進んで取り組めるように** ◆1つ先のことを、「○○したら、△△しようね」「この次は、△△だよ」とわかりやすく伝えることで、子どもたちが生活に見通しをもって取り組めるようにする。 ◆自分で取り組んでいる姿を見守り、できたことや頑張っていることを、教師が言葉や態度で認め励ましていくことで、自信や意欲を育て、安心につなげていく。 **みんなと一緒に過ごす楽しさを味わう** ◆ふれあって過ごす楽しさが味わえるように、同じクラスの子や5歳児クラスの子と2人組になって歩いたり、リズムあそびをしたりするなど、簡単なルールのあるあそびを取り入れる。 ◆遠足の前からバスの歌をうたったり、シートでお弁当を食べたりして、遠足への期待を高めていく。 ◆バスの中での過ごし方やゴミの始末など、親子で公共の場でのルールを考えられるようにし、決まりを守りながら楽しく参加できるようにする。 ◆事前に公園の案内図、集合場所、トイレの位置、危険箇所などを書いた紙を渡し、また、不審者への注意を呼びかけておき、親子で安全に気を付け、自由にあそべるようにする。
評価・振り返り・改善	**「身近な草花や野菜にふれ、生長を楽しみに世話をする」ために** 「母の日」に各家庭に"プチメロン栽培セット"を用意した。園で種まきし、家庭に持ち帰って親子で世話をするようにしたが、1鉢も発芽しなかった。2週間たっても変化がないので、新たにいろいろなメロンの	種を購入し、鉢を黒いビニールで覆ったり、暖かい場所へ置いたりと工夫したところ、やっと発芽した。植物の栽培では、教師自身の経験はもちろん、図鑑やインターネットなどで調べてから取り組むが、ハプニングの連続である。想定外の出来事にも「柔軟な心」と「可塑性に富んだ

家庭との連携	教材資料	5月の予定
・遠足や交通安全教室など、親子で参加する行事のなかで、交通ルールや公共の場のルールについて伝えていく。 ・家庭訪問では、保護者と話し合うことで子どもの成長を感じ合い、また、幼稚園教育への理解を求める。	**うた** さんぽ（作詞＝中川李枝子　作曲＝久石 譲） バスごっこ（作詞＝香山美子　作曲＝湯山 昭） **うたあそび** キャベツの中から／グーチョキパーでなにつくろう **絵本** ぐるんぱのようちえん(福音館書店)／えんそくバス(童心社)	・こどもの日の集い ・春の遠足 ・交通安全教室 ・検診（歯科・眼科） ・内科健診 ・家庭訪問 ・タケノコ掘り ・誕生会

4・5・6月指導計画

（6）思考力の芽生え　（7）自然との関わり・生命尊重　（8）数量や図形、標識や文字などへの関心・感覚　（9）言葉による伝え合い　（10）豊かな感性と表現

第3週

- ●連休後、不安そうにしていた子どもも、元気に登園するようになってきた。
- ●固定遊具や乗り物遊具であそんでいる。
- ●同じクラスの進級児と新入園児が一緒にあそぶ姿が多くなってきた。

◎ルールを守って、安全にあそぶことを楽しむ。(1)(4)(8)〔第3週〜第4週〕
○戸外にある遊具の使い方のルールを知る。
○交通の決まりを知る。

◎春の自然にふれて楽しみ、心地よさを味わう。(5)(6)(7)〔第3週〜第4週〕
○身近な草花や野菜にふれ、生長を楽しみに世話をする。
○身近な昆虫に興味をもつ。
○タケノコ掘りに行き、収穫をする。

「安全」を意識して生活できるように

◆固定遊具や乗り物遊具の安全なあそび方について、丁寧に伝える。命の大切さや遊具の危険性など、具体的にその場で話をしていく。
◆親子で参加する「交通安全教室」を開く。そこで交通指導員から安全な歩行や信号機の見方について話を聞き、模擬信号機を使って歩く練習ができるようにする。
◆園内に「とまれ」の標識を立て、生活のなかで止まる動きを身につけられるようにする。

虫や植物に興味をもってかかわる

◆畑だけでなくテラスでも野菜を栽培し、身近で毎日、植物の生長を観察できる環境を用意する。　　　　　詳細はP.40
◆定期的に野菜の生長の様子を写真で記録し、子どもたちや保護者が見やすいように保育室に掲示する。
◆保育室に飼育ケースなどを置き、昆虫を観察しやすくする。教師が触ってみせたり、変化を知らせたりし、子どもたちが興味をもてるようにする。
◆近隣の神主さんから招待を受け、タケノコについて話を聞き、収穫する。生長しすぎて食べられないタケノコであそび、皮の感触やにおいなどを十分に味わえるようにする。

第4週

- ●一緒にあそぶ友達の数が増えてきた一方で、思いの行き違いからトラブルも多くなっている。
- ●3歳児や5歳児など、他学年の様子が見えてきて、一緒にあそぶ姿が見られる。

○遊具の使い方のルールを守ろうとする。
○自分の思いを言葉にして伝える。

○園庭や園周辺を散歩する。

楽しくあそぶために

◆固定遊具などの安全な使い方をクラス全体で確認し、危険な使い方を見つけたときは個別に注意する。また、スピードが出る乗り物は乗れる範囲を指定して、コーンやバーを設置し、子ども同士の衝突を防ぐようにする。
◆「遊具は順番に使う、交代する、一緒に使う」などのルールを繰り返し伝えていく。ルールが守れたときは褒めたり、周囲に伝えたりする。
◆思うようにならない相手をたたいたり、押したりすることがあるので、教師が仲介に入り、「たたいてはいけない」こと、「相手はとてもいやな気持ち」であることを話し、「○○したいときは、△△と言うといいんだよ」と、その場に合った言葉の使い方を具体的に伝えていく。

春の心地よさを感じる

◆同じクラスや5歳児クラスと園外に出かける機会を作り、地域の春の自然にふれて、開放感を感じられるようにする。
◆草花や虫などを一緒に見ながら、子どもたちの発見を受け止め、共感したり、周りの子に伝えたりしていく。
◆園外へ出るときには必ず事前に下見を行い、緊急時の連絡方法や対応などを、教師間で十分に打ち合わせておく。

発想」をもたなければならないと思った。

「ひとりひとりと丁寧にかかわる」について

5月ごろは、どうしても親から離れられない子や泣いている子に目が向いてしまう。子どもたちが帰った後、保育室でひとりひとりの顔を思い浮かべ、「あの子にもうひとことかければよかった」と反省することも多い。そんなときは翌朝、気になっていた子どもをいつもよりギュッと抱きしめて迎え入れ、教師の思いを伝えるようにしている。

6月の指導計画 保育園

6月のねらい
◎自分の健康に関心をもつ。
◎友達と一緒にあそぶことを楽しむ。
◎身近な自然に興味をもち、親しむ。

※幼児期の終わりまでに育ってほしい姿　(ア)健康な心と体　(イ)自立心　(ウ)協同性　(エ)道徳性・規範意識の芽生え　(オ)社会生活との関わり

	第1週	第2週
前週末の子どもの姿	●ペットボトル、広告紙などを使っての製作を楽しんでいる。 ●戸外で見つけたカエルなどの生き物に興味をもっている。	●様々な生き物に興味をもち、友達と観察を楽しんでいる。 ●栽培物の生長を楽しみにしている。
ねらい・内容	◎身の回りのことに意欲的に取り組もうとする。(イ) ○後片付けを自分から行う。 ◎戸外で体を動かして楽しむ。(ア) ○戸外でいろいろな動きをする。 ◎身近な自然に興味をもち、親しむ。(キ)〔第1週～第2週〕------> ○身近にいる生き物を観察する。	◎自分の歯に対する興味・関心をもち、健康に保つ。(ア) ○歯の大切さを理解する。 ○歯を丁寧に磨く。 ◎細かい作業を楽しむ。(カ)(コ) ○色を塗ったり、模様をかいたりする。 ○畑を見学し、土や虫にふれる。
環境・援助・配慮のポイント	**見通しを伝えながら** ◆「次に○○するから、片付けようね」など、次の活動に見通しをもてるような言葉をかけて、自分から片付けられるようにする。できたときには十分に褒めて、後片付けに対する意欲を育てていく。 **運動あそびの楽しさを** ◆戸外で体を動かしてあそべるようにボールに自由にふれられる時間を多めにとり、ひとりひとりに合った挑戦を投げかける。また、ける、投げる、転がすなどの動きを保育士がやってみせたり、ミニサッカーゴールを利用したあそびを提案したりする。　詳細はP.42 **身近な自然を生かして** ◆カブトムシの幼虫、ザリガニ、カエルなど、子どもが興味をもった生き物を飼育ケースに入れて保育室に置き、自由に観察できるようにする。また、気になったことをすぐに調べられるように、飼育ケースのそばに図鑑なども置いておく。 ◆散歩では十分な数の虫眼鏡などを用意し、生き物や植物を観察できるようにする。また、散歩には各自で水筒を持参し、十分な水分補給ができるようにする。	**歯の健康や歯磨きに関心を** ◆保健師がパネルシアターや歯の模型を使用しながら、子どもたちに直接わかりやすく伝えることで、子どもがより歯に関心をもてるようにする。 ◆歯磨きの際には手鏡を用意し、「きれいに磨けたか見てみよう」などと声をかけることで、歯を見ながら丁寧に磨くきっかけになるようにする。 **子どもの興味に合わせて** ◆水性ペンや模様が塗れる塗り絵などを用意し、自由に色を使って細かい作業を落ち着いて楽しめるようにする。 **栽培物や周りの自然に興味をもてるように** ◆地域の畑を見学する機会を設け、植物に興味をもてるようにする。畑では、虫や土などに十分にふれられるようにし、植物だけでなく、その周りの自然にも目が向くよう働きかけていく。
振り返り・評価・改善	「友達と一緒にあそぶ楽しさ」について 水や砂などでダイナミックにあそぶことが好きな子どもが多いので、それを生かして、ひとりひとりが思いのままに絵の具にふれながら自由に表現できるフィンガーペインティングをする機会を設定した。活動が進むにつれて、友達同士で感触を共有しながら笑顔であそぶ姿が見られ、子ども同士がつながりながら楽しむことができた。今後は、あそびのなかで自分の意見を押し通すだけでなく、相手の意見も聞きながら、あそびを発展していけるようにかかわっていきたい。	

家庭との連携	教材資料	6月の予定
・プールカードに体温や体調を記入するよう呼びかけ、子どもの体調についての連絡を特に丁寧に行っていく。 ・あそびや活動の様子を撮った写真を廊下に掲示したり、保育参加を行ったりして、子どもの様子や保育の内容について伝え、保護者の理解を求めていく。	うた はをみがきましょう（作詞・作曲＝則武昭彦） とけいのうた（作詞＝筒井敬介　作曲＝村上太朗） うたあそび ピクニック 絵本 おじさんのかさ（講談社） 雨、あめ（評論社）	・避難訓練　・プール開き　・歯磨き指導 ・保育参加　・個人面談
		食育 ・育てている野菜の生長を楽しみにし、進んで世話をする。 ・園庭でおやつを食べることを楽しむ。

4・5・6月 指導計画

（カ）思考力の芽生え　（キ）自然との関わり・生命尊重　（ク）数量や図形、標識や文字などへの関心・感覚　（ケ）言葉による伝え合い　（コ）豊かな感性と表現

第3週

- ●歯磨き指導を受け、歯についての関心が高まっている。
- ●園庭でかけっこをするなど、みんなで体を動かしてあそぶことが多くなってきている。

◎自分の健康に関心をもつ。（ア）〔第3週〜第4週〕┄┄┄┄┄┄┄┄┄┄┄┄┄┄┄┄┄┄┄┄┄┄┄┄┄┄┄┄→
○汗ふきや水分補給などを進んで行う。
◎水あそびの身支度や約束事などを身につける。（エ）
○プールの際の身支度の仕方や約束事を確認する。
◎友達と一緒にあそぶことを楽しむ。（ウ）（ケ）（コ）
○感触あそびを一緒にする。

自分で汗ふきや水分補給を
◆「暑いから、汗をかいたね。汗をふいて、お水を飲もうか」など、子どもが進んで汗ふきや水分補給ができるような言葉をかける。

楽しく、安全にあそぶために
◆実際に屋上のプールに行き、水あそびを行う際に気を付けることをその場で話し合い、安全に対して意識が向きやすくなるようにする。　　　　　　　　　　　　　**詳細はP.46**
◆身支度の仕方は、イラストなどを使いながら、子どもが理解しやすいように説明し、手順を確認する。　**詳細はP.46**

楽しい気持ちを共有できるように
◆フィンガーペインティングなど、五感を使いながら自由に表現できる活動を取り入れ、友達と一緒に感触を楽しめるように、2〜3人で絵の具のパレットを共有する。好きな席に座ってグループを決めるなど、子ども同士がつながりやすいような楽しい設定を工夫する。　　　　　　　　　　　**詳細はP.44**
◆順番を守ったり、気持ちを伝え合ったりしている場面で、意識して肯定的な言葉をかけ、友達と楽しくあそべるようにする。けんかの場面でも、できる限り見守りながら、自分たちで解決できるよう、適切な援助を行っていく。

第4週

- ●絵の具などを使って、ダイナミックにあそび出す子どもが見られる。
- ●プールあそびに対する期待が高まってきている。

○気候を意識して衣服の調節をする。
○進んで休息をとる。
◎夏ならではのあそびを楽しみ、開放感を味わう。（カ）（コ）
○じっくり感触あそびをする。
○水の気持ちよさを感じながらあそぶ。

健康に関心をもって過ごせるように
◆「今日は蒸し暑いね」「雨で少し冷えるね」など、生活のなかで意識的に気候について話をして、子どもが自分から気づいて衣服の調節ができるようにする。
◆園庭の日陰になる場所にお茶を自由に飲めるスペースを用意しておき、「疲れたから休憩しようかな」などと言い、保育士がお茶を飲んだり、休息をとったりする姿を見せることで、自分から水分補給や休息がとれるように促していく。

水あそびで開放感を味わうために
◆感触あそびが好きな子どもが十分に満足できるよう、あそびの種類に幅をもたせ時間に余裕をもって行う。水や絵の具などの材料は多めに用意し、自由にあそびが展開できるようにする。
◆プール活動では、それぞれのペースで水に親しめるように様々なあそびを提案したり、ペットボトルなどの容器を用意したりしておく。水が苦手な子にはプールから離れた所にたらいを用意し、プールの水がかからない場所で水にふれられるように工夫する。

「身近な自然環境への興味・関心」について
虫やカエルなど生き物への興味・関心が続いているので、畑に行き、身近な自然にふれる機会を多く設けた。保育室にカブトムシの幼虫やザリガニの観察コーナーを新たに設けることで、子ども同士で発見したことを伝え合ったり、一緒に調べたり、送迎時に保護者と一緒に見たりすることができた。しかし、まだ生き物の扱いが適切にできず、死なせてしまったり、「また捕まえればいい」と考え、命を粗末に扱ったりする姿も見られたので、命の大切さを丁寧に伝えていきたい。

6月の指導計画 幼稚園

6月のねらい
◎水あそびの際の身支度を身につける。
◎友達と一緒に水あそびを楽しみ、開放感を味わう。
◎友達とかかわってあそぶことを楽しむ。
◎身近な自然にふれてあそび、親しむ。

※幼児期の終わりまでに育ってほしい姿　(1)健康な心と体　(2)自立心　(3)協同性　(4)道徳性・規範意識の芽生え　(5)社会生活との関わり

	第1週	第2週
前週末の子どもの姿	●少人数でのグループ活動にも慣れ、協力して取り組んでいる。 ●新しいクラスにも慣れ、気持ちが開放されて、のびやかな表情が見られるようになる。	●ほかのクラスや5歳児のあそびに刺激を受け、自分たちもまねをしてやってみようとする姿が見られる。 ●自分であそびに使う物などを作ろうとするが、うまくいかず、教師に手助けを求めてくる。
ねらい・内容	◎当番活動に慣れる。(1)(8) ○当番活動に取り組む。 ◎友達とかかわってあそぶことを楽しむ。(2)(3)(9)〔第1週～第2週〕 ○あそびを通して、友達とかかわる。 ◎身近な自然にふれてあそび、親しむ。(6)(7)(10)〔第1週～第2週〕 ○野菜などを収穫し、味わう。	◎梅雨の季節の衛生を身につける。(1)(7) ○衛生的な過ごし方を確認する。 　　　　　　　　　　　　　　　→ ○友達とイメージを合わせてあそぶ。 　　　　　　　　　　　　　　　→ ○飼育物に興味をもち、観察する。 ○園庭の草花を使ってあそぶ。
環境・援助・配慮のポイント	**当番活動に意欲的に取り組めるように** ◆自分の当番の順番を待ち、楽しみにできるように、当番表や当番カードを準備し、自分から活動に取り組む気持ちを育てていく。 **いろいろなあそびを友達と楽しむために** ◆周囲の友達とかかわってあそべるように、様子を見守りながら、あそびのヒントを提示したり、あそびに必要な物を一緒に作ったりして、友達とのかかわりをつないでいくようにする。 ◆自分からあそびのなかに入れない子や、思いがうまく伝えられずにトラブルになる子には、焦らずに思いを十分に受け止めて、友達のなかに入っていけるように仲立ちをしていく。 **野菜を収穫する喜びを感じられるように** ◆これまで栽培してきた経過を振り返り、やっと実って収穫できることを喜べるようにする。 ◆自分たちで育ててきた収穫物を食べる際は、野菜のみずみずしさや香り、甘さなどを教師が言葉で表現して、味覚を実感できるようにする。 ◆次年度の収穫につなげるために、収穫物の種を一部確保し「年長さんになったら食べようね」などと伝える。　詳細はP.42	**梅雨の季節を衛生的に過ごすために** ◆手洗い・うがい・衣服の調整などを行い、体を清潔に保つ必要性や、気持ちよさがわかるように話をする。 **友達とイメージを合わせてあそぶ** ◆子ども同士が集まってあそべるような場を設定したり、材料を用意したりして、友達とかかわり合う楽しさを感じられるようにする。　詳細はP.45 ◆「貸して」などあそびに必要な言葉を教師が実際に使って知らせたり、「ここはドアなのね」などとイメージを言葉にしたりすることで、子どものイメージの橋渡しをしていく。 **身近な自然に親しめるように** ◆成長の過程や変化が見やすい生き物(アゲハ、ザリガニ、オタマジャクシ、ヤゴなど)を飼育し、観察の楽しさを感じられるようにする。子どもが何かに気づいたときには周囲に伝え、関心を育てていく。　詳細はP.41 ◆自然とかかわるなかで子どもが気づいたことなどを教師も新鮮な気持ちで受け止め、共感していく。また、集まりの時間に紹介し、周りの子どもたちが気づくきっかけを作る。 ◆シロツメクサを編む、オオバコですもうをとるなどの草花あそびを教師が一緒にやって見せ、楽しさを伝える。
評価・振り返り・改善	「友達と一緒に水あそびを楽しみ、開放感を味わう」について 「今日はどんな活動を設定していくか」は、天候や環境によって判断している。朝から暑い日、ホースで園庭に水まきをすると子どもたちは「キャーキャー」と歓声を上げて集まってくる。ホースの水を使って水の橋を作ると、日光を反射してキラキラ光る水の玉を見て、友達と喜び、	一緒に水の橋をくぐってみたりする姿が見られ、友達とふれあう機会が作れた。一方、ある日の雨上がり、子どもたちは園庭で散り散りに山や池を作ってあそんでいた。教師はそれぞれの子どもたちの間を行ったり来たりするだけで、子どもたちのあそびをうまくつなぐことができず、中途半端な活動になってしまった。チーム保育なので、今後は教師がそ

家庭との連携	教材資料	6月の予定
・プールカードを渡し、記入するように伝え、家庭と連携して健康管理に努める。 ・「パパふれあいデー」(父親保育参観)や行事への参加を通して子どもたちの成長を知らせると共に、園との信頼関係を築くようにする。 ※父親のいない子は、事前に保護者と話し合い、参加者を決める。	**うた** あめふりくまのこ (作詞＝鶴見正夫　作曲＝湯山 昭) すてきなパパ(作詞・作曲＝前田恵子) **うたあそび** なっとうのうた パンやさんでおかいもの **絵本** おばけかぞくのいちにち(福音館書店) ひつじぱん(鈴木出版)	・避難訓練 ・クリーンデー(地域清掃活動) ・プール開き ・親子お話会 ・パパふれあいデー 　(父親保育参観) ・誕生会 ・みゅう広場

4・5・6月指導計画

(6)思考力の芽生え　(7)自然との関わり・生命尊重　(8)数量や図形、標識や文字などへの関心・感覚　(9)言葉による伝え合い　(10)豊かな感性と表現

第3週

- ●水あそびや泥んこあそびをするなかで、いつもとは違う友達と集まってあそぶ姿も見られる。
- ●周りの様子を見て、楽しそうなことやおもしろそうなことに自分から取り組むようになってきた。

◎水あそびの際の約束事や身支度を身につける。(1)(2)(4)〔第3週～第4週〕----→
○プールでの約束事を確認する。
◎友達と一緒に水あそびを楽しみ、開放感を味わう。(1)(6)(7)〔第3週～第4週〕----→
○水の感触や気持ちよさを十分に楽しむ。
◎みんなで一緒に活動することを楽しむ。(2)(3)(10)
○みんなで一緒に動いたり歌ったりする。

安全に水あそびを楽しめるように
◆水あそびの楽しさとともに、危険があることを知らせる。特に走ってはいけない場所や、プールのふちに立たないことなど、プールでの約束を改めて伝え、みんなで確認していく。
◆蒸し暑く天候が変わりやすい時季なので、子どもたちの体調について丁寧に把握しておく。特にプールに入る際は、「プールカード」で朝の体温や保護者の判断をチェックすると共に、プールに入る直前にも体にふれて発熱などがないか注意し、確認する。

安心して水の気持ちよさを楽しむ
◆プールの水量は浅めにしておき、水に慣れてくる様子を見ながら、少しずつ水量を増やしていく。
◆水の冷たさを、教師が「気持ちいい！」と声に出して周囲に伝えていく。

みんなで一緒に活動することを楽しむために
◆ピアノやCDの曲などに合わせて、みんなで一緒に動いたり、歌ったりする活動を取り入れる。室内でもできる簡単な集団あそびやゲームなど、体を動かす活動を取り入れて発散できるようにする。

第4週

- ●暑い日が多く、登園すると「先生、今日もプールする？」などと聞きにくる。
- ●絵本の読み聞かせやリズムあそびなどを楽しみにしている。

○水あそびの際の身支度を自分でしようとする。

○工夫したり試したりしてあそぶ。
◎親子のふれあいを楽しむ。(5)(9)
○親子で一緒に読み聞かせを聞く。

水あそびの身支度を身につける
◆自分で水あそびを始める際に水着に着替えたり、水あそび後に体をふいて着替えたりする姿を認める。準備が苦手な子には、じっくりと丁寧にかかわることで、徐々に身につくようにしていく。

思い思いに水あそびを楽しめるように
◆工夫して水あそびが楽しめるように、園庭に洗濯ごっこの道具やビニールプールや雨どいなどを準備し、いろいろなコーナーを設置する。　詳細はP.45
◆プールの横で音楽をかけて、みんなで歌ったり、安全な水あそびのおもちゃを使ったりして水にふれてあそび、楽しい雰囲気を作る。

親子のふれあいを楽しむために
◆親子一緒に楽しめるように、「親子お話会」では、絵本や大型紙芝居の読み聞かせを取り入れる。地域の読み聞かせ専門のボランティアの人に来園してもらい、様々なお話を親子で一緒に楽しむ機会をもつ。
◆親子の会話が広がるように、教師がパネルシアターを使って、問いかけながらお話を進めていく。

の場で話し合って、臨機応変に園庭あそびをつないで、園庭にいる全員でダイナミックなあそびもしていきたい。

「友達とのかかわり」について
仲間に入りたいと思っても、自分から動き出せなかったり、「入れてって言ってごらん」と声をかけても、教師に頼ってしまったりする子がいる。そんなとき、牛乳パックで作った「イヌ」などの動物パペットを渡すと効果的だった。自分からあそんでいる友達に「ワンワン」と声をかけ、パペットを仲立ちにしてあそびに入ったり、パペットにひもをつけて友達と並んで散歩したりして、少しずつ交流が見られた。

4月5月6月の保育資料

生活しやすい環境作り
指導計画 P.22、23

園生活の流れを知り、見通しをもって過ごすことで安心できるよう、様々な工夫をしています。

時間の流れを表示で

数分間、1日、1週間と、いろいろな区切り方で時間の流れを表示。次に何を行うかわかることが、安心につながります。

●生活の流れを掲示して

朝の支度を、順番に表示。絵や文字、時計の文字盤などを一緒に表示し、一日の流れをわかりやすく。

●今週の予定を掲示

送迎時、親子で「今日は（あしたは）何をするのかな？」と、活動を楽しみにできるようになる。

●時計を示しながら

時計を指しながら、5分程度前に予告をする。

実践者より

保育者が急に「片付けましょう」と言ってあそびを中断せず、子どもに心の準備ができたうえで、片付けられるように気を付けています。

人形を使ってお話

お話を見るような気分で人形と保育者とのやり取りを見て、園の約束事などを覚えていきます。

頭のけが防止、熱中症の防止など、帽子の大切さについて、人形を使って伝える。

生活習慣の手順を

毎日繰り返す生活習慣について、それぞれの場所に絵や写真で表示を工夫。毎回目に入るので、自然と身についていきます。

●水道の周りには

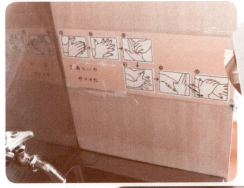

こんな表示も！

水道の近くにはこんな表示もして、子どもたちの手洗いやうがいへの関心を高める工夫をしている。

歯磨きや手洗いの手順を、子どもの目の高さに表示。

●トイレには

トイレットペーパーの1回分の目安を表示。

実践者より

トイレットペーパーを大量に流し、詰まってしまうという「事件」が続きました。そこで子どもたちに話をし、このような表示をしたところ、「事件」はなくなりました。

●食器を片付けやすく

食器を片付けるワゴンに、それぞれ食器の写真を付けて、どこに何を片付けるのかがわかるように。

●遊具を片付けやすく

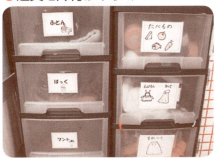

絵や写真で表示したり、中身が見える透明なケースに入れたりして、子どもが片付けられるように。

4・5・6月 保育資料

落ち着いてあそべるように

指導計画 P.22、24

新年度、環境が変わっても、ひとりひとりが好きな場所で落ち着いてあそべるように工夫します。

あそびかけの状態にして

子どもにとってきれいに片付けられた保育室は、かえって緊張するようです。新年度は特に、「だれかがちょっとあそんだ感じ」にするようにしています。

ままごとコーナーには、人形やおもちゃを出しておき、あそびかけの雰囲気に。

ブロックも、かごから少し出して、「自分が一番じゃないね」と安心できるように。

あそびたくなる設定を考えて

子どもたちの興味・関心に合わせて、コーナーの設定や準備する物を変えていきます。

●大活躍の牛乳パックベルト

牛乳パックを切って作ったベルト。たくさん作っておくと、子どもたちの要求にすぐこたえられる。

看護師さんの帽子も、牛乳パックベルトがあればすぐに作れる。

動物の顔の塗り絵をした後、周りを切り取ってはれば、お面の出来上がり。小さい物は、色を塗ったりシールをはったりして手足のバンドに。

●男の子に人気の手作り道路

車であそぶコーナーに、大きな紙にかいた道路を用意。ミニカーやブロックと組み合わせて、どんどんあそびが広がった。

家からおもちゃを持参して

友達とかかわってあそべる場を用意し、家から持参したおもちゃと園の物とを組み合わせてあそびます。自分にとって大切なおもちゃを園で使うことは「貸し借り」を体験する大切な機会であり、周囲との良い関係を作り適応力をはぐくむ取り組みでもあります。

 実践者より

「どうやったら借りられるかな」「今は貸したくない。どう言ってわかってもらおうか」「貸してもらってうれしいな、壊さないようにしよう」など、いろいろな葛藤や気持ちの収め方を学ぶことができます。保育者は、言葉を出しすぎないように見守り、うまくやり取りができたときは「貸してあげたのね。○○ちゃんうれしそうだね」などと声をかけ、貸してもらえなかったときは「悲しいね。『後で貸して』って言ってみようか」など助言をしています。

はさみを使って

指導計画 P.22

4・5・6月 保育資料

広告紙を切り抜くなど、はさみを使ってあそぶようになってきたので、クラス全体の活動として行ってみました。

こんなふうに
○△□をかいた紙を用意し、「線に沿って切る」作業を、楽しみながらできるようにしました。

こうやって持つとどうかな？

安全な使い方を子ども自身が考えられるように問いかける。

●線に沿って

かかれた線に沿って慎重に切る。切った紙を入れるかごを個々に用意すると、ゴミを捨てるための立ち歩きが少なくなり、落ち着いて取り組める。

●ひとりずつ確認しながら

保育者は、各テーブルを見て回りながら、持ち方などを個別に伝えていく。

●切った後も楽しい！

切り取った形を組み合わせて何かに見立てたり、色を塗ったりして、その後も楽しめる。

あ！

切り抜いた後の紙を使って、机の上で何かを作り始めた。切れ端も、大事な材料になる。

園の危険・安全を知る

指導計画 P.23

子どもたちと一緒に園内を回り確認しながら、危険、安全について考える機会を作ります。

危ない所はどこ?

廊下や出入り口などの写真を見せ、「何が危ないかな?」「どうすればいい?」などと問いかけながら話し合いました。

子どもから出た意見
- はしったらあぶない
- つまずいてころぶ
- ほんだなにぶつかる
- ひとにぶつかる
- すべったらあたま、からだをぶつける

など

実践者より

子どもから出た意見は、すべてホワイトボードに書き出し、「自分の意見が認められた!」という気持ちを大切にしています。

実際に歩いて確認

園内をみんなで歩き、安全な過ごし方を考えました。普段何気なく歩いている所でも、安全について意識するきっかけになります。

\ さあ出発! /

このときは火事を想定したため、鼻と口をふさいだ。

門に続くスロープ。手すりを鉄棒のように使うことがあるが、頭を打って危険なので、再度確認。

2階のテラス。柵に足をかけない、上から物を落とさないことを約束。

非常口に到着。「自分たちの保育室からどうやって来ればいいのかな?」

実践者より

テラスからは、周囲の畑を見下ろすことができ、子どもたちは大声で叫んだり、畑仕事をしている人に話しかけたり、楽しそう。ただ、開放的な場所だけに、危険についてしっかり伝えます。同時に保育者もテラスに踏み台になるような物、投げたくなるような物を置かないことを再確認しています。

並びっこ競争

指導計画 P.27

戸外での安全に気を付けられるよう、あそびを通して「手をつないで並ぶ」ことに慣れていきます。

あそび方

① 電車ごっこで縦一列になり、保育者について歩く。

② 「2人組」「3人組」などに分かれるゲームをする。
※「ゾウ」なら2人組、「キリン」なら3人組というように、言った動物名の文字数と同じ人数になって手をつなぐ。

③ 2人組になったところで保育者の前に並ぶ。保育者が「違う所に行くよ〜」と言って移動。子どもたちは笛の合図で、2人組のまま移動した保育者の前に並ぶ。

④ 慣れたら、そのまま列を崩さずに歩く。前の友達を抜かさないように注意し、園内探検をしても。

実践者より

好きな友達と手をつなげなかったら

● 初めに、「手をつなぎたい友達とつなげないかもしれないから、そのときはほかのお友達を見つけてね」と伝えておきます。「○○ちゃんとつなぎたかった〜」と泣くことも予想されるので、心の準備につながります。

● 好きな友達とつなげなかったり、1人でいたりする子どもには、「○○ちゃんがいたね。よかったね」と言いながら、2人をつなぐように援助します。

● 手をつなぐことに抵抗を示す子もいるので、無理強いはしないようにします。「○○ちゃんの隣ね」と、場所だけを伝えておきます。

虫眼鏡持参の散歩

指導計画 P.26

身近な生き物への興味をさらに広げるため、虫眼鏡を持って近所の田んぼに出かけます。

こんなふうに

田んぼに到着したら、子どもの目にふれやすい所に虫眼鏡を置いて、自由に使えるようにします。まだ虫眼鏡の使い方がわからない子もいるので、捕まえた生き物を保育者と一緒に見て使い方を伝えます。
※「太陽を見ない」ことを伝える。

カエルの顔、よーく見えるよ。

勢いよく流れる用水路も子どもたちのお気に入り。水に手をかざし、水流を確かめたり、葉っぱを流してみたり。

春の種まき＆苗植え

指導計画 P.29

植物栽培スタートの時季です。子どもたちと一緒に、いろいろな種をまき、苗を植えました。

こんなふうに

子どもたちに、何を栽培したいか聞いたうえで、いろいろな種や苗、植木鉢やプランターを用意し、それぞれ準備していきました。

ミニトマト

水に浸したスポンジに種を埋めて発芽させる。その後、土に移して栽培。

ヒマワリ

「この殻、とっておこう。」

出てきたばかりのヒマワリの芽は、種の殻をかぶっている。その殻を集める子どもたち。

サツマイモ

近所の畑を借りて苗を育てるが、園庭では、土の袋を利用して苗植え。毎日観察できるので、親しみもわく。

ミニ・ビオトープ

指導計画 P.25

狭い場所でも可能な「ミニ・ビオトープ」を作成。
新年度、不安を抱える子どもの、いやしの場にもなっています。

こんなふうに

園のスーパーバイザー吉岡榮一氏（いわき地域環境科学会員・元小学校校長）の指導のもと、ミニ・ビオトープを作成。身近な素材で、狭い園庭でも作ることができ、管理も楽です。春先にはオタマジャクシがたくさん生まれ、ゆったりと観察ができます。

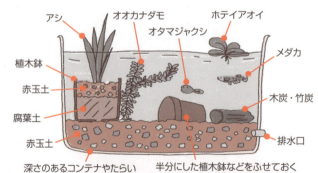

アシ／オオカナダモ／ホテイアオイ／オタマジャクシ／メダカ／植木鉢／赤玉土／腐葉土／木炭・竹炭／赤玉土／排水口／深さのあるコンテナやたらい／半分にした植木鉢などをふせておく

ゆったりとした魚の動きは、見ているだけで落ち着く。

実践者より

「いやしの空間」に

新年度の子どもたちが不安なときは、保育者と向き合うより、小動物や草花を共に見ることで一体感をもち、より親しみがわくことがあります。そういう意味でも、ユラユラ泳ぐメダカやオタマジャクシを一緒に観察できるビオトープは何よりの環境。特に春は、卵や様々な稚魚など、もっとも観察の楽しい時期で、保育者にとってもいやしの場所になります。

生き物の飼育と観察

指導計画 P.32

4・5・6月 保育資料

生き物の成長過程にかかわることで、子どもたちは自然界や命など、様々なことを学んでいます。

アゲハチョウ ～成長過程を観察～

近所の方にいただいたり、各家庭から持ってきたりして幼虫が集まり、飼育・観察のスタート。子どもたちが頻繁に通る場所に飼育ケースを置き、日々観察できるようにします。黒っぽい幼虫から緑色の幼虫へ、そしてサナギとなって羽化を待つ。このように見た目が次々と変わっていく過程は、子どもにとってとても興味深く、毎日熱心に飼育ケースをのぞき込んでいます。

●放してあげよう

チョウになると飼育は困難なので、放すようにしています。子どもたちは大空へ飛んでゆくチョウを追いかけ、見守っていました。

園庭の真ん中で飼育ケースを開ける。上手に飛べるかな?

アゲハの幼虫。ナミアゲハの幼虫はミカンの葉など、キアゲハの幼虫はニンジンやセリ科の植物を食べる。

羽化したばかりのアゲハ。

実践者より

感動の瞬間を逃さぬように
「気づいたらすでにチョウになっていた」など、羽化の瞬間はつい見逃してしまうことが多いので要注意です。本園でも、リアルタイムで羽化を見るため、保育者がこまめに観察をしています。昼食の最中に羽化し始めたときは、食事を中断して、見入っていました。子どもたちは美しいチョウの誕生に大歓声! 大喜びでした。

●「あのアゲハがあそびに来たよ」

その後、園庭に飛んでくるアゲハチョウを見つけると、子どもたちは「あのアゲハがまた、園にあそびに来たよ」と喜び、お迎えに来た保護者に教える姿も見られます。「自分たちが育てたアゲハチョウ」と、特別な存在になるようです。

ザリガニ ～いろいろな飼育方法～

観察の仕方や子どもたちの様子に合わせて、いろいろな飼育方法を試しています。

実践者より

ザリガニマンションは、「ザリちゃん」など好きな名前を付けて1人1匹ずつ飼育します。自分のお弁当のおかずを分けてあげたり、水を換えたり、すべて自分で行うので、責任感が芽生え、親しみもわく、お勧めの飼育方法です。

上から見られるように

水を少なめにし、飼育ケースは低めの台の上に載せると、子どもたちが上からのぞいて観察できる。半分の植木鉢や石を置き、共食いを避ける。

水中での様子が観察できるように

飼育ケースの3分の2くらいまで水を入れ、ポンプ、植木鉢や石・水草を入れたザリガニが水の中で泳いだり浮き沈みしたりする様子を見る。ケースは、子どもが側面から見られる高さに置く。

おすすめ! マイザリガニ

ペットボトルの一辺を切り抜いて水槽を作り、1匹ずつ育てる。ボトルの上から排水口用のネットをかぶせて穴をふさぐ。

イチゴの種取り

指導計画 P.32

5～6月は次々とイチゴが実る時季。次の種まき～収穫を見通して、収穫を行っています。

こんなふうに
子どもたちは、採取されずに残ったイチゴを探して、種採りを行います。

黒くなって、つぶつぶだけが目立つイチゴ。

つぶつぶをピンセットで採って……。　　1個のイチゴから、こんなに採れたよ！

実践者より

次年度の収穫を楽しみに
収穫後、採った種をまき、「年長さんになったら食べようね」などと、楽しみにしています。種とりと同時期にまくと、10月ころにはある程度の苗になるので、植え替えを行い、大切に育てます。

ボールを使って

指導計画 P.30

運動機能が高まってくる4歳児。ボールあそびではいろいろな動きを意識的に取り入れています。

こんなふうに　いろいろなボールあそびを楽しんでいるなか、保育者は、ひとりひとりの動きを確認し、体の使い方のコツを伝えていきます。

両手投げから片手投げへ

体を横に向け、重心を移動させる動きを、保育者が手を添えてやってみる。

ボールをつくときは

「ボールが上まできたらつく」「たたくのではなく、ボールを下に押す」イメージを伝える。

友達とかかわれるように

保育者と子どもの投げ合いから、「○○ちゃん投げるの上手だから、次は○○ちゃんが先生になってね」と言って、子ども同士で行えるように促す。

42

友達と表現あそび

指導計画 P.26、27

友達と一緒のあそびに興味を示すようになりました。
友達と素材を共有しながら楽しめる環境を作っていきます。

4・5・6月 保育資料

床一面に広がって

テーブルを片付け、保育室の床一面を使って、みんなで絵をかきます。床でかくことで、いつもと違った様子が見られました。

実践者より
作業中も子どもが移動しやすいよう、床にビニールテープをはって通路を作りましたが、実際に始めてみると、テープのラインはあまり意識されず、自分たちで調整していました。保育者も、窮屈そうな子がいたら、「こっちでかいていいよ」と別の場所に誘うなど、臨機応変に声をかけました。

何かいてるの?
床面だとそれぞれのエリアの区切りがぼやけるので、友達とつながりやすい。

自然に友達とくっついちゃう!

セロハンテープでつなげて、友達と共同作業する姿も。

黒い紙では、花火を表現するなどイメージが広がったよう。

製作コーナーで

保育室の一角にテーブルを2つほど合わせたコーナーを作り、材料や道具を中央に置いておくと、興味をもった子どもが集まり、そこで自由に製作を始めます。同じ場で作っているうちに、友達同士のかかわりが生まれます。

思い思いの素材や道具を使って、自由に製作を進める。友達から刺激を受けることも。

できたよ〜!
空き箱やプラスチックカップなど、いろいろな素材を組み合わせて……。何を作ったのかな?

43

絵の具で感触あそび

指導計画 P.31

友達と一緒に絵の具の感触あそび。
同じ机で同じ絵の具を使って楽しむことで、友達との仲も深まります。

指でお絵かき（フィンガーペインティング）

用意する物・準備
画用紙、絵の具（赤と青の絵の具をそれぞれパレットに出し、テーブルごとに色分けして置いておく）

こんなふうに
子どもたちは自分の好きな色のテーブルに行き、指で絵の具を取り、画用紙の上で自由にお絵かきをします。

初めは指1本で。線をかいたり、好きな絵をかいたり。

徐々にダイナミックになり、てのひら全面で塗りたくる子も。

色を混ぜちゃおう！
2つのテーブルを行き来しているうちに、赤と青が混ざり合って。

雨と傘を表現

こんなふうに
フィンガーペインティングの経験を生かし、別の日に「雨と傘」の製作を行いました。
保育者が、「どんな雨がある？」と聞くと、「ザーって降る」「ポツポツ降るよ」など、いろいろな意見が出てきます。その後、雨の写真を見ながら、さらにイメージが膨らんだところで、水色の画用紙を渡し、「この間みたいに、指のお絵かきで、雨をかいてみようか」と提案。子どもたちは青の絵の具で思い思いの雨を表現しました。

ポツポツ、ザーザーなど、いろいろな雨が現れて。

実践者より
「○○ちゃんは、大雨だね」など、同じ雨でも違いがあることに気づけるよう、声をかけました。なかには、「竜巻だー」「雷だー」と言いながら、激しい雨をかいている子もいました。

さらに翌日、傘を加えて
傘の形に切った紙に、クレヨンで模様をかき、雨をかいた紙の上にはる。

砂場でごっこあそび

指導計画 P.32

1人より友達とかかわったほうが楽しい環境を設定し、友達同士のつながりをサポートします。

こんなふうに
園庭で自由にあそんでいるとき、ちょっとした工夫で、友達同士のかかわりを促すことができます。

砂場では子どもたちが泥団子作りや型抜きなど、思い思いにあそんでいる。

保育者が、外あそび用のテーブル・いす・簡易テント、カップ・皿などを準備する。

ケーキ・プリン・お団子・コーヒーなどを並べ、「作り手」と「客」のやり取りを楽しむようになる。

コックやウエイトレスの帽子、メニュー表などを準備する。

簡単な役割分担をしながら、「レストランごっこ」となっていく。3、4、5歳が入り交じり、異年齢がかかわる楽しい活動となる。

実践者より
普段のあそびのなかで友達とのやり取りあそびを経験することで、子どもたちは人とかかわる基盤ができていきます。砂場での小さなごっこあそびは、本格的なごっこあそび（品物を製作し、数日間行うお店屋さんごっこなど）に比べ、簡易にすぐ楽しめるので、この時期にたくさん経験しておきたいと考えています。

いろいろな水あそび

指導計画 P.33

暑い日は、園庭で水にふれてあそべるよう、いろいろな場を用意し、好きな所で自由に楽しんでいます。

こんなふうに
園庭にいろいろな材料を用意しておくと、子どもたちはそれぞれ好きな場所に行き、思い思いの水あそびを楽しみます。

洗濯ごっこ

たらいの水に石けんを入れて、砂場道具などを洗う。

石の感触を味わって

ビニールプールに、いろいろな形、大きさの河原の石を敷いて、手で触ったり、上を歩いたりして感触を楽しむ。

砂場で水を流して

大きな砂山を作り、雨どいなどを使って水を流す。

4・5・6月 保育資料

水あそびのお約束

指導計画 P.31

プールあそびが始まる前に日を設定して、プールでの注意事項などを、みんなで確認する時間をもちます。

シミュレーションして

みんなでプールが設置してある屋上に行き、入り方や約束事を、実際にやりながら確認していきます。

「こうやって入ります。」

まずは入り方。保育者が実際にやって見せた後、子どもたちもやってみる。滑るので、プールのふちにつかまって片足ずつ入るよう伝える。

「ここは休憩場所。」

日陰になっている場所に集まり、プールから出て、ここで休憩する時間があることを伝える。

「せっかくだからあそんじゃおう!」

一通り注意事項を確認したら、ちょっとだけ水あそび。保育者がホースから水を出すと、子どもたちは大喜び。

「先に入ったお友達は、ここに座って待つんだよ」と知らせる。

出る時も、片足ずつ慎重に。

クイズで楽しく

水あそびの際の身支度について、ホワイトボードに手順を記入しておきます。保育者はそれを見せながらクイズ形式で質問し、子どもたちが答えて確認していきます。

① ▢をしまう。
② といれにいく。
③ きがえる。
④ ふくろにたおるをいれる。

質問例
Q1 ①番には何をするのかな?
Q2 洋服はどこに入れたらいいのかな?
Q3 このまま(脱ぎっぱなし)にしておくとどうなる?
　　　　　　　　　など

7月 8月 指導計画と保育資料

指導計画と保育資料は連動しています。

7月の指導計画 保育園

7月のねらい
◎清潔と休息に気を配りながら、ゆったりと過ごす。
◎水の気持ちよさを味わい、水に親しむ。
◎夕涼み会を楽しみにしながら過ごし、夏のお祭りの雰囲気を味わう。

※幼児期の終わりまでに育ってほしい姿　（ア）健康な心と体　（イ）自立心　（ウ）協同性　（エ）道徳性・規範意識の芽生え　（オ）社会生活との関わり

第1週

前週末の子どもの姿
- 汗や泥あそびで、衣服が汚れてしまう子がいる。
- 七夕の笹飾りを作って飾ることを楽しみにしている。
- 水や泥などでダイナミックにあそぶ子どもがいる。

ねらい・内容
◎体を清潔に保つ心地よさを味わう。(ア)(イ)
○衣服や体の汚れに気づき、着替える。
○体を清潔に保つ。
◎七夕に親しむ。(オ)(ケ)
○七夕の話を聞いたり、飾りを作ったりする。
◎水の気持ちよさを味わい、水に親しむ。(イ)(ク)(コ)〔第1週〜第3週〕
○好きなエリアであそび、水に慣れる。

環境・援助・配慮のポイント

気持ちのよい環境に
◆泥や汗などで衣服がぬれたときには、「ぬれちゃったね、どうしようか」などと言葉をかけ、子どもが気づいて汗をふいたり着替えたりできるようにする。
◆手洗い・うがいをきちんと行い、清潔を保てるようにする。
◆保育士が温水シャワーをかけて、子どもたちが十分に体を洗えるようにする。シャワー後は、体が冷え過ぎないように扇風機の強さやエアコンの温度に配慮する。

興味をもちながら楽しんで
◆七夕の由来がわかる絵本や写真を見せながら話をする。また、七夕に関連した写真をホワイトボードに掲示しておき、興味が続くようにする。
◆笹飾り作りはコーナーで行い、友達と会話を楽しみながら自由に作れるようにし、伝統に親しめるようにする。　詳細はP.57

安心して水にふれられるように
◆水が多くかかるのを嫌がる子どもはエリアを分けてたらいや空き容器などを使い、安心してあそべるよう配慮する。　詳細はP.56

第2週

前週末の子どもの姿
- 着替えの際に、脱いだ衣服を丸めた状態のまま置いておく子どもがいる。
- ミニトマトの生長に関心をもっている。

ねらい・内容
◎衣服の後片付けを丁寧に行おうとする。(イ)
○脱いだ衣服をきちんと片付ける。
◎夕涼み会に期待し、お祭りの雰囲気を友達と楽しむ。(オ)
○盆踊りをみんなでしてみる。
○挑戦しながらあそんでみる。
◎自分で育てた野菜のおいしさを味わう。(キ)
○ミニトマトを収穫し、食べる。

環境・援助・配慮のポイント

ひとりひとりに合わせた援助を
◆着替えの片付けが苦手な子には、脱いだ衣服を畳んでしまうよう、個別に丁寧に伝えていく。

行事への期待を膨らませながら
◆夕涼み会が近いことを伝え、地域の方を呼んで盆踊りを教えてもらい、期待をもって過ごせるようにする。
◆地域の方に教えてもらった踊りに加え、子どもが親しみやすい曲に保育士と子どもたちで振り付けを考えて加えた踊りを取り入れて、意欲的に参加できるようにする。

少しずつ挑戦しながら
◆プールに座ってみる、水をかけ合ってみる、寝転がってみるなど、様々な動きを取り入れ、水が苦手な子どもでも少しずつ挑戦できるように働きかける。　詳細はP.56
◆水あそびが好きな子どもには、貝殻拾いゲームなどを準備し、水に潜るなど、のびのびと水の気持ちよさを感じながらあそべるように工夫する。　詳細はP.56

野菜の新鮮さを感じる
◆収穫後すぐ食べられるよう、まな板と包丁を用意しておく。

評価・振り返り・改善

「水の気持ちよさを味わう」について
プールや園庭で水に十分に親しめた。プールの活動では、水の好きな子どもと苦手な子どものエリアを分けたので、それぞれが安心して気持ちよさを感じることができた。また、空き容器などを十分に用意することで、ジュース屋さんや金魚屋さんをして、子どもたちが工夫して水を使ってあそぶ様子が見られた。水に顔をつけたり、潜ったりするのが上手になってきた子どももいるので、今後はプールでは水量を増やして、よりダイナミックなあそびを楽しめるようにしたい。

家庭との連携

・園便りや掲示で夕涼み会の内容について伝え、積極的な参加を呼びかける。
・子どもの体調についての情報交換をし、無理なく水あそびなどができるようにしていく。
・プールが屋上にあり、保護者がプール活動を見にくいので、様子を写真撮影して掲示する。

教材資料

うた アイ・アイ（作詞＝相田裕実　作曲＝宇野誠一郎）
くじらのとけい（作詞＝関 和男　作曲＝渋谷 毅）
うたあそび いわしのひらき
絵本 せんたくかあちゃん（福音館書店）
ろくべえまってろよ（文研出版）

7月の予定

・七夕　・避難訓練　・夕涼み会
・保育参加　・個人面談

食育

・育てている野菜の収穫を楽しみにし、収穫物をおいしく食べる。
・手洗い・うがいを丁寧に行い、食中毒予防を意識する。

（カ）思考力の芽生え　（キ）自然との関わり・生命尊重　（ク）数量や図形、標識や文字などへの関心・感覚　（ケ）言葉による伝え合い　（コ）豊かな感性と表現

第3週

● 汗をたくさんかきながらあそんでいる。
● 園での夕涼み会を楽しみにしている。
● 水あそびなど夏のあそびを楽しんでいる。

◎ 十分に休息しながらゆったりと過ごす。(ア)〔第3週〜第4週〕
○ 水分補給を自分からする。
〔第2週〜第3週〕
○ 夕涼み会に参加し、いろいろな人とかかわる。

○ 開放的にあそぶ。

暑さに気をつけ、余裕をもった計画を

◆ お茶を十分に用意して、好きなときに飲めるようにする。
◆ 子どもの健康観察をしっかりと行い、戸外あそびの際は紫外線や日光の当たり具合、気温を考慮して時間配分に気を配り、熱中症などの予防に努める。

地域の方と楽しむ時間に

◆ 5歳児の担ぐ手作りみこしを見学したり、事前に地域の方と一緒に踊りの練習をしたりして、交流がもてるようにする。
◆ 和太鼓や盆踊り、出店などが十分に楽しめるように保育士が役割りを決めながら、夕涼み会をスムーズに進める。
◆ 輪投げや金魚すくいゲームなどができる環境を設置しておき、保護者にも店番役として協力を仰ぐ。
◆ みんなで大きな輪を作って盆踊りができるように、やぐらの下に大きな輪をかいておき、盆踊りに参加するよう促す。

開放的な雰囲気であそべるように

◆ ワニ歩き、顔を水につけてみる、水量を増やして潜ってみるなど、徐々にダイナミックなあそびを楽しむ雰囲気を作っていく。
詳細はP.56

第4週

● 暑さで体調を崩す子どもがいる。
● プールで水に潜るなど、水あそびに慣れてきた子どもがいる。
● 夕涼み会での出来事を話している。

○ 体を休めながら過ごす。
◎ 様々な感触を味わう。(カ)(ク)
○ 様々な物の感触にふれながら工夫してあそぶ。
◎ 行事の余韻を楽しむ。(オ)(コ)
○ 夕涼み会の経験を生かしてあそぶ。

健康に気を付けながら

◆ 室内では体を横にして休める環境を常に用意し、自由に休息できるよう整えておき、疲れた様子の子には「休もうか」などと声をかける。
◆ 活発に動いた後は静かな音楽をかけたり、落ち着いた内容のコーナーあそびを行うなど、体を休めやすい環境を整える。

夢中であそべる環境を

◆ 水、粘土、片栗粉などを使った感触が楽しいあそびを提供し、開放的な気分で過ごせるようにする。片栗粉は袋に入れ、自分で水を少しずつ加えるようにし、工夫しながらさまざまな感触を味わえるようにする。また、保育士も一緒に素材にふれながら、感触を共感できるようにする。
詳細はP.58
◆ 感触あそびが苦手な子どもには、袋の上から触るようにしたり、別のあそびを用意したりして、その子どもができそうなことを考えて誘ってみる。

楽しさが継続するように

◆ 夕涼み会の話をしたり、太鼓、鈴、タンブリンなどの楽器を用意して踊りの曲を流したりしながら、子どもが楽しかったことを再現できるようにする。

7・8月 指導計画

「夏のお祭りの雰囲気を味わう」について

自由あそびのときに少しずつ踊りをやってみるなど、無理なく当日まで進めることができた。また、ほかのクラスと一緒に踊ったり、地域の方と交流したりとお祭りの雰囲気を継続して味わうことができた。当日は、やぐらを組み、地域の方が和太鼓をたたくなか、子どもたちも盆踊りを楽しんでいた。子どもたちはやぐらの周りで踊ることをとても喜んでいたので、やぐらは当日ではなく、数日前から立てておいたほうが期待がより高まったと思うので、次年度の計画に生かしたい。

7月の指導計画 幼稚園

7月のねらい
◎夏ならではのあそびを十分に楽しむ。
◎園行事に参加し、様々な人とのふれあいを楽しむ。
◎「命」について興味・関心をもつ。

※幼児期の終わりまでに育ってほしい姿　(1)健康な心と体　(2)自立心　(3)協同性　(4)道徳性・規範意識の芽生え　(5)社会生活との関わり

	第1週	第2週
前週末の子どもの姿	●じめじめした気候から、体調を崩す子どもが増えている。 ●プールあそびを楽しみに、張り切って登園してくる。 ●当番活動に意欲をもって取り組み、同時に園生活での約束を守ろうという意識も強くなってきた。	●蒸し暑い日が続いたり急に寒くなったりなど気温の差から体調を崩す子がいる。 ●七夕飾りや夏祭りへ向けての製作など、喜んで取り組んでいる。
ねらい・内容	◎夏ならではのあそびを十分に楽しむ。(1)(6)(7)〔第1週〜第2週〕────────→ ○水あそびやプールあそびをする。 ○砂・水・泥であそぶ。 ◎七夕や星に興味をもつ。(5)(6)(7) ○七夕や星について知る。 ○いろいろな素材を使って、製作する。	○水の特性を楽しんであそぶ。 ◎園行事に参加し、様々な人とのふれあいを楽しむ。(2)(5)(9) ○七夕や夏祭りに参加する。 ○ALT※とふれあう。
環境・援助・配慮のポイント	**水あそびやプールあそびを十分に楽しむために** ◆水あそびやプールあそびをより楽しめるように、水鉄砲、空きカップ、フープなどを準備する。 ◆安心してはだしであそべるよう、園庭や砂場などの安全点検を丁寧に行う。 ◆教師も一緒にあそびに加わり、砂場全体を使ったダイナミックなあそびを提案する。また、水や泥の感触を言葉で表現することで、「ヌルヌル」「ベタベタ」などの感触を確認し、楽しめるようにしていく。 **七夕に興味をもてるように** ◆七夕や星に関する絵本や紙芝居、ブラックシアターを見せて、七夕の伝説や天体への興味をもてるようにしていく。 ◆クラスの笹竹に飾る短冊は親子の分を準備し、保護者の分は家庭に持ち帰り、願い事を記入してもらい、翌日持ってきて笹竹につける。 ◆七夕飾りには、折り紙、すずらんテープ、包装紙などいろいろな素材を用意し、四角や三角などの形に切って組み合わせた物や、輪つなぎにした飾りを子どもたちの前で作って見せ、作り方を伝えていく。 ◆子どもたちが製作した笹飾りは飾れるように、保育室に笹竹を設置しておく。	**水の特性を楽しむ** ◆水が紙に染みる特性を生かした染め紙あそびを提案する。十分に楽しめるよう、染め紙あそびの時間を緩やかに設定しておく。　詳細はP.57 ◆色水あそびでは色水を自分たちで作るところから楽しめるように、絵の具や様々な容器・ポリ袋などを準備しておき、あそびのなかで、絵の具の混色の不思議さなどを十分に楽しめるようにする。 **いろいろな人とふれあって楽しめるように** ◆七夕の集いでは、短冊を笹につける際に、教師が願い事を読み上げて周囲に伝えたり、異年齢の子どもも交えて一緒に七夕飾りを眺めたりして楽しめるようにする。 ◆夏祭りでは、保護者手製のおもちゃなどを使って買い物ごっこを楽しむコーナーを設置し、お祭りの気分を味わえるようにする。店員役の保護者や、ほかのクラスの子どもたちとふれあえるように、教師が声をかけていく。　詳細はP.127 **外国人や外国の文化に親しむ** ◆教師もALTと一緒に歌やゲームを楽しみ、英語など外国の文化に親しみを感じられるよう、楽しい雰囲気づくりをする。
評価・振り返り・改善	「夏ならではのあそびを十分に楽しむ」について 7月は水あそびやプールあそびを楽しむ「戸外あそび」と、七夕飾りの製作をしたり1学期の製作物をまとめたりする「室内あそび」の活動の時間配分に配慮が必要になる。「休息の時間がとれなかった」「教師の説明が不十分になってしまった」など、慌ただしい一日となり反省することも多い。特にプールの時間帯については、クラス割で使用時間が決められるので、その前後に製作あそびをする際は、時間を十分に確保すること、やるべきことを書き出して計画的に進めていくことを意識し、落	

※ALT＝外国語指導助手。英語を母国語とする講師で、年に約3回来園している。

家庭との連携	教材資料	7月の予定
・夏祭りには、子どもと一緒に参加するように呼びかけ、実際のお金を使っての買い物やゲームなどを通して親子でふれあい、楽しい時間を過ごせるようにする。**詳細はP.127** ・夏休み前にはお便りや個別懇談会などで、長期休暇中の規則正しい過ごし方や、緊急連絡先について伝えておく。	**うた** たなばたさま (作詞＝権藤はなよ 補詞＝林 柳波 作曲＝下総皖一) ヤッホッホ！夏休み (作詞＝伊藤アキラ 作曲＝小林亜星) **うた あそび** カレーライスのうた おふろやさんへいこう **絵本** たなばたプールびらき(童心社) わにわにのおおけが(福音館書店)	・七夕の集い ・カレーパーティー ・ALT(外国語指導助手)の幼稚園訪問 ・夏祭り ・個別懇談会 ・避難訓練 ・命について聞く会 ・誕生会

(6)思考力の芽生え　(7)自然との関わり・生命尊重　(8)数量や図形、標識や文字などへの関心・感覚　(9)言葉による伝え合い　(10)豊かな感性と表現

7・8月 指導計画

第3週

●いろいろな行事を通して、人とのかかわりを楽しむ姿が見られる。
●園内の様々な栽培物や飼育物に興味をもち、毎日楽しみに観察している。

◎1学期が終わることを知り、夏休みに期待をもつ。(1)(4)(5)
○身の回りの整理をする。
○夏休み中の安全な過ごし方を知る。
◎「命」について興味・関心をもつ。(6)(7)(10)
○栽培物を収穫・調理して、みんなで食べる。
○飼育物の世話をする。
○「命の誕生」についての話を聞く。

夏休みを楽しみに待つために
◆1学期の作品整理ができるバインダーのとじ方や、身の回りの整理整頓の仕方を教え、作品などを振り返りながら学期の締めくくりを感じられるようにする。
◆カレンダーを見ながら、夏休みについて話し合い、楽しみに待てるようにする。また、紙芝居や絵本を使って交通安全や不審者対応など、安全な過ごし方についても、繰り返し話していく。

「命」について興味・関心をもつために
◆ミニトマト、キュウリ、ジャガイモなど夏野菜の実りを喜び、生き物だからこそ、実の形がふぞろいであることを伝える。
◆みんなで収穫した夏野菜をカレーパーティーで調理し、新鮮な野菜を味わえるようにする。
◆芽が出たジャガイモを観察し、新しい命へつながっていることを伝える。
◆カブトムシなどの飼育物の夏休み中の飼育方法について話し合う機会をもつ。家庭で世話できるものは保護者の了解を得て、持ち帰るようにする。
◆出産間近の母親や赤ちゃん育児中の母親から「ヒトの誕生」についての話を聞く機会を設け、命の不思議や自分たちの成長を感じとれるようにする。**詳細はP.62**

第4週

夏休み

夏休みを迎える準備として
〈飼育物の環境整備〉
・園で飼うものは、1箇所にコーナーを作るなどして、管理しやすいようにしておき、世話をする当番を決めておく。

〈用具・遊具の整理〉
・砂場遊具をきれいに洗い、きちんと分類して片付ける。
・室内のままごと道具やブロックなどの汚れた物や壊れた物などを調べ、洗ったり交換したりして、きれいに片付ける。

〈1学期の保育を振り返る〉
・教育課程、年間指導計画、月案、週案の修正と振り返りを行う。年度初めに立てた指導計画と実際の子どもの姿を比較し、反省・評価をして、改善点を記録する。

ち着いて取り組めるようにしていきたい。

「様々な人とのふれあいを楽しむ」ために
人への興味や人とかかわる力は個人差が大きい。ALTと接したときに、緊張したり後ずさりしたりする子どもがいた。その際は、積極的にかかわれる子どもたちの後ろで、教師が手をつないだり、個別に声をかけたりして、安心感をもてるようにした。回を重ねるごとに、講師との距離が縮まるようにしていきたい。

※第4週では、夏休み中に教師がしておくことについて取り上げている。

8月の指導計画 保育園

8月のねらい
◎健康に夏を過ごす。
◎安全に水あそびやプールあそびを楽しむ。
◎野菜の収穫を友達と一緒に楽しむ。

※幼児期の終わりまでに育ってほしい姿　(ア)健康な心と体　(イ)自立心　(ウ)協同性　(エ)道徳性・規範意識の芽生え　(オ)社会生活との関わり

	第1週	第2週
前週末の子どもの姿	●水あそびのときの着替えや、脱いだ服の片付けなどが少しずつ上手になってきている。 ●ミニトマトを収穫して食べることを楽しみにしている。	●友達の熟す前のトマトを採ってしまう子どもがいる。 ●水や粘土など、感触あそびを楽しんでいる。
ねらい・内容	◎健康に夏を過ごす。(ア) 〔第1週～第2週〕 --------→ ○水分補給を積極的に行う。 ◎感触あそびを十分に味わう。(カ)(ク)(コ) 〔第1週～第2週〕 --------→ ○水や粘土にふれ、好きなあそびを十分に行う。 ◎野菜の収穫を友達と一緒に楽しむ。(キ)(ケ) 〔第1週～第3週〕 --------→ ○自分のミニトマトの生長を見たり、収穫して食べたりする。	○戸外では帽子をかぶってあそぶ。 ○水や絵の具などを使ってのびのびとあそぶ。 ◎異年齢の友達と一緒に生活することを楽しむ。(ウ)(エ) ○身の回りの世話やあそびを通して異年齢児とかかわる。 ○ミニトマトの栽培を通して、友達の気持ちに気づく。
環境・援助・配慮のポイント	**暑い夏も健康に** ◆水分補給を積極的に行わない子どももいるので、お茶を設置しておき、意識して水分補給ができるように声をかける。 **十分に感触を味わえる環境を** ◆水あそびの時間をたっぷり確保したうえでたらいとプールを両方用意し、手先だけぬらしてあそびたい子どもも、ダイナミックに泳ぎたい子どもも十分にあそべる環境にする。 ◆小麦粉粘土で感触のよさを味わったり、混色を楽しんだりできるように、市販のカラー粘土を何色か用意しておくと共に、型抜きや造形的なあそびを楽しめるように道具を準備しておく。 ◆小麦粉アレルギーの子がいる場合は、寒天あそびなど別の感触あそびを用意する。 **生長や収穫を楽しみにできるように** ◆定期的に保育士が「トマト、どうなったかな？」などと積極的に声をかけ、子どもの関心が継続するよう働きかける。 ◆「採りたい！」「食べたい！」という子どもの要望にできる限りその場で応えられるように、包丁やまな板などを用意しておき、すぐ食べられるようにする。　詳細はP.60	**元気に戸外あそびができるように** ◆戸外あそびで帽子を脱いでしまう子には、帽子をかぶる理由を伝え、自分から帽子をかぶれるようにする。 **自由な楽しみ方、表現を生かして** ◆ボディーペインティングなど、絵の具や水でダイナミックにあそべるように環境を整える。飽きた子どもが再びあそびに入りやすいように、ジュース屋さんごっこなどほかのあそびが楽しめるような道具(ペットボトルの容器など)も準備しておく。 **異年齢の子どもがつながりやすいように** ◆食紅で着色したカラフルな色水や色付き氷など、異年齢で楽しさを共有しやすい素材を用意し、テーブルやたらいを設置したコーナーを作る。異年齢でかかわってあそべるようにし、5歳児がお世話をしてくれたときは「(お兄さんや、お姉さん)に～してもらってうれしいね」などと声をかける。 **気持ちに気づけるように** ◆友達の熟す前のトマトを採ることがあるので、子ども同士で気持ちを伝え合えるように話し合う場をつくり、採られてしまった子の気持ちを周囲に伝える。　詳細はP.60
振り返り・評価・改善	「健康に夏を過ごす」について 猛暑が続き、体調を崩しやすくなっていたが、各家庭との情報交換を丁寧に行い、体調の悪い子どもには早めの対応を意識して行った。水あそびで活発にあそんだ後にはゆったりとくつろげる環境を整え、休息や製	作など静かな活動を取り入れ、体を休めることができた。また、熱中症に対する知識を保健師が伝える機会をもつことで、子どもが積極的に水分補給をするようになった。

家庭との連携	教材資料	8月の予定
・盆休み中の過ごし方などを聞き、子どもの体調の変化に気づきやすいように情報交換を行う。 ・水あそびの様子などを廊下に掲示し、保育の様子が伝わりやすいようにする。 ・活発に水あそびなどを行うので、家庭でも休息を十分にとるよう伝える。	バナナのおやこ （作詞＝関 和男　作曲＝福田和禾子） しゃぼん玉 （作詞＝野口雨情　作曲＝中山晋平） あんパン肉マンフライパン 絵本　もじゃもじゃあたまのナナちゃん（偕成社） いいこってどんなこ？（冨山房）	・避難訓練　・誕生会　・身体測定 ・保育参加　・個人面談
		食育 ・栽培した野菜を収穫してその場で味わい、新鮮さを感じる。

（カ）思考力の芽生え　（キ）自然との関わり・生命尊重　（ク）数量や図形、標識や文字などへの関心・感覚　（ケ）言葉による伝え合い　（コ）豊かな感性と表現

第3週

- ●異年齢の友達との交流を楽しんでいる。
- ●水あそびが苦手な子どもがいる。
- ●友達のトマトも大切にしようとする気持ちが徐々に育ってきている。

◎熱中症予防に関心をもち、気を付けようとする。(ア)
○保健師から熱中症についての話を聞く。
◎水の不思議を感じる。(カ)(ク)
○水を使っていろいろなことを試してみる。
○ぬれた物が乾くことを知る。

○ミニトマトの収穫を楽しみ、みんなで味わう。

健康への関心が高まるように
◆保健師が白衣で話をすることにより、健康に対する意識をより高くもてるようにする。また、汗の量や補給するべき水分の量、体を休める大切さなどを絵本を使ってわかりやすく伝える。
詳細はP.61

視点を少し変えて
◆水が苦手な子がいるので、いろいろな角度で水にふれられるように、プールの水をビニール袋に入れて重さを感じてみたり、プールの水深を少し上げて体を動かしたりするなどあそびを工夫する。
◆たらいや物干しロープなどを設定し、洗濯ごっこを行い、ぬれた布を日に干しておくと乾く、などの体験を楽しめるようにする。

大切に育てる気持ちを
◆「○○ちゃんのトマト、もう少しでおいしくなりそうね」「とっても大事に育てているのね」など、友達がミニトマトの生長を楽しみに育てている思いにも関心をもてるような言葉かけをする。
詳細はP.60
◆「一緒に食べてみようか」などと、友達と一緒に味わう楽しさが感じられる機会をたくさんつくっていく。

第4週

- ●自ら帽子をかぶるなど熱中症予防への意識が高まっている。
- ●盆休み明けで体調がすぐれなかったり、気分が乗らなかったりする子どもがいる。
- ●プールあそびが活発になり、危険な行為が見られる。

◎園の生活リズムを取り戻す。(ア)
○規則正しく過ごし、生活リズムを戻していく。
○ゆったりと過ごす。
○十分に休息をとる。
◎安全にプールあそびを楽しむ。(エ)
○水あそびの際の安全面を再確認する。
◎友達と一緒にゆったりとあそびを楽しむ。(ウ)(カ)(ケ)
○はさみやのりなどを使って、簡単な製作を行う。

生活のペースを切り替えられるように
◆盆休みなどで、それぞれの生活リズムに差が出ているため、少しずつ規則正しく過ごせるように、家庭での様子なども聞いて保育に生かしていく。
◆疲れが見られる子どもは、保育室のソファーなどで横になっていられるよう環境に配慮する。
◆午前中にあそぶ時間を長めにとり、程よい疲れとともに昼におなかが空くようにしたり、午睡が十分にできるようにしたりする。

安全について再確認
◆あそびに夢中になってプールの中で友達を押したり、急に抱きついたりすると危険な場合もあるので、子ども自身が気づけるように、約束事についてみんなで再確認する。

ゆったりと製作活動を
◆活発なあそびの後はじっくりと落ち着いて活動できるように製作コーナーを作り、廃材や折り紙などの素材や、はさみやガムテープなどの道具を多めに用意して、切り紙あそびが楽しめるようにする。
詳細はP.59

「安全に水あそびやプールあそびを楽しむ」について
水深に変化をもたせたり、たらいや容器を用意したりして、それぞれの子どものペースで水にふれられるように工夫した。また、ビニール袋を使った実験や洗濯ごっこなど視点を変えたあそびを取り入れることで、水が苦手だった子どもも水あそびに参加できるようになった。月の後半には、水に慣れ始めた子どもがプールの中で張り切り過ぎて危険な行為もするようになってきたので、引き続き安全について子どもたちと話し合い、確認していきたい。

7・8月 指導計画

8月の指導計画 幼稚園

8月のねらい
◎友達や教師との再会を喜び、好きなあそびを楽しむ。
◎経験したことを聞いたり話したりする楽しさを味わう。

※幼児期の終わりまでに育ってほしい姿　(1)健康な心と体　(2)自立心　(3)協同性　(4)道徳性・規範意識の芽生え　(5)社会生活との関わり

	夏休み園開放日（みゅう広場）	「統合保育実施園」として
当日の子どもの姿	●久しぶりに教師や友達に会えて、照れたりはしゃいだりしている。 ●小さい子におもちゃを貸したりする。一方で、いつもと違う環境設定に戸惑い、緊張する子もいる。	夏休み
ねらい・内容	◎友達や教師との再会を喜び、楽しくあそぶ。(2)(9) ○夏休みの経験を話したり、聞いたりして楽しむ。 ○園の場所や遊具であそぶことを喜ぶ。 ◎未就園児や保護者とのふれあいを楽しみ、親しみを感じる。(2)(5) ○小さい子の世話をしたり、一緒にあそんだりする。	**夏休み中に行うこと** ◆『統合保育研修会』へ参加 ＜統合保育専門委員より講義（例）＞ ・「就学へ向けての1年間の流れ」「特別支援学校の現状」「幼児の発達のとらえ方」「幼稚園における統合保育の成果」など。 ＜統合保育実施園より実施状況について発表（例）＞ ・「効果の見られた遊具や指導工夫の実際」「記録用紙の改善」「配慮を必要とする幼児の育ちと周りの幼児の成長」など。 ＜参加者によるグループ協議（例）＞ ・「保育の課題と指導・援助について」「専門機関との連携」「保護者への支援について」「幼児理解について」など。 ◆支援計画の見直し ＜「個別の指導計画」「教育支援計画」の記入＞ ・個々の気づいた点を書いている『日々の記録』より幼児の成長をとらえ、日常的なチーム保育による多面的な評価をする。例えば、「○○ちゃんはわたしのクラスに来て、一緒に踊っていたよ。前より言葉が聞き取りやすくなってきたね」など。 ◆保護者との面談・園行事参加などについての話し合い ・運動会への取り組みについて、子どもに無理のないよう職員間で十分話し合っておき、日ごろの練習段階から保護者に見学してもらう。当日は職員が一緒に走ったり踊ったりしてサポートする場合もあることについて理解を得ておく。安心感をもって参加できるよう「○○ちゃんと仲がいいから一緒に手をつなぐと落ち着いていられるね」などと配慮する。
環境・援助・配慮のポイント	**のびのびあそべるように** ◆日陰に水あそび用具（たらい、じょうろ、カップなど）を用意したり、日ざしの強いところは日よけをしたりして、少しでも快適にあそべるよう環境を整える。 ◆砂場の周りの点検や、遊具・用具などの安全点検を行い、危険のないようにする。はしゃぎすぎるときは、あそびの途中で在園児を集め、話を聞いたりして落ち着けるようにする。 ◆前もって飲み物を持参するよう伝え、タイミングを見計らって水分補給をするよう声をかける。 **園内の遊具であそべるように** ◆涼しくゆったりと過ごせる保育室を選び、ござやマットを敷いて環境を整える。 ◆小さい子も安全にあそべる遊具（口に入らない大きさ、柔らかい材質の物など）を選び、並べておく。また、全体で集まる機会を設け、在園児と一緒に未就園児も簡単な手あそびや歌を楽しみ、園生活に期待をもてるようにする。 ◆片付けの際は保護者に協力してもらい、みんなで一緒に遊具などを片付けるようにしていく。 **子育て支援の機会として** ◆子育て相談について保護者に説明し、気軽に話し合える雰囲気をつくっていく。	
評価・振り返り・改善	**再会を喜び合いながら、安全にあそぶために** 久しぶりの幼稚園を楽しみに、夏休み園開放日に参加した子どもたち。未就園児と保護者が多く参加するので、通常の幼稚園と違う雰囲気に戸惑い、普段以上にはしゃぐ姿も見られた。狭い場所で追いかけっこをしたり、固定遊具でのあそびのルールも忘れがちな様子。そこで在園児を	一度集め、夏休み中の話を聞き、遊具のルールの確認する時間を設けた。一息ついたのか、その後は「ふーっ」と落ち着いてあそんでいた。 **夏休みの経験を楽しく話せるように** 2学期が始まり、言葉で伝える喜びを味わわせたいと、家庭から持って

※第1週～第3週は夏休み。

家庭との連携	教材資料	8月の予定
・「みゅう広場」の機会をとらえ、保護者と話しながら夏休み中の子どもたちの様子や体調について把握する。 ・夏休み中に写真をはったり絵をかいたりできるように台紙を渡しておく。登園後、クラスに展示し、保護者からも休み中の生活についての話などを聞く。	**うた** オバケなんてないさ（作詞＝まきみのり　作曲＝峯 陽） いるかはザンブラコ（作詞＝東 龍男　作曲＝若松正司） **うたあそび** 三ツ矢サイダー　ウキウキパレード **絵本** やさいのうんどうかいおおさわぎ（ＰＨＰ研究所）	・夏休み「みゅう広場」（幼稚園開放日・午前中実施） ・誕生会 ・避難訓練

（6）思考力の芽生え　（7）自然との関わり・生命尊重　（8）数量や図形、標識や文字などへの関心・感覚　（9）言葉による伝え合い　（10）豊かな感性と表現

7・8月指導計画

夏休み中に行うこと

夏休み

夏休み中に行うこと

◆1学期の反省
・諸帳簿の整理
・指導計画案
・出席簿
・個人記録簿
・年間指導計画（期案）の見直し
・教育課程の反省

◆教師の希望でさまざまな研修会・研究会に参加
・さまざまな園外研修に参加
・幼児教育関係
・特別支援教育関係
・コンピューター機器関係
・幼稚園新規採用教員関係
・教育課程協議会主題研究会　方部研究会に参加
・実践記録のまとめ
・方部研究会による協議

◆夏休み中の園管理
・飼育物の管理（えさやり、水交換、清掃など）
・栽培物の管理（水やり、除草など）

◆2学期について話し合いと準備
・2学期の活動について
・特別な配慮を必要とする子どもについて
・園行事について

第4週

●久々の登園に不安な子、興奮して気持ちを抑えられない子などがいる。
●自分からあそびを見つけ出し、友達と楽しむ子もいれば、教師と一緒にいることで落ち着く子もいる。

◎園生活のリズムを取り戻しながら、1学期に経験したあそびや活動を楽しむ。(1)(2)(9)
○身の回りのことを自分でやり、園生活の仕方を思い出す。
○夏休みに経験したことを話したり聞いたりして楽しむ。
◎好きなあそびを見つけてあそぶ。(2)
○友達や教師との再会を喜ぶ。

園生活のペースを取り戻すために
◆安心して園生活がスタートできるように、ひとりひとりの話を聞きながら、気持ちを受け止めていく。
◆不安な子には、楽しいことに目を向けていけるよう声をかけていく。ひとりひとりのペースが違うことに配慮していく。
◆夏休み中の作品や写真などを展示する場所を設け、互いに見せ合ったり、思い出を話したりして楽しめるようにする。

好きなあそびを見つけて楽しむために
◆1学期に楽しんだあそび（絵本、製作あそび、水あそびなど）に、すぐ取りかかれるように環境を整えておく。
◆好きなあそびにじっくり取り組めるような時間と場所を確保する。
　・日陰でままごとあそび→ござやいす、ままごと道具
　・砂場あそび→パラソル、水着に着替える
◆体調をよく見て、休息や水分補給を意識して取り入れていく。
◆教師もあそびに加わりながら「みんなであそぶと楽しい！」という思いを伝えていく。

きた写真や作品を見ながら、友達の前で一人ずつ「夏休みの楽しかったこと」を発表する機会を設けた。「○○に行って楽しかったです」という発表が多いなか、一人の子どもが「赤ちゃんがいるので、家でお手伝いをしたりあそんだりしました」と話してくれた。教師が夏休み前に「おうちのお手伝いをしましょう」と話したことを思い出してくれたようだ。

こうした機会には、外出の話が多くなりがちだが、小さいきょうだいがいたり、父親が単身赴任などで外出できない家庭もあること、家族の一員として役立つことが大切な経験であることを子どもたちに伝え、気づかせてくれた子どもに感謝した。

7月8月の保育資料

姿に合わせた水あそび

指導計画 P.48、49

子どもたちの水への慣れ具合に合わせて、あそびを工夫していきました。

水に慣れるために

水あそびの初めの時期は、まず水に慣れるためのあそびを行います。

みんなで輪になり手をつないで「メリーゴーラウンド」。水の中でバランスをとる。

プールの壁に沿って座り、バタ足。水が顔にかかっても平気！

水が苦手な子には

水がたくさん体にかかるのを嫌がる子には、スペースを分けて、おもちゃを使ったあそびなどを楽しめるようにします。

水に沈む貝殻、浮く金魚など水あそび用のおもちゃは、プールサイドの一部を使ってあそぶ。

ペットボトルやカップを使ったあそびのなかで、水の量や重さを自然に感じる。

ダイナミックにあそびたい子には

水に顔をつけて、「泳ぐ」あそびや水底の物を拾うあそびを楽しみます。

フープを使い、バタ足などを自由に楽しむ。

プールに沈めた貝殻のおもちゃを潜って探す。また、貝拾い競争をして、数にも親しむ。

上手にくぐれるかな？

七夕飾りを作ろう

指導計画 P.48

七夕の由来・伝説を知り、イメージが膨らんだところで、笹飾りを作ります。

こんなふうに
丸、三角、四角に切った折り紙を用意。子どもはそれぞれ好きな色、形の紙を、のりでつなげていきます。

友達とおしゃべりしながら、それぞれ好きな組み合わせではり合わせていく。

同じ形をつなげる子、様々な形を組み合わせる子など、いろいろ。

折り紙はいろいろな色、形を用意して、個別のかごに入れて配り、その後は、「もっと丸が欲しい」など、個々の要望にこたえて渡していく。

手作りの飾りと共に、ひとりひとりの願い事を聞いて保育者が書いた短冊も一緒に飾る。

7・8月 保育資料

染め紙あそび

指導計画 P.50

絵の具を使った染め紙あそび。
草花の色水など、自然の色とは違った絵の具の染色に、子どもたちは夢中でした。

用意する物
半紙（丸く切っておく）、和紙、コーヒーフィルター、色画用紙　など

作り方
① 丸い半紙は、図のように数回折り、2か所に好きな色の絵の具を付ける。
② 広げて乾かし、台紙にはる。
③ 葉っぱの形に切った色画用紙をはって、アサガオに仕上げる。

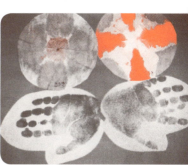

折り目の辺にも絵の具を付け、全体に色が染み込んだアサガオに。葉っぱの形に切った障子紙に手でスタンプをして添えても。

57

かたくり粉で感触あそび

指導計画 P.49

砂、泥、粘土などとは違う、新しい感触あそびとして、かたくり粉を取り入れました。

こんなふうに

園庭にシートを敷き、ダイナミックにあそべる場を設定。かたくり粉をファスナー付きポリ袋に入れて、1人ずつに渡します。子どもたちは、それぞれ水を加えていろいろな固さにし、感触を楽しみました。

紙コップで水をくみ、少しずつかたくり粉に混ぜ、好みの固さに。

たらいを裏返してテーブルのように置いておくと、自然に友達とのかかわりが生まれる。

砂あそびのように、ゼリーなどのカップで型抜き。

雪の玉みたい！

水少なめで丸め、雪玉のような感触を楽しむ。

実践者より

嫌がっていた子も徐々に慣れて……

感触あそびが苦手な子には、保育者が寄り添い、直接ふれなくてもあそべるように、スプーンを渡して様子を見ました。そして、保育者が手で触っているところを見せながら「ほら、気持ちがいいね」など、興味を引く言葉をかけたり、子どもが「汚れちゃった」と嫌がるときには、「ほら、先生も汚れちゃった。後で洗えば大丈夫だよ」と、気にしない様子を見せたりしました。
このようにあそんでいると、少しずつ感触に慣れていき、帰りには「楽しかったからまたやりたい！」と言っていました。

ちょっとずつ、ちょっとずつ……。

袋に水をたっぷり入れて、少しずつ地面にたらしていくと、地図のように広がりながら固まっていく。

足で踏んで感触を確かめる。

カップに入れたかたくり粉に水を注ぎ、スプーンでかき回してみる。

あそんでいるうちに手に付いちゃったけど、意外と大丈夫。

切り紙でうちわ作り

指導計画 P.53

はさみに慣れてきた子どもたちの製作として、切り紙によるうちわ作りを行いました。

用意する物
折り紙、製作用うちわ

こんなふうに
まず保育者が切り紙をして、それをうちわにはるという製作の手順を説明。その後子どもたちは好きな折り紙を選んで、それぞれ切り紙を行います。何枚か切ったうちの、「お気に入り」を白いうちわにはって完成。

よーく見てね

折って、切って、開いて……という工程をやって見せながら、丁寧に説明する。

実践者より

保育者が気を付けること
- 何度も折り、紙が重なりすぎて厚くなると、固くなって切りにくくなってしまう。そうなると危険なので、個別に様子を見ながら、声をかけたり援助したりする。
- 切り紙は、開くときのわくわく感、開いたときの驚きや感動が大きいので、それを十分に味わえるよう、また共感できるように、丁寧にかかわる。

練習も兼ねて、最初の1枚は試し切り。切っては開く……を繰り返す。

実践者より
失敗を恐れる子、「できない」という気持ちの強い子もいるので、試し切りを十分にできるよう、折り紙は多めに用意しました。

ドキドキ……
折り紙を開く、この瞬間のドキドキ、わくわくを、友達と共に味わって。

友達と作品を見せ合って楽しそう。

きらきらの折り紙も用意すると、ますます意欲的に。うちわの裏側にもはっていた。

色鉛筆を用意しておくと、自然と絵をかく子が……。

7・8月 保育資料

ミニトマトの栽培と収穫

指導計画 P.52、53

ミニトマトの栽培過程では、生長の喜びを味わうと共に、友達の気持ちに気づくような出来事もありました。

ひとりひとりの鉢で育てる

4、5歳児クラスでは1人1つずつの鉢でミニトマトを育てています。鉢は園庭の隅に置いているので、いつでも様子を確認できます。外あそびの途中で、「どうなったのかなー」と自分のトマトを見に行ったり、送迎時に保護者と一緒に観察もできます。

実践者より

「トマトを採らないで！」と言われて

4歳児のなかには、ほかの子の鉢からトマトを採ってしまう子がいました。しばらくは採られないように鉢を移動したり、囲いをつけたり工夫していた5歳児でしたが、我慢できなくなり、ある日、4歳児クラスに来て、「もうトマトを採らないで」「採られてしまって悲しい」と訴えました。

トマトを採っていたAちゃんたちは、5歳児の怒りを肌で感じたのか、泣き出してしまいました。しかし最後には、「ごめんなさい」「もう採らない」と謝り、それ以降、ほかの子のトマトを採ることはなくなりました。保育者は、その後も「○○ちゃんのトマト、もう少しでおいしくなりそう」「△△君、とっても大事に育てているのね」などと声をかけ、ひとりひとりが大切に育てているという意識をもてるように配慮しました。

園庭に用意してあるじょうろで、いつでも水やりができるように。

トマトを採られないように、自分のあそぶ場所まで鉢を移動させる。

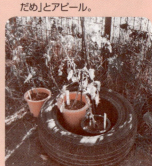

古タイヤで囲って、「採っちゃだめ」とアピール。

赤くなったら食べよう

収穫したトマトは水で洗って保育者のところに持っていき、包丁で切ってもらって食べます。

子どもが持ってきたトマトを半分に切る。

おいしいね！

採りたてをその場で食べると、よりおいしく感じるようで……。

熱中症について知ろう

指導計画 P.53

子ども自身で身を守れるよう、暑い夏の過ごし方について、保健師が
直接子どもたちに話す機会を作っています。

こんなふうに
保健師が、様々な手作り教材を使って、子どもたちにわかりやすく伝えます。まず、ホワイトボードに絵をかいて、熱中症のメカニズムを説明した後、絵を見せながら子どもたちに質問をし、話をしていきました。

①「熱中症になるとどんな感じなのかな？」
子どもたちから、だるい、ふらふらする、気持ちが悪くなるといった意見が出た後、絵を見せながら特徴的な症状を説明した。

絵を見せながらの説明に、子どもたちも集中して聞く。

②「どんな所で熱中症になるのかな？」
園庭、屋上などの意見が出た後、保健師があらかじめ計測した温・湿度の数値から、気を付けなくてはいけない場所（下記）を伝えた。

●ホール、屋上プール、園庭、保育室、押入れ下のスペース
※室内でも危険があるということがわかり、子どもたちも驚いていた。

③「外あそびも、強い体を作るためには必要。ではどうしたらいいかな？」
帽子をかぶる、水を飲むなどの意見が出た後、保健師が夏のあそびの注意事項（下記）を伝えた。

●帽子をかぶる、夜や昼にきちんと休む、水分補給をする、御飯をしっかり食べる

④「熱中症になってしまったらどうする？」
近くの先生に言う、座る、日陰で休むなどの意見が出た。

⑤「みんなは1日に何回おしっこに行きますか？」
子どもたちが考え、発言した後、黄色の色水で視覚的に体から出ていく水分量を示す。その後、食事の水分も含めた必要な水分量を水色の色水を使って示し、比較した。

体から排出される水分量がひと目でわかる。
※水分の排出量や必要量は、気温、活動量、体格など様々な要因によって変わってくるが、このときは1日の排出水分量として700㎖、必要水分量として1300㎖を目安に提示した。なお、排出水分量＝排尿量とし、便、汗などによる排出量は含めないものとして考えた。

7・8月 保育資料

赤ちゃんのこと、教えて

指導計画 P.51

飼育活動などを通して、命への興味が高まってきた子どもたちへ、人の命にふれる取り組みを企画しました。

こんなふうに

出産間近や生まれたばかりの赤ちゃんをもつ保護者をゲストティーチャーとして招き、赤ちゃんの話を聞く会を開きました。保護者は毎日送迎時に、園児とふれあっているため、子どもたちも「もうすぐ○○ちゃんちに赤ちゃんが生まれる」ということを知っており、とても興味深そうに話を聞いています。

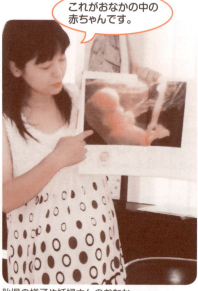

これがおなかの中の赤ちゃんです。

胎児の様子や妊婦さんのおなかの大きさの変化を、写真などを使って説明する。

実践者より

幼児期の成長において、自尊感情や自己肯定感を高めることはとても大切で、お母さんの赤ちゃんへの思いを聞くことで、子どもたちに「自分は大切な存在である」と実感してほしいと思っています。

そっと優しくね。

おなかを触らせてもらう。

生まれたときは、このくらいの重さだったの。

生まれてまだ2か月です。

「まだ御飯も食べられないし、歩くこともできないの」と、教えてくれた。

5～6か月の赤ちゃんのお母さんは、誕生時の体重と同じ重さのお米を用意して、子どもたちに持たせてくれた。

そして1年後…

このとき妊婦さんだったお母さんに、1年後、再び来てもらい、生まれたときの様子や、子育て中の話を聞く機会を設けます。子どもたちは、「あのときおなかに入っていた赤ちゃんが、目の前にいる」という不思議を実感します。

あのとき、おなかに入っていた赤ちゃん?

年長さんになった子どもたちが、正しい抱き方をお母さんから教えてもらい、座った状態で抱っこする。

9月 10月 11月 12月

指導計画と保育資料

指導計画と保育資料は連動しています。

9月の指導計画 保育園

9月のねらい
- ◎生活に必要なことを知り、積極的にやろうとする。
- ◎いろいろな運動をして、運動会に期待をもつ。
- ◎身近な自然の変化に興味をもつ。

※幼児期の終わりまでに育ってほしい姿　(ア)健康な心と体　(イ)自立心　(ウ)協同性　(エ)道徳性・規範意識の芽生え　(オ)社会生活との関わり

	第1週	第2週
前週末の子どもの姿	●友達同士思いを出し合ってあそんでいる。 ●席替えがあり、新しいグループの友達と仲よくしたり意見がぶつかり合ったり、様々な場面が見られる。	●暑さが和らぎ、戸外であそぶ子が増えてきた。 ●簡単なルールのあるゲームなどに興味をもち始めている。
ねらい・内容	◎生活に必要なことを知り、積極的にやろうとする。(イ)〔第1週～第2週〕 ------------------→ ○保育士をまねて掃除や配ぜんなどを手伝う。 ◎グループの友達と思いを伝え合いながら、かかわる。(ウ)(エ) ○数人のグループで過ごすなかで、順番を守ったり、譲り合ったりする。 ○グループの名前を話し合って決める。 ◎ルールのあるあそびを楽しむ。(ウ)(エ) ○友達と一緒にルールを守ってあそぶ。	○着替えた後の服を丁寧に畳む。 ◎簡単なルールを守りながらあそびを楽しむ。(ウ)(エ) ○ルールを理解し、サーキットあそびや玉入れをする。 ◎身近な自然の変化に興味をもつ。(キ)(コ) ○初秋の自然にふれ、季節の移り変わりを感じる。
環境・援助・配慮のポイント	**手伝う喜びを感じられるように** ◆片付けや掃除、配ぜん、生き物の世話など、クラスの生活に必要なことを保育士がさりげなくやって見せ、子どもたちが積極的に手伝いたい気持ちがもてるように働きかける。 **グループで活動し、交流を深める** ◆順番が守れたり、子ども同士でうまく譲り合ったりした場面は、見逃さずに十分に褒めていく。また、うまくいかなかったときにも温かく見守りながら励まし、必要であれば、相手の気持ちに気づけるような助言をする。　詳細はP.88 ◆グループで食事をする際は、保育士が「○○ちゃんは、なわとびが上手なんだよね」などと、友達のよいところを周りの子どもたちに自然に紹介していく。 ◆グループの名前を決めやすいように、果物の写真を用意し、そのなかから選べるようにする。 **ルールの大切さがわかるように** ◆プール活動などで2チームに分かれて、貝殻を多く集めることを競い合うなど、簡単なルールのゲームを提案し、進めていく。 ◆ルールを守れない子がいるときは、ルールを破るとゲームにならないこと、みんなが嫌な気持ちになることを伝える。	**意欲的に取り組めるように** ◆衣服を畳むのが苦手な子には「服が散らかっているとあそびにくいね、どうしようか」などと話しかけ、Tシャツなど簡単な物から畳むことを勧める。時間と場所に余裕をもたせ、個々のペースで丁寧に取り組めるようにする。 ◆意欲的に取り組んでいる子には「上手にできたね」「おうちの人が、びっくりしちゃうね」などと十分に褒め、子どもが自信をもてるようにしていく。 **ルールを理解するために** ◆種目の順番、担任の合図でスタートすること、終わったら並んで座ることなどのルールを、保育室のホワイトボードに絵で示し、事前に確認してから活動する。 **戸外の気持ちよさを十分に** ◆トンボを追いかけたり、コオロギが見つかる園庭の草むらへ行ったりすることを提案し、秋の虫にふれられるようにする。また、風の通りのよいジャングルジムの上で「風が涼しくなったね」など、風の冷たさや変化が感じられるよう言葉をかける。 ◆秋の動植物がわかるような本や図鑑を用意し、子どもが自由に手に取れるようにしておく。

「いろいろな運動にチャレンジしてみる」について

年上の子どもが力を合わせて競技や踊りの練習を行う場面を見たことで、「自分たちも頑張ろう」という気持ちが芽生えたようだ。また、何度か友達と力を合わせて取り組む種目を経験するうちに、ひとりひとりが力を出し、一緒に頑張る大切さを感じたようだった。一方、苦手な種目は「できない」と最初からあきらめてしまう姿も見られたので、自由時間にも取り組み、みんなが自信をもてるようにしていきたい。

家庭との連携

- 園児引き渡し訓練の目的や内容などを伝え、参加するよう呼びかける。
- 暑さが続くので、引き続き水あそびにも対応できるように着替えやタオルの用意をするよう伝える。
- 運動会に向けて子どもが取り組んでいる様子をクラスの掲示板などで伝える。

教材資料

うた とんぼのめがね
（作詞＝額賀誠志　作曲＝平井康三郎）
七つの子
（作詞＝野口雨情　作曲＝本居長世）

うたあそび もも・りんご・なし・パイナップル

絵本 すてきな三にんぐみ（偕成社）
パパ、お月さまとって！（偕成社）

9月の予定

- 避難訓練　・内科健診
- 園児引き渡し訓練（保護者参加）
- 保育参加　・個人面談

食育

- 調理に参加し、食べ物に興味をもつ。
- 配ぜんや片付けなどの手伝いを行う。

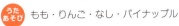
（カ）思考力の芽生え　（キ）自然との関わり・生命尊重　（ク）数量や図形、標識や文字などへの関心・感覚　（ケ）言葉による伝え合い　（コ）豊かな感性と表現

第3週

- ●食事中に友達との会話に夢中になり、ふざけてぶつかり合い、食べ物をこぼしてしまうことがある。
- ●意欲的に戸外で体を動かしてあそんでいるが、苦手な運動あそびは誘われてもやらない子がいる。

◎食事のマナーを身につけ、楽しむ。（エ）（ケ）
○楽しい雰囲気で食べる。
○食事のマナーや食材について知る。
◎いろいろな運動あそびを楽しみ、運動会に向けての期待感をもつ。（ア）（ウ）（エ）〔第3週～第4週〕---------→
○運動会での種目のルールを確認する。
○好きな運動あそびなどで楽しく体を動かす。
◎季節の行事に関心をもつ。（オ）（ク）
○月見について知る。

正しいマナーで楽しい食事を
◆保育士が食事マナーのモデルとなり、手本を見せながら食事をする。ただし、楽しい雰囲気を大切にする。
◆保育士が食材について説明したり、子どもたちから質問を受けたりして、食材に興味をもてるようにする。

楽しみながら参加できるように
◆運動会の競技のルールについて「相手チームと人数が同じだとするくないよ」や「競技の始まりと終わりの合図はどうする？」など、みんなで話し合いをし、関心が高まるようにする。
◆運動会の動きに関連した運動あそびを行い、「並びっこ競争」や自分の得意なこと、好きな種目などを十分に体験できるサーキットあそびなどを取り入れる。また、苦手な種目は自由時間に練習できるように設備を用意しておき、成功したときは見逃さずに認め、自信をもてるようにする。

月見に興味をもてるように
◆月の満ち欠けや、だんごやススキの写真などを用意して、視覚的に工夫しながら、月見の行事の由来について話す。

第4週

- ●踊りや体操など様々な体の動きを楽しんでいる。
- ●友達と一緒に積み木などのあそびに夢中になっている。
- ●夢中になって秋の虫を探している。

◎調理の過程に興味をもち、かかわる。（カ）（ク）（ケ）
○寒天の調理にかかわる。
○調理を手伝ったデザートを配ぜんして、みんなで食べる。
○5歳児の踊りや競技の練習を見る。
○音楽に合わせて楽しく踊る。
○チームに分かれて、運動会の種目をやってみる。

食材や調理の過程に興味を
◆前日に寒天の原料がわかる絵本を読み、材料にも興味をもてるようにする。　　詳細はP.83
◆子どもが寒天をちぎったり、水に入れて熱を加えると寒天が溶けるところを見たりして、調理の過程に興味をもてるようにする。　　詳細はP.83
◆自分で器に寒天液を注ぎ、テーブルまで運べるようにする。座るスペースは広めに確保し、込み合わないよう工夫する。目の前で自分の器の寒天が固まる様子を観察するなかで、「○○ちゃんのは固まった？」などと声をかけ、変化に気づけるようにする。　　詳細はP.83

力を合わせる楽しさを味わいながら
◆5歳児の踊りや競技の練習を応援することで、あこがれたり、自分たちの種目に取り組む意欲がわくように働きかける。
◆運動会の踊りに使う曲は親しみのある音楽にし、日常的に流しておく。振り付けはだれもが無理なく踊れるように簡単にする。また、手に持つポンポンの色を自分で選べるようにして意欲を高め、友達と一緒に楽しく取り組めるようにする。
◆玉入れの練習では、仲間と一緒に頑張る喜びや楽しさを味わえるよう、保育士が応援して仲間意識をはぐくんでいく。

「身近な自然の変化に興味をもつ」について
風が涼しくなってきたことに気づき、友達同士で会話することもあった。また、図鑑や絵本、実体験などから、秋になると様々な虫（バッタやコオロギ）が見られることがわかったようだ。日々、虫を探しているうちに「まだ暑いから虫が見つからないかもしれない」「今日は涼しいから、いるかもしれない」などと推測する姿も見られた。引き続き楽しめるように、飼育コーナーの充実について考えていきたい。

9・10・11・12月指導計画

9月の指導計画 幼稚園

9月のねらい

- ◎健康に夏を過ごす。
- ◎運動会に向けて戸外でのあそびに進んで参加し、体を動かす心地よさを味わう。
- ◎友達とイメージを共有してあそぶ楽しさを味わう。
- ◎自然の事象や季節の移り変わりに気づく。

※幼児期の終わりまでに育ってほしい姿　(1)健康な心と体　(2)自立心　(3)協同性　(4)道徳性・規範意識の芽生え　(5)社会生活との関わり

	第1週	第2週
前週末の子どもの姿	（9月当初の子どもの姿）●夏休み明け、教師や友達との再会を喜び、積極的にかかわろうとする姿が見られる。●久しぶりの園生活に戸惑うが、あそびや友達とのかかわりのなかで安定して過ごす姿が見られる。	●友達とのつながりが強くなり、あそびに広がりが見られる。●子どもたちの思いはまだ一方的なところが多く、気持ちの行き違いからあそびのなかでのトラブルになることも多い。
ねらい・内容	◎健康に夏を過ごす。(1)〔第1週～第3週〕────────────── ○熱中症に気を付けてあそぶ。 ◎戸外で体を動かしてあそぶ心地よさを味わう。(1)(3)(4)〔第1週～第2週〕── ○プールあそびで様々なことに挑戦する。 ○戸外ならではのあそびをする。 ○運動会に向けて準備をする。 ◎友達とイメージを共有してあそぶ楽しさを味わう。(3)(6)(9)〔第1週～第2週〕── ○共同製作でやりたいこと、思ったことを友達と話し合う。 ○見立てあそびに必要な物や場所を友達と作る。	○活動の合間に意識して休息をとる。→ ○運動会に期待をもち、みんなと一緒に活動する。 ○ルールのあるあそびを通して、運動会の種目を経験する。 ○友達の思いに耳を傾けながら見立てあそびをする。→
環境・援助・配慮のポイント	**日差しを避けてあそぶ** ◆テントやパラソルを用意し、水筒を持参するように伝え、日陰で水分補給をしながらあそび、熱中症予防に留意する。 **戸外で体を動かしてあそぶ心地よさを味わうために** ◆全身を使って、プールあそびを楽しめるように水を多めに入れる。様々なあそびに挑戦できるように、水に顔をつけたり、潜ったりする子の姿に気づけるよう、周りの子に言葉かけをしていく。 ◆洗剤の空き容器を使って地面に絵をかいたり、的をねらう「虫とりゲーム」を楽しめるようにしていく。 ◆来園している中学生との活動に、玉入れなど運動会の競技を盛り込み、運動会に向けて体を慣らしていく。 **イメージを伝え合う楽しさを味わう** ◆友達とイメージを共有しやすい共同製作をすることを提案し、何を作るか話し合う。一部の子の意見に偏るときは、互いに言葉で思いを伝えられるように教師が仲立ちをする。 ◆話し合いの結果、保育室を海に見立てることを決め、友達と必要な物を作るための材料を準備する。	**運動と休息のめりはりを** ◆活動の節目に「休もうか」と声をかける。また、疲れたときは自由に休んでもよいことを伝えておく。 **運動会に期待がもてるように** ◆涼しいときはリレーや綱引きをやり、暑いときは運動会で使用する小道具作りをするなど気候に応じて活動を考える。 ◆異年齢・ほかのクラスと一緒に競技をして、応援し合ったりして期待を高められるようにする。 ◆あそびの延長として無理なく練習できるよう、走る運動をあそびながら練習できる「走りっこ」を取り入れる。詳細はP.81 **友達とイメージを共有してあそぶ** ◆海で魚釣りをする見立てあそびでは、ひとりひとりのイメージや思いついた点がほかの子どもたちにも広がるよう、教師が言葉に表し、伝えていく。詳細はP.80 ◆あそびのなかで力関係が固定しないように、あそびの様子をよく見て、思いを出せない子の意見も聞きながらあそびを進められるように声をかける。
振り返り・評価・改善	**子どもたちの新鮮なイメージを受け止めて** 子どもたちが「ごっこあそび」をしているとき、教師はつい、大人の発想で教材や環境を整えてしまいがちである。ところが、子どものあそびをじっと見つめ、言葉を大事に聞くと、その発想に驚かされることが多い。「魚釣りごっこ」では、透明なビニール袋に花紙を入れ、魚に見立	てて釣っていた。しかし、あそぶうちにビニール袋が破れ、中身が出てしまったことがあった。教師が捨てようとすると「先生、クラゲが浮いているよ！」という子どもの声。ビニールプールにはビニール袋のクラゲが浮いていた。「ほんとだ！」「もっと作ろう！」とビニール袋の魚が次々と海の中へ。想像力豊かな魚釣りごっこになった。ビニール袋や花

家庭との連携	教材資料	9月の予定
・運動会で親子競技などについて円滑に進めるために、お便りや登降園時の連絡で、運動会の意味や見方についての理解を得ておく。 ・親子で季節や事象の変化を感じたり、秋の風情を味わえるよう教師から声をかけていく。	**うた** とんぼのめがね (作詞＝額賀誠志　作曲＝平井康三郎) ガンバリマンのうた (作詞＝ともろぎゆきお　作曲＝峯 陽) **うた あそび** きみのこえ ひっつきもっつき **絵本** だんまりこおろぎ(偕成社) おつきみうさぎ(童心社)	・避難訓練 ・誕生会 ・プール納め ・中学生来園(福祉体験) ・お月見会 ・祖父母参観 ・運動会予行練習 ・みゅう広場

(6)思考力の芽生え　(7)自然との関わり・生命尊重　(8)数量や図形、標識や文字などへの関心・感覚　(9)言葉による伝え合い　(10)豊かな感性と表現

第3週

- いろいろなあそびの場が楽しくなり、「～しよう」と誘い合ってあそんだり、前日のあそびを再現してあそんだりする姿が見られる。
- 園庭にある野草園でバッタなどの虫捕りを楽しんでいる。

○汗ふきや、水分補給をしながら運動する。
◎運動会に向けて、喜んで活動に参加しようとする。(1)(2)(3)(4)〔第3週～第4週〕
○音楽に合わせて体を動かして踊る。
○思い切り走る。
◎祖父母とあそぶことを楽しむ。(2)(5)
○祖父母参観に参加する。
◎身近な自然に親しみ、工夫して楽しむ。(6)(7)
○身近な自然物を集めたり、あそびに使ったりする。

運動をするときの健康に注意する
◆活動の合間に水分補給や汗ふきをするよう声をかける。

運動会へ向けて無理なく取り組むために
◆運動会一色とならないように、ゲーム感覚でダンスの練習をする。なじみのある曲を使い、覚えやすくする。
◆かけっこで思い切り走れるよう、リレー形式にするなど、目標をもって走ることを提案する。　詳細はP.81

おじいさん、おばあさん、ありがとう！
◆祖父母へ感謝の思いを込めて絵手紙を書き、みんなで投函し、祖父母参観を楽しみに待てるようにする。
◆「祖父母参観」では、一緒にあそんだりプレゼントを渡したりして、楽しいひとときを過ごせるようにする。

身近な自然に親しむために
◆ペットボトルなどの入れ物を用意しておき、採集した植物を入れたり、あそびに使ったりできるようにする。　詳細はP.82
◆園庭にいる虫や栽培物を観察し、子どもたちの気づきに共感していく。また、気づいたことなどを話し合う機会を作る。

第4週

- 競技やダンスへの意欲が高まって「今日も運動会しよう」と喜んで参加してくる姿が見られる。
- 同学年やほかのクラスと一緒の活動が多くなり、いろいろな場面で自然にかかわっている姿が見られる。

○友達と競い合うおもしろさや、一緒に踊る楽しさを感じる。
○運動会の予行練習に参加する。
◎季節の移り変わりを感じ取る。(6)(7)(10)
○戸外で空の高さや空気の変化に気づく。
○枯れた花から種を採取する。
○お月見会に参加する。

運動会への活動に喜んで参加するために
◆ひとりひとりが喜んで参加できるよう、頑張っている姿や楽しんでいるところ、応援している姿などを具体的に認め、みんなの前で伝える時間をとる。
◆運動会に使う物を作ったり、教師と一緒に準備をしたりしながら運動会が近づく雰囲気を伝え、期待が高まるようにしていく。
◆予行練習中は複数の教師が合図を出し、混乱しやすいので、「このときは○○先生を見てね」など、丁寧に声をかける。

自然の変化を感じ取れるように
◆園庭にビニールシートを敷いてみんなで寝転がり、季節の変化を五感を通して感じ取れるように、「さわやかな涼しい風。もう秋だね」「赤トンボがいるね」などと言葉をかけていく。　詳細はP.82
◆アサガオやサルビアなどの種を仕分けて保管できるよう、瓶を多めに用意しておく。　詳細はP.82
◆お月見会の日には、園外に出てススキを採りに行き、お供え物と一緒に飾る。また、月に関連した昔話の寸劇を教師たちが行って見せ、月に興味がもてるようにする。

9・10・11・12月指導計画

紙のほかにも、魚を作る材料を用意しておけば、もっとあそびが広がったかもしれない。

「運動会への取り組みのなかで」
運動会が近づくと、ゆとりをもって取り組んでいるつもりでも、学年合同の競技や全園児でのダンスをしたりすることが多くなってくる。ある日、Aちゃんの元気がないので「どうしたの？」と聞くと「ももぐみだけであそびたい」との返事。運動会への取り組みと日々のあそびのバランスをとっているつもりだった教師は反省。ままごとやブロックあそびの時間をとると、笑顔であそぶAちゃんの姿が見られた。

10月の指導計画 保育園

→ 保育園 → 月間 → P068_4歳10月_保

10月のねらい
- ◎秋の気候に慣れ、健康に過ごそうとする。
- ◎運動会に一生懸命に取り組み、達成感を味わうと共に余韻を楽しむ。
- ◎友達と一緒に様々なあそびを楽しむ。
- ◎身近な動植物とかかわりながら季節を感じる。

※幼児期の終わりまでに育ってほしい姿 （ア）健康な心と体 （イ）自立心 （ウ）協同性 （エ）道徳性・規範意識の芽生え （オ）社会生活との関わり

第1週 / 第2週

前週末の子どもの姿

第1週
- ●友達や保育士と一緒に踊ったり、運動あそびに参加したりすることを楽しんでいる。
- ●砂場で友達と川を作ることに夢中になっている。

第2週
- ●運動会のことを話題にし、意欲が高まっている。
- ●散歩に行ったとき、戸外でのびのびと活動している。

ねらい・内容

第1週
- ◎秋の気候に慣れ、健康に過ごそうとする。(ア)(イ)〔第1週〜第2週〕
- ○戸外から帰ったら、手洗いやうがいを行う。
- ○戸外あそびや運動後は、体を休める。
- ◎戸外でのあそびを十分に楽しむ。(ア)(ウ)
- ○のびのびと体を動かしてあそぶ。
- ◎すがすがしい秋の気候や自然を楽しむ。(キ)(コ)
- ○散歩先で秋の自然にふれる。

第2週
- ○寒暖に合わせて、衣服を調節する。
- ◎運動会の雰囲気を十分に楽しみ、達成感を味わう。(ウ)(ケ)(コ)
- ○競技や踊りの練習をする。
- ○年上や年下の友達を積極的に応援する。
- ○友達と一緒に運動会の競技を楽しむ。

環境・援助・配慮のポイント

第1週

習慣になるように
- ◆「外から帰ってきたら、どうするのかな？」などと投げかけ、手洗い・うがいに気づけるようにする。水道場では子どもたちの手洗い方法などを確認し、必要があれば個別に丁寧に伝え、清潔の習慣が身につくようにする。　詳細はP.87
- ◆「たくさん体を動かした後は、少しゆっくりと休もうね」などと、疲れたら体を休めることをわかりやすく伝える。また、保育室にお茶を自由に飲めるスペースやソファー、マットなどを置き、くつろぎやすい環境を整える。　詳細はP.87

思い切り体を動かす開放感を
- ◆大なわとびに挑戦したり、運動会で行う競技を楽しむなど、体を十分に動かせるようなあそびを楽しめるようにする。
- ◆「今日の玉入れは、どちらが勝つかな？」など、子どもが意欲的に参加できるような言葉をかける。また、保育士も一緒に競技を楽しんでいるところを見せる。

気候の気持ちのよさを感じて
- ◆秋の植物や虫にふれやすい田畑や公園に散歩に行く。拾った自然物で製作ができるよう道具を用意する。
- ◆「空が青いね」「気持ちのいい風だね」など、過ごしやすい季節になってきたことに気づけるような言葉をかける。

第2週

気温を意識できるように
- ◆「今は暖かいね」「上着を脱いだままだと、だんだん体が冷えてくるね」「寒くなってきたね、どうすればいいのかな」など寒暖の差が出やすい季節であることを伝え、保育士と一緒に衣服の調節の仕方を考えられるようにする。　詳細はP.87

意欲的に参加できるように
- ◆「みんなで力を合わせて、○○が上手になったね」と具体的に褒め、子どもたちが自信をもって臨めるようにする。
- ◆親子競技を練習するときは「当日はおうちの人と、○○をやるんだよ」と伝え、楽しみになるように働きかける。
- ◆練習のときから年上の友達の踊りや競技を見学し、"すごいな、かっこいいな"とあこがれを感じられるようにする。当日は、年下の友達をかわいがったり優しく応援したりできるように、保育士が率先して年下の子を応援する。
- ◆運動会の参加について不安に感じる子どもに対しては個別に声をかけ、何が心配なのか気持ちに寄り添う。当日は安心して楽しめるよう、練習を思い出して自信をもてるような言葉をかけるなど、その子どもに合わせて励ましていく。
- ◆達成感を味わえるように種目が終わるごとに、大きな拍手と声援を送り、友達と力を合わせて頑張ったことを認める。

評価・振り返り・改善

「運動会を通して見えた意欲」について
ゲームの結果を仲間と一緒に喜んだり、悔しがったりする体験から、運動会では力を合わせて頑張る楽しさを味わえたようだった。また、年上の友達を応援することで、「自分たちも、あんなふうにやりたい」という思いも感じられ、意欲的になった子が多かった。一方で、なかなか踊りに興味をもてない子も見られ、個別に褒めたり励ましたりして意欲を引き出す工夫も必要だった。

家庭との連携

・運動会に向けて頑張る子どもたちの様子をこまめに伝えたり、プログラムと一緒に各種目のねらいを伝えたりして、保護者にも運動会のねらいや内容をわかりやすく伝える工夫をする。
・芋掘りの準備などを知らせ、活動後は当日の様子などを掲示して、子ども・保護者・保育士が会話をするきっかけを作る。

教材資料

 うた
おなかのへるうた
（作詞＝阪田寛夫　作曲＝大中 恩）
バスごっこ
（作詞＝香山美子　作曲＝湯山 昭）

 うたあそび
やきいもグーチーパー

絵本
おおきなおおきなおいも（福音館書店）
ペレのあたらしいふく（福音館書店）

10月の予定

・避難訓練　・身体測定　・歯科検診　・保育参加
・個人面談　・みんなの運動会　・芋掘り　・誕生会

食育

・ニンジンの種まきを行い、関心をもって大切に育てようとする。
・イモの形や大きさの違いに気づき、土の感触を楽しみながら収穫する。

（カ）思考力の芽生え　（キ）自然との関わり・生命尊重　（ク）数量や図形、標識や文字などへの関心・感覚　（ケ）言葉による伝え合い　（コ）豊かな感性と表現

第3週

- ●泥などの汚れがないときは、手を雑に洗うことがある。
- ●運動会を終えて、余韻を楽しむ雰囲気がある。
- ●戸外活動で、体が疲れやすくなっている子どももいる。
- ●折り紙に興味をもち、自分たちで折りながらあそんでいる。

◎身の回りの清潔を保とうとする。(ア)
○鼻水のふき方や、手洗い後の手ふきなどを丁寧に行う。
◎友達と一緒に、様々なあそびを楽しむ。(ウ)(エ)〔第3週～第4週〕
○あそびの約束事に気づき、守る。
○友達と一緒に、意欲的に製作に取り組む。
◎運動会の余韻を楽しむ。(ケ)(コ)
○運動会の競技や踊りを、年上の友達や保育士と一緒に再現してあそぶ。

清潔になった気持ちよさに気づけるように
◆鼻水はきれいにふき取り、きちんとゴミ箱に捨てることで清潔になり、気持ちがよいことを伝えていく。　**詳細はP.87**
◆時間に余裕をもち、きれいに洗えているか保育士が丁寧に確認する。また、手洗い後には、きちんとペーパータオルで水気をふき取ることを伝える。　**詳細はP.87**

意欲的にあそべるように
◆ゲームのルールや、友達同士での約束事などに気づきにくい子どもには、見守ることを大切にしながら、必要な場面で「順番に並んでいるみたいだね」などと声をかけていく。また、ルールを守れたときは十分に褒め、意欲的にあそべるように配慮する。
◆友達と共同で作ることを楽しめるように、大きな紙を用意する。子どもの関心が高い「虫の世界」を表現できるように、担任がベースとなる地面の絵をかいて導入する。絵が苦手な子どもも意欲的に参加できるように、はさみやセロハンテープなども準備する。　**詳細はP.86**

運動会をもう一度!
◆年上の友達と一緒にリレーや踊りなどをして体を動かす機会を設け、運動会の余韻を十分に味わえるようにする。

第4週

- ●食事前にテーブルをふく、デザートを配るなど、自分から保育士の手伝いをする子がいる。
- ●芋掘りへの期待が高まっている。
- ●畑の虫など、身近な動植物に関心をもっている。

◎すすんで手伝いをしようとする。(イ)
○片付けや食事の配ぜんなどに積極的にかかわる。
- →
○鬼ごっこなどの集団あそびに積極的に参加する。
○自然物を使って友達とあそぶ。
◎秋の収穫を楽しむ。(キ)(ク)(ケ)
○芋掘りに参加し、自然に十分にふれる。
○サツマイモの調理に参加し、友達と一緒に楽しく食べる。

楽しく手伝えるように
◆「お手伝いしてくれて、助かるな。ありがとう」など子どもが気づいて手伝ってくれたときを逃さずに十分に褒める。子どものやりたい気持ちを認め、温かく見守るようにする。

友達と、より仲よくかかわれるように
◆戸外では誘い合ってあそべるように、保育士も一緒に鬼ごっこを行い、みんなで思い切り体を動かせるようにする。
◆散歩先で衣服にくっつく草の実などを、追いかけっこしながら投げるゲームをしてあそぶようにする。

身近な秋の自然を感じながら
◆芋掘りではつるや葉にも十分にふれながらあそび、つるの強さや感触を味わえるようにする。
◆イモの収穫以外に、土や虫への関心が高い子どももいるので、満足いくまでかかわれるよう時間に余裕をもって行う。
◆みんなでイモを運んだり、数や大きさを比べたり、持ち帰るイモを選んだりして、収穫の喜びを感じられるようにする。
◆イモの茶きん絞りの調理を提案する。ふかしたイモをつぶし、全員が味見をしながら、自分たちで砂糖や牛乳の量を調整できるようにする。完成した茶きん絞りは、みんなでおやつの時間に味わう。

興味・関心をとらえて様々なあそびを
芋掘りや散歩などで、自然物にたくさんふれる機会があり、様々な会話やあそびを楽しむ姿が見られた。そこで、関心が高い「虫の世界」を大きな紙に共同で製作する活動を取り入れた。子どもによって絵で虫を表現したり、立体の造形で表現したりすることを自由に選択できるようにしたので、夢中になって楽しんでいた。今は自分たちで考えて作ったり、表現したりすることを好んでいるので、素材を十分に用意して、活動の発展を予測していく必要がある。

9・10・11・12月指導計画

10月の指導計画 幼稚園

CD excel → 幼稚園 → 月間 → P070_4歳10月_幼

10月のねらい
◎安全な生活への意識を高める。
◎運動会や遠足など、いろいろな行事を楽しむ。
◎気の合った友達と思いを伝え合いながら、あそびを楽しむ。
◎身近な秋の自然を感じる。

※幼児期の終わりまでに育ってほしい姿　(1)健康な心と体　(2)自立心　(3)協同性　(4)道徳性・規範意識の芽生え　(5)社会生活との関わり

	第1週	第2週
前週末の子どもの姿	●リレーや個人競技の練習に喜んで参加し、自分たちの頑張りに自信をつけたり意欲をもったりして、運動会当日へ向けて気持ちが高まっている。 ●並ぶ順番を覚えたり、友達同士で教え合ったりしている。	●運動会で力を発揮できたことが自信になってきている。 ●他学年の競技を体験し、体を動かすことを楽しんでいる。 ●遠足を楽しみに、グループの友達と一緒に過ごしたり、バッジを見せ合ったりして楽しんでいる姿が見られる。
ねらい・内容	◎公共の場での約束や安全を意識する。(1)(4)(5)〔第1週～第2週〕 ○交通ルールやバスの乗り方を確認する。 ◎運動会をめいっぱい楽しむ。(1)(2)(3)(4)(10) ○運動会に意欲的に参加する。 ○運動会の競技やダンスを再現する。 ◎気の合う友達と一緒にあそぶことを楽しむ。(3)(4)(9)〔第1週～第2週〕 ○自分の思いを伝えながら、友達と一緒にあそぶ。	----------------------→ ○公共のマナーや約束を知る。 ◎異年齢児とかかわって遠足を楽しむ。(2)(4)(5) ○異年齢グループを通して、異年齢児と交流する。 ----------------------→ ○友達の思いや考えにも気づき、一緒にあそぶ。
環境・援助・配慮のポイント	**遠足に向けて安全確認を** ◆「交通教室」に参加し、交通ルールの再確認をしたり、バスの乗り方を実際に練習したりして、安全への意識を高める。 **様々な運動に取り組むことを楽しむために** ◆運動会への取り組みのなかで子どもたちが自信をもてるよう、ひとりひとり具体的な言葉で褒めていくようにする。 ◆運動会当日の朝、これまで上手にできていたことを話し合い、楽しい一日にしようとする意欲を高めていく。 ◆競技に向かうときは、落ち着いて取り組めるよう、早めに準備をする。また、自分たちの競技のないときは、他学年や保護者の競技を見て、楽しく応援できるようにする。 ◆運動会後もほかのクラスの競技やリズムあそびなどを再現して楽しめるように、リレーのバトン、ゴールテープなどの用具や、CDなどの音響を使えるように用意しておく。 **思いを表現してあそべるように** ◆何をしてあそびたいか、ひとりひとりの思いや考えを、教師が仲立ちとなって周りの子どもたちに伝えていく。 ◆あそびの場を壊したり、友達の嫌がることをしてしまった子に対しては、相手の気持ちを引き出して教師が伝え、相手の思いや立場に気づけるようにしていく。	**公共の場での約束を確認する** ◆公共の場での約束について話すときは、事故や誘拐があることなど、理由を含めて伝え、危険のないようにしていく。 **異年齢の交流を楽しむために** ◆遠足の歌をうたう、遠足に関連した絵本を見る、遠足ごっこをするなど、遠足の日までいろいろな活動を楽しみ、期待を高めていく。 ◆3・4・5歳児で「遠足グループ」をつくり、グループで園庭を散歩したり、お弁当を食べたりして、普段の保育のなかでふれあいながら一緒に活動する時間を設けていく。 ◆遠足当日、異年齢グループの活動に不安を感じる子どもは、教師の顔が見やすく、声が届きやすいように、並ぶ順序を前の方にし、見学中も教師からスキンシップをとり、安心感をもてるようにする。 **友達とのかかわりを楽しめるように** ◆「友達と一緒にいたい、あそびたい」という気持ちをくみ取り、集団であそべるよう、段ボールで街や乗り物を子どもたちと一緒に作りながら必要な材料を準備していく。 ◆あそびながら友達の考えに気づけるように、よいアイディアは教師が周りの子に伝え、刺激し合えるようにする。
振り返り・評価・改善	**いろいろな行事に意欲的に参加できるように** 10月は遠足の異年齢グループやバスの運転手、サツマイモ農家の人など、人とのかかわりの幅が広がる。異年齢グループで5歳児とペアを組むことに緊張し、不安な表情を見せている子がいたので、ペアの相手を面倒見のよい別の5歳児に変えたところ、次第に安心して手をつなぐよ	うになってきた。日々の生活でも交流の機会を多くもつようにしたことで、10月末の水族館見学では、異年齢グループのなか、この2人が笑顔で楽しそうに見学している姿が見られた。教師が考えて「いいだろう」と思ったペアでも、実際の相性を見て変更していく柔軟性が必要だと感じた。子どもの姿を常に見ながら、こうした配慮を続けていくことが、

家庭との連携	教材資料	10月の予定
・運動会は、保護者に幼稚園の取り組みなどを知ってもらう機会として、それぞれの種目のねらいを伝える。 ・保護者から地域の自然の様子や変化に関する情報を得て、保育に取り入れていくようにする。	**うた** 虫のこえ（文部省唱歌） 世界中のこどもたちが （作詞＝新沢としひこ　作曲＝中川ひろたか） **うた あそび** くるくるくる おてらのおしょうさん **絵本** おおきなおおきなおいも（福音館書店） ちょっとだけ（福音館書店）	・衣替え ・秋の遠足 ・交通教室 ・水族館見学 ・運動会 ・芋掘り ・避難訓練 ・誕生会 ・みゅう広場

(6)思考力の芽生え　(7)自然との関わり・生命尊重　(8)数量や図形、標識や文字などへの関心・感覚　(9)言葉による伝え合い　(10)豊かな感性と表現

第3週

- 遠足の異年齢グループの子と過ごすことがあり、ほかのクラスや他学年の友達に親しみをもち、一緒にあそんでいる。
- サツマイモの生長を観察し、収穫や会食を楽しみにしている。

◎友達と簡単なルールのあるあそびを楽しむ。(4)
○ルールを守ってあそぶ。
◎芋掘りを通して、秋の自然に興味や関心をもつ。(6)(7)
○畑の自然にふれながら収穫する。
○サツマイモの実や茎を食べる。
○茎を使ってあそぶ。

友達と一緒にルールのあるあそびを楽しむために
◆クラスのみんなで楽しめる、フルーツバスケットなどの集団あそびや、一定時間内にパズルをめくる「裏返しゲーム」を取り入れ、教師もあそびに加わり、ルールを守るともっと楽しくなることを知らせていく。

秋の自然を十分に楽しむために
◆芋掘りに期待をもって参加できるように、イモに関する絵本を読んだり、栽培図鑑で生長の仕方を調べたりして、子どもたちと話し合う機会をもつ。
◆芋掘りのときは周りの様々な自然に出会い、興味をもてるように、サツマイモのつる、葉、いろいろな虫、周りの景色などの様子を言葉で伝える。
◆収穫後は収穫に感謝し、子どもたちとサツマイモの茎や葉を畑に埋め、来年度の収穫を楽しみにする。　**詳細はP.84**
◆収穫したサツマイモは、ふかし芋や石焼き芋のほか、茎もきんぴらにして、みんなで食べられるようにする。　**詳細はP.84**
◆収穫や会食以外にも自然物を使って楽しめるよう、茎でクリスマスリースを作ることを提案し、製作や仕上げ、クリスマスに飾ることを楽しみにできるようにする。茎が軟らかい収穫後数日以内にリースを丸める作業をする。　**詳細はP.84**

第4週

- 2学期の様々な行事を経て、友達と誘い合ってあそんだり、できることを周りの友達に見せている姿が見られる。
- 登園の際、見つけた葉っぱや家の周りで捕まえた虫などを持ってきて、図鑑の写真と比べたりしている。

◎安全な生活への意識を高める。(1)(4)
○固定遊具の安全を配慮しながら、様々な使い方を知る。
◎身近な秋の自然を感じる。(6)(7)(10)
○園外保育で秋の自然にふれる。
○種まきをしたり、球根を植えたりする。

固定遊具に挑戦しつつも安全に
◆固定遊具であそぶ時間を十分にとり、いろいろなあそび方を試してみたり、友達と自分のできることを見せ合ったりして、おもしろさを味わえるようにする。
◆子どもたちが実際に使用している場面で、固定遊具の扱い方を知らせたり、あえて危険なあそび方をやって見せたりすることで、安全なあそび方がわかるようにしていく。　**詳細はP.85**
◆特に落下の危険性のある固定遊具は、あそびのなかで繰り返し伝えたり、個別に伝えたりすることが必要なので、丁寧にかかわっていく。

様々な自然にふれ、興味や関心を広げるために
◆地域で自然にふれてあそべる場所を下見しておき、木の葉の色づきのきれいなとき、木の実の落ちるときなどの変化をとらえて、園外保育に出かけるようにする。
◆事前に図鑑や写真を見て、どんな花が咲くか楽しみにしながら、種まきや球根植えができるようにする。　**詳細はP.85**
◆コオロギやバッタを飼育し、観察できるようなコーナーを身近な場所に設定し、羽をこすり合わせる音などにも気づけるようにしていく。

行事への意欲にもつながっていくと感じた。

自分の思いを行動や言葉で表せるように
子ども同士のかかわりが増え、教師に訴えてくることも多くなるが、教師が直接指導してしまうことがあった。「○○ちゃんは、どう思ったの？」と聞き、思いを言葉にする援助を丁寧にし、相手の子どもに気づかせていくことが子どもの育ちに大切な経験となるので、心して対応していきたいと思う。

9・10・11・12月指導計画

11月の指導計画 保育園

11月のねらい
- ◎当番活動を楽しみにし、積極的に取り組もうとする。
- ◎身近な自然にふれて、季節を感じる。
- ◎簡単なルールを守りながら集団であそびを楽しむ。

※幼児期の終わりまでに育ってほしい姿 （ア）健康な心と体 （イ）自立心 （ウ）協同性 （エ）道徳性・規範意識の芽生え （オ）社会生活との関わり

	第1週	第2週
前週末の子どもの姿	●ロッカーの中身が乱雑になりつつある。 ●芋掘りや散歩など、戸外での活動をのびのびと楽しんでいる。 ●大なわとびに挑戦する子どもが多くいる。	●食欲が増し、配ぜんにも興味をもっている。 ●戸外での運動などを通して、友達と体を動かすことを楽しんでいる。
ねらい・内容	◎整理整とんに興味をもつ。(イ) ○ロッカーの中を確認しながら、整理してみる。 ◎あそびや運動に挑戦し、楽しむ。(ウ) ○運動あそびや踊りなどを友達と一緒に行う。 ◎秋の自然にふれて季節を感じ、興味を深める。(キ)(ク)〔第1週～第2週〕 ○遠足や散歩に出かけ、秋の自然や動植物にふれて過ごす。	◎配ぜんする楽しみを味わう。(イ)(ク) ○給食の配ぜんで気を付けることを知る。 ○自分の食べられる量を考えながら配ぜんしてみる。 ◎友達と一緒に体を動かす楽しさを味わう。(ア)(ウ) ○様々な運動あそびに挑戦する。 ┣------------------------------→ ○木の実を拾ったり、観察したりする。
環境・援助・配慮のポイント	**きれいで使いやすい快適さが味わえるように** ◆洋服の畳み方を保育士が見せたり、きれいに整理されたロッカーを見せたりして、視覚的にわかりやすく伝える。 ◆持ち物が入りきらない子どもに対しては「どうしたらいいかな」「このくらいだと入れやすいね」などと声をかけながら、入りきる量を一緒に考えていく。 **「できた！」という体験を** ◆大なわとびやリレーなど、子どもが挑戦したいことを準備しておく。「○○が上手だね」「△回跳べたね」など具体的に褒めることで自信がもてるようにし、繰り返し挑戦したくなるようにする。 ◆5歳児から踊りを教わる機会をつくり、「お兄さん、優しく教えてくれるね」などと参加しやすくなるよう声をかける。 **秋の季節の心地よさを感じられるように** ◆散歩先の川でコイやカモに興味がもてるよう、歩く速度を緩めて、観察しやすいようにする。 ◆ポリ袋などを持って秋の植物にふれられるような場所を散策し、木の実や草の実を集める楽しさが味わえるようにする。 ◆遠足先では、安全確認後、子どもたちが自由に散策できる時間を多めにとる。	**楽しい雰囲気を大切にしながら** ◆汁物をよそうことに興味があるので、ぶつかるとこぼれてしまうこと、そっと運ぶことなど、気を付ける点を一緒に考えながら水を使って練習してみる。　詳細はP.89 ◆よそう前に「○○ちゃんは、どのくらいにする？」など、自分の食べられる量をイメージしやすいように声をかけ、うまくできたら「とっても上手だったよ」「これなら、自分でできそうね」と認める。こぼしてしまった場合も"こぼすのは悪いこと"という認識にならないように配慮する。　詳細はP.89 **のびのびと、たくさん体を動かせるように** ◆サーキットあそびをダイナミックに楽しめるように、園庭の遊具などを使って環境を構成する。様子を見ながら、砂場の縁を歩くなど、挑戦することを増やし、手ごたえを感じながら意欲的に取り組めるようにする。 **自然物と十分にかかわれるきっかけを** ◆身近な所にも木の実などの自然物が落ちていることに気づくように、「たねの図鑑」などを準備して興味・関心を高める。また、目につく大きな実だけではなく、小さな種や実にも気づいて観察できるように「ほら、こんなに小さな実もあるのね」などと声をかける。
評価・振り返り・改善	「身近な自然にふれて、季節を感じる」について 散歩や遠足を通して、秋の心地良さを十分に感じて過ごすことができた。また、田や畑の様子の移り変わりに気づいたり、草の実や木の実、種などに興味をもちながら散策した。遠足では、お弁当や水筒などを持参し、	みんなで戸外で食べる楽しさを味わい、子どもたちも気持ちのよい気候とともに開放感を味わえたようだ。もっと自然に関する絵本や図鑑などの種類を増やしておいたり、自然物を使った製作を取り入れたりすると、子どもの興味・関心がさらに高まると予測される。

家庭との連携	教材資料	11月の予定
・遠足や散歩など、戸外での活動が多いので、水筒を持参するよう伝える。 ・寒暖の差が大きくなってくるので、送迎の際に子どもの体調について情報交換を丁寧に行う。	**うた** たき火 （作詞＝巽 聖歌　作曲＝渡辺 茂） 夕焼け小焼け （作詞＝中村雨紅　作曲＝草川 信） **うたあそび** おいものてんぷら **絵本** しょうぼうじどうしゃじぷた（福音館書店） おたんじょうびのおくりもの（教育画劇）	・避難訓練　・身体測定　・遠足 ・消防訓練　・交通安全指導　・誕生会 ・保育参加　・個人面談

食育
・畑で育てているニンジンの様子を観察する。

（カ）思考力の芽生え　（キ）自然との関わり・生命尊重　（ク）数量や図形、標識や文字などへの関心・感覚　（ケ）言葉による伝え合い　（コ）豊かな感性と表現

第3週
●配ぜんなどの手伝いが上手になり、できることが増えている。
●七五三が近づいていることを知り、興味をもっている。

◎当番活動を楽しみにし、積極的に取り組もうとする。（イ）（ウ）（カ）〔第3週～第4週〕
○当番の仕事を自分たちで考えて決める。
◎交通安全について学ぶ。（エ）（ク）
○友達と一緒に交通安全指導に参加し、安全な道路の歩き方を知る。
◎季節の行事にふれる。（オ）（ケ）
○七五三について知る。

手伝いに喜んで参加できるように
◆「どんなお仕事ができますか？」と聞き、子どもたち自身が、当番の仕事内容（ザリガニのえさやり、食事前のテーブルふきなど）を決められるように声をかけ、話し合うことで、意欲的に当番活動に取り組めるようにする。その際、当番の仕事をイメージしやすいように「朝の時間は？」「お昼は？」などと場面を区切りながら話す。　**詳細はP.89**

交通安全の再確認を
◆市の交通安全協会の方から直接話を聞いたり、クイズを出してもらったりすることで、交通安全への興味をより高められるようにする。また、園庭に簡易信号を置き、ひとりひとりが実際に体験しながら歩き方を学べるようにする。　**詳細はP.88**
◆日常的に道路を渡る際「車は来ていないかな？」「信号は何色かな？」などと、交通安全を意識できる言葉をかける。　**詳細はP.88**

七五三の意味がわかる工夫
◆七五三の由来について写真を見せながら、視覚的にわかりやすいように話す。
◆「千歳あめって、どうして長いのでしょうか？」などクイズ形式で、みんなで楽しく話せるようにする。

第4週
●自分たちで決めた当番活動を積極的に行っている。
●製作コーナーで工夫して物を作ったりすることを楽しむようになる。

○当番活動を順番に行ってみる。
◎ルールを守りながら集団あそびを楽しむ。（ウ）（エ）
○友達と一緒に、ゲームを行う。
◎紙粘土に興味をもち、ふれて楽しむ。（カ）（コ）
○感触を十分に味わいながら自由に作る。
○紙粘土の特性を知る。

自分たちで気づきやすい環境を
◆朝の会で当番の子どもを発表し、「みんなで順番にやる」ことを意識できるようにする。
◆テーブルふきをさりげなく近くに置くなど、子どもたち自身が必要な仕事に気づきやすいように準備する。自分たちから気づいて行っているときには、「すごいね、自分でわかったのね」「助かるわ。ありがとう」などと十分に褒める。

ルールの大切さが感じられるように
◆鬼ごっこやフルーツバスケットなど、簡単なルールのあそびを行い、「今度は○○ちゃんがオニね」「△△ちゃんはタッチされたから□□してね」と周囲の子どもたちにもわかりやすく伝え、ゲームがスムーズに進むよう援助する。　**詳細はP.92**
◆「○○ちゃん、ずるいよ」などの子ども同士の意見の出し合いも見守り、介入しすぎないように気を付ける。

自由な表現が十分できるように
◆紙粘土が苦手な子どもには「こうやると……」などと保育士が最初にやってみせ、ヒントを出す。　**詳細はP.91**
◆型抜きやつまようじなどの用具も準備し、子どもたちのイメージが実現しやすくなるようにする。　**詳細はP.91**
◆粘土は多めに準備しておき、「もっと使いたい」などの希望にこたえられるようにする。

「集団であそびを楽しむ」について
みんなで楽しくあそぶために、ルールがあるということを徐々に理解し始め、あそびに生かせるようになってきた。ルールを守っている子が損をしないように、公正にあそびが進められるようにした。ときには「今のは、ずるい」などの声があがったので、自分たちで解決できるよう見守り、助言を行った。まだルールを理解しにくい子もいるので個別に丁寧に伝え、一緒にあそべるように援助していきたい。

9・10・11・12月指導計画

11月の指導計画 幼稚園

11月のねらい
◎寒い時季の健康な生活のための習慣を身につける。
◎身近な人とのふれあいを楽しむ。
◎友達と一緒にのびのびと表現活動することを楽しむ。
◎秋の自然にふれながら、季節の変化を感じる。

※幼児期の終わりまでに育ってほしい姿　(1)健康な心と体　(2)自立心　(3)協同性　(4)道徳性・規範意識の芽生え　(5)社会生活との関わり

	第1週	第2週
前週末の子どもの姿	●固定遊具や砂場でほかのクラスの子と一緒にあそんでいる姿が多く見られる。 ●自分の思いを伝えられる子もいるが、うまく言葉にできず手が出てしまう子もいる。	●じゃんけんやルールのあるあそびは理解に個人差があるが、教師があそびに入ると全体で楽しめるようになってきた。 ●作品展に出品したり、ステージで歌ったりする「藤原まつり」に期待している子もいれば、緊張している子もいる。
ねらい・内容	◎安全な避難の仕方を身につける。(1) ○不審者訓練に参加する。 ◎身近な人とのかかわりを楽しむ。(2)(5) ○「パパふれあいデー」で保護者と一緒にあそぶ。 ○園生活を保護者に見せる。 ◎秋の自然にふれながら、季節の変化を感じる。(6)(7)(10)〔第1週～第2週〕 ○自然の変化を見たり、発見したりする。 ○木の葉の音や感触を味わいながらあそぶ。	◎集団でのびのびとあそびを楽しむ。(1)(4) ○戸外で友達と十分に体を動かしてあそぶ。 ○ルールを守ってあそぶ。 ―――――――――――――――――→ ○木の実や木の葉を使ってあそぶ。
環境・援助・配慮のポイント	**不審者に備えて** ◆不審者対応の避難訓練では、緊急時の合い言葉「お部屋でビデオを見ますよ」で室内に避難し、子どもたちが不安感をもたないように配慮する。隣接する公民館と連携をとり、実際に公民館まで避難する二次避難訓練をする。 **様々な人とのかかわりを楽しむために** ◆自由参観日は昼食時も含めて自由に参観してもらうことを子どもたちに伝え、楽しみに待てるようにする。家庭で多くの話題を共有できるよう、普段どおりの保育を心がける。 ◆「パパふれあいデー」では、サッカーコート、製作コーナー、砂場など様々なあそび場を設定しておき、子どもたちが目的をもって父親たちとふれあえるようにする。　詳細はP.127 **秋の自然にふれながら季節の変化を感じる工夫を** ◆園庭や散歩先で木の葉の色の美しさや葉が落ちていく様子、すっかり葉が落ちた木々などを見て、子どもたちと共に発見を喜び、感動を分かち合えるようにする。 ◆園庭にビニールプールを用意し、子どもたちと落ち葉をたくさん集め、落ち葉プールを作り、全身で葉っぱの感触や落ち葉の音を味わえるようにする。　詳細はP.90	**いろいろなあそびに積極的に取り組めるように** ◆教師が率先して戸外に出ていくようにする。特に天気のよい日などは、戸外で体を動かす心地よさなどを知らせ、クラス全体に誘いかけていく。 ◆仲間が増えると楽しめるような「帽子取り鬼」などを取り入れ、大人数でものびのびと動けるスペースを確保する。 ◆教師もあそびの仲間になって一緒に動きながらルールを知らせ、友達と一緒に活動的なあそびが楽しめるようにする。 **木の実や木の葉を使って楽しむために** ◆事前に紅葉の様子などを下見しておき、木の実や落ち葉がたくさん拾えるような場所へ出かける。集めてきた自然物を園庭で、形・大きさ・色ごとなどに分類できるように容器を多めに用意する。 ◆木の実を転がすコリントゲームの製作を提案し、段ボールや空き容器を用意し、教師が一緒に作っていく。 ◆葉や木の実を並べたり、接着したりして、「藤原まつり」へ出品する作品を製作する。完成した作品を一度保育室に飾り、みんなで見たり、互いに感想を話し合ったりして当日を楽しみにできるようにする。　詳細はP.90
評価・振り返り・改善	「自由参観日でのふれあいを楽しむ」ために 自由参観日は、保護者からも「楽しみにしています」との声が多い行事。一日のなかで好きな時間に参観できるので、いろいろな時間に保護者の姿が見られる。今年は昼食の時間が人気だった。クラスの友達のお弁当も見てみたいと思ったのか、多くの保護者が昼食時に参観していた。今年度は「好きな時間に参観」としたので、子どもたちからは「うちのお母さんは、まだ来ないよ」と心配する声も聞かれた。子どもたちの安心と教師の心づもりのため、来年度はあらかじめ参観の予定時間を保護者へのアンケートと一緒に聞いておきたいと思った。	

家庭との連携	教材資料	11月の予定
・保護者が参加する行事のときは戸惑うことがないよう、事前に出入りの方法を知らせておく。 ・クラス便りなどで「藤原まつり」「生活発表会」当日は、緊張のためステージに上がれない子もいるかもしれないが、練習を通して成長していることを伝える。	**うた** おもちゃのチャチャチャ(作詞＝野坂昭如　作曲＝越部信義) そうだったらいいのにな(作詞＝井出隆夫　作曲＝福田和禾子) **うたあそび** おべんとうばこのうた(サンドイッチバージョン) 手をたたこう **絵本** おひさまぱんころりん(ＰＨＰ研究所) おおきなかぶ(福音館書店)	・「※幼稚園へ行こう週間」 　(自由参観日) 　(パパふれあいデー) ・藤原まつり 　(地区文化祭) ・避難訓練(不審者対応) ・生活発表会 ・誕生会 ・みゅう広場

(6)思考力の芽生え　(7)自然との関わり・生命尊重　(8)数量や図形、標識や文字などへの関心・感覚　(9)言葉による伝え合い　(10)豊かな感性と表現

第3週

● 友達のあそびが気になったり、自分から楽しそうなあそびに入っていったりする姿が見られるようになってきている。

◎寒い時季を健康に過ごすための習慣を身につける。(1)(2)(7)〔第3週～第4週〕
○風邪予防の大切さを知り、手洗い・うがいを進んで行う。
◎友達と一緒にのびのびと表現活動することを楽しむ。(1)(2)(3)(10)〔第3週～第4週〕
○歌ったり、音楽に合わせたりして楽器を演奏する。
○主体的に楽器や用具の準備と片付けをする。

健康な生活習慣を身につけるために

◆手洗い・うがい、せきの仕方などのエチケットの大切さについて話したり、紙芝居や絵本を読んだりして、子どもたちの風邪予防が習慣として身につくようにしていく。

音楽に合わせて動きを楽しめるように

◆生活発表会に向けて、子どもたちの興味・関心を大切にしながら、まずは自由に楽器にふれて音を出すことから始め、無理なく計画的に音楽活動を取り入れていけるように配慮していく。
◆ＣＤプレイヤーを子どもたちで操作できるように、操作ボタンにわかりやすい表示をしておく。
◆保育室にステージを設置しておき、かぶり物、身に着ける物や楽器は、子どもたちが取り出しやすい場所に置き、音楽に合わせて自由に表現できるようにしておく。また、使った楽器などは整理して片付けやすいように、表示をしておく。
◆ステージでの踊りや楽器の演奏に抵抗感のある子どもや恥ずかしがる子どもには無理に活動に参加させず、興味をもち始めた折を見て、クラスの友達を介して誘うようにする。

第4週

● 生活発表会への意欲が高まり、喜んで練習している。
● じゃんけんあそびなどでは、集中して長い時間あそぶ子たちがいる一方、友達同士でルールの理解に差があるためあそびが中断し、すぐに別のあそびに移ることも多い。

○気温に合わせて衣服の調節をする。

○生活発表会に向けて友達と一緒に音楽劇の練習に取り組む。
○生活発表会に参加する。

気温に応じて気持ちよく過ごすために

◆子どもたちに暖房機の危険性や周りでのあそび方を知らせると共に、換気や温度調節をこまめに行うようにする。
◆体を動かすと暖かくなることや、暑くなったら上着を脱いで調節するよう声をかけ、自分で気づけるようにする。

表現の楽しさや喜びを味わう

◆曲に合わせて演じることを繰り返し楽しんでいる子どもたちが、十分に満足できるように時間と場所を保障する。
◆友達の演技や演奏にも関心がもてるよう、グループごとに交代しながら演じたり見たりして楽しむ。教師も子どもたちを励ましたり、認めたりして、みんなで取り組もうという雰囲気をつくり、やる気を高めていく。
◆生活発表会当日には保護者が見にくることを伝え、披露することが楽しみになるように、表現が上手になっていることを認め、意欲や自信がもてるようにする。
◆発表後にのびのびと表現できていたことを認め、やり遂げた満足感がもてるようにする。

9・10・11・12月 指導計画

「のびのびと表現できるように」

ステージの上で固まってしまうＡちゃん。教師は頭の中で逆効果だとわかっていても「Ａちゃん、手を大きく動かしてね」「大きな声で歌いましょう」とつい言ってしまい、ますます動けなくなってしまったのかもしれない。行事のねらいをもう一度見直してみると、教師自身が形にとらわれ、出来栄えを気にしていたことに気づき、反省した。「その子なりの表現」と考えると、ステージに上がれるようになったのも成長だった。そこでＡちゃんのやる気を認め「上手になってきたね」と言葉をかけるとＡちゃんはニコッとうれしそうに笑い、生活発表会当日も、みんなと一緒に楽しそうに踊る姿が見られた。

※いわき市が毎年行っている文化の日前後の1週間の園開放。保護者や地域の人との交流のためのイベント(自由参観、パパふれあいデー、教育相談など)を行う。

12月の指導計画 保育園

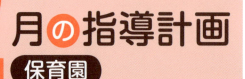

12月のねらい
◎体調管理に進んで取り組もうとする。
◎ルールを守りながら集団あそびやゲームを楽しむ。
◎年末年始の行事に期待をもち、楽しみにする。

※幼児期の終わりまでに育ってほしい姿　(ア)健康な心と体　(イ)自立心　(ウ)協同性　(エ)道徳性・規範意識の芽生え　(オ)社会生活との関わり

	第1週	第2週
前週末の子どもの姿	●園庭で鬼ごっこをしてあそぶ姿が見られる。 ●細かい作業の製作などに興味をもって取り組んでいる。 ●クリスマスが近づき、子どもたちから「パーティーをやりたい！」という声があがっている。	●風邪や発熱など、体調を崩す子どもがいる。 ●クリスマスについての興味、関心が高まってきている。 ●室内でじっくりとあそびに取り組む姿が多くなっている。
ねらい・内容	◎清潔に関心をもつ。(ア) ○戸外活動の後に丁寧に手を洗い、しっかりふく。 ◎パーティーの開催を喜び、期待をもつ。(ウ)(オ)(ケ)(コ) ○パーティーについて話し合う。 ○パーティーに使用する物を作る。 ◎ルールを守りながら集団であそぶことを楽しむ。(ウ)(エ) ○進んでルールを守り、友達同士守れるように声をかけ合う。	◎体調管理に進んで取り組もうとする。(ア)〔第2週〜第3週〕 ○寒い時季の生活の仕方を知る。 ○手洗い、うがいを進んで行う。 ◎5歳児の活動の姿にあこがれをもち、「自分たちもやってみたい」という気持ちをもつ。(イ)(ウ)(コ) ○5歳児のお店屋さんごっこに参加する。 ○お店屋さんごっこの店員をまねてみる。
環境・援助・配慮のポイント	**清潔を意識して** ◆手洗いを丁寧に行えるように保育士がそばにつき、「つめの間もね」「手の甲や、手首もきれいにね」など、よりこまやかな言葉をかけていく。 ◆「手を洗った後は、丁寧に手をふきましょう」など、手荒れ予防についても伝えていく。 **子どものわくわく感を大切に** ◆パーティーについて子どもが具体的に想像できるように、それぞれのイメージを話し合う機会をもつ。 ◆子どもたちがもつ「パーティー＝クリスマス」のイメージを生かして、クリスマスらしい飾りなどを自由に作れるように環境を整えておく。クリスマスの曲も日常的にBGMで使用していく。　**詳細はP.95** ◆「パーティーに使う、ランチョンマットを作ろう」と伝え、見本を見せてから製作し、期待感を高める。　**詳細はP.95** **自分たちでルールに気づき合えるように** ◆ルールがわかっているのに守れない友達に、「ずるい」などと言う姿も大切にし、できるだけ友達の間でルールについてのやり取りができるよう見守る。また、チーム分けが一目でわかるようにカラーリストバンドを使う。　**詳細はP.93**	**風邪予防を意識できるように** ◆戸外あそびで水を使用するときは、そで口や足元がぬれないように気を付け、ぬれたときには着替えるなど、衣服を温かく保てるような言葉をかけていく。 ◆「外から帰ってきたら、どうしますか？」「風邪をひかないためには、どうしたらいいでしょうか？」など、子どもが手洗いやうがいを意識できるように声をかける。 **お店屋さんごっこで楽しく交流できるように** ◆保育士が「すみません、これください」「どうしたらいいですか？」など、5歳児とのやり取りを見せながら、子どもたちがお客さんとして参加しやすい雰囲気にする。 ◆「お兄さんに優しくしてもらって、うれしいね」「お姉さんに、○○くださいって言ってみたら？」など、5歳児の優しさを感じられるように援助する。 ◆「お兄さんたち、紙粘土で△△作っていたね」などとさりげなく言葉にしながら、お店屋さんごっこをまねられるように粘土や容器などをコーナーに準備しておく。 ◆カラーペンで紙粘土の色づけができることを伝え、クッキーの色にした紙粘土をみんなで作り、型抜きあそびをしながらクッキー作りごっこができるようにする。
評価・振り返り・改善	**「衣服調節に関心をもつ」について** 戸外あそびで体が温まっても上着を着たままの子どもが多く、汗をかきやすかったので、あそびの合間にさりげなく声をかけた。自分から調節する子もいるが、反対に寒くなっても上着を着ようとしない子もいたので、再度声をかける必要があった。自分から体調に気を付けるには、衣服調節の意味を理解できるように伝えることが大切である。	

家庭との連携	教材資料	12月の予定
・子どもの体調について情報交換を丁寧に行い、病気の早期発見につながるようにする。 ・子どもに内緒でプレゼントする「メッセージカード」について、お便りで説明する。	北風小僧の寒太郎 　　（作詞＝井出隆夫　作曲＝福田和禾子） 　　赤鼻のトナカイ 　　（作詞・作曲＝ジョン・マークス 　　訳詞＝新田宣夫） 　八百屋のお店 絵本　ぐりとぐらのおおそうじ（福音館書店） 　　てぶくろ（福音館書店）	・身体測定　・避難訓練　・保育参加 ・お店屋さんごっこ　・実習生の受け入れ ・個人面談　・クリスマスパーティー ・誕生会　・年末休暇（29日～31日）

食育
・年越しそば、おせち料理など、年末年始の食べ物を知る。

(カ)思考力の芽生え　(キ)自然との関わり・生命尊重　(ク)数量や図形、標識や文字などへの関心・感覚　(ケ)言葉による伝え合い　(コ)豊かな感性と表現

第3週

- ●戸外での衣服の調節に気づかない子どもがいる。
- ●ままごとや、お店屋さんごっこなどの見立てあそびに関心がある。
- ●クリスマスの歌を口ずさんだり、話題にして楽しんでいる。

○自分から気づいて体温に合わせた衣服の着脱をする。
◎自分のやりたい運動に意欲的に挑戦し、体を動かす楽しさを味わう。(ア)
○友達と一緒に、さまざまな運動あそびを十分に行う。
◎パーティーを通してクリスマスの雰囲気を味わう。(ウ)(オ)(キ)(コ)
○保護者からのメッセージカードを受け取る。
○ランチョンマットを使って食事をする。

上着で体温を調整するために
◆「たくさん走ったね。暑くなっていないかな？」「暑くなってきたら、どうすればいいのかな」など、子どもの様子を見ながら声をかけ、上着を脱ぐことに気づきやすくする。
◆園庭に、上着掛け（フック）を用意しておき、いつでも自分で掛けられるようにする。

寒くても、楽しく体を動かせる工夫を
◆ボール、なわとび、ホッピング、フープなどのコーナーを園庭に設け、友達と一緒に取り組みやすいようにする。「○○ちゃんは、△△に挑戦しているのね」などと周囲の子どもにもさりげなく伝え、"自分も一緒に頑張ってみよう"という気持ちをもてるようにしていく。

クリスマスの雰囲気を味わえるように
◆パーティーでは、保護者から預かったメッセージカードを丁寧に読みながらプレゼントする。その際、自分だけで読みたい子どもには読まずにそっと渡す。また、カードをもらった気持ちを聞く時間も設け、うれしい気持ちをみんなで共有できるようにする。　　　　　　　　　　　詳細はP.96
◆クリスマスソングをBGMにし、作ったランチョンマットを使って、楽しい雰囲気で食事をする。

第4週

- ●年末年始の休みの話を聞いて、興味をもっている。
- ●保護者からもらったメッセージカードの喜びから、「お母さんに手紙を書きたい」という声が多い。

◎保育室や身の回りをきれいにし、気持ちよさを味わう。(イ)(ウ)(カ)
○友達や保育士と一緒に、大掃除に参加する。
◎年末年始の行事に関心をもち、楽しみにする。(オ)(ケ)
○年越しや正月の過ごし方、あそびなどを知る。
◎手紙のやり取りを楽しむ。(ク)(ケ)(コ)
○保護者や友達、保育士への手紙を自由にかく。

大掃除に意欲的に取り組めるように
◆新しい年を迎えるために昔から大掃除をしてきたことを伝えたうえで、どんな所を掃除したらよいか、子どもに投げかけ、掃除が必要な場所に気づきやすくする。
◆使いやすい大きさのぞうきんを1人1枚用意して、掃除に主体的に取り組めるようにする。
◆普段あそんでいるブロックなどをきれいにする作業も入れて、物を大切にしようとする気持ちが芽生えるようにする。

伝統行事の雰囲気をわかりやすく
◆写真などを使用しながら、年越しや正月について理解できるように話す。正月の歌やこま回しなどの正月あそびを紹介し、子どもがイメージしやすいようにする。

うれしい気持ちが続くように
◆「お手紙コーナー」を作り、折り紙、画用紙、フェルトペン、色鉛筆、セロハンテープなどを用意し、自由にかいたり作ったりできるようにする。
◆子どもの「○○使いたい」「△△って、どう書くの？」などの声に丁寧にこたえ、楽しく取り組めるようにする。

「集団あそびやゲームで、ルールを守りながら楽しむ」について
戸外で鬼ごっこを行う子どもが増え、ルールを意識するようになってきた。ルールをわかっていても守ろうとしない友達には「ずるいよ」と意見を伝える場面も見られた。できるだけ保育士主導で解決しないように見守ったことで、自分たちで話し合ったり、ときにはけんかをしながらも葛藤のなかでルールを守ってあそびを進めることができた。オニやチーム分けがわかりやすいように、カラーリストバンドを使用したところ混乱しにくく、わかりやすかったようなので、今後も生かしていきたい。

12月の指導計画 幼稚園

12月のねらい
◎安全で健康な生活を送る。
◎友達とのかかわりを楽しみながら、いろいろなルールのあるあそびに積極的に取り組む。
◎冬の行事やあそびを楽しむ。

※幼児期の終わりまでに育ってほしい姿　(1)健康な心と体　(2)自立心　(3)協同性　(4)道徳性・規範意識の芽生え　(5)社会生活との関わり

	第1週	第2週
前週末の子どもの姿	●生活発表会を経験し、いろいろな人に褒められることで、ひとりひとりが自信をもってきている。 ●親しい友達同士では、イメージやルールを言葉で伝えられる子が多くなったが、まだ教師の仲介が必要な子もいる。	●天気のよい日は、外で元気にあそび、友達と一緒に鬼ごっこやなわとびを自分たちで準備し、楽しめるようになっている。 ●じゃんけんやルールのあるあそびを理解して楽しんでいる。
ねらい・内容	◎安全で快適な生活を送る。(1)〔第1週〜第2週〕 ○園内での安全な過ごし方を知る。 ○感染症予防に努める。 ◎ルールのあるあそびや活動を通して、いろいろな友達とかかわる楽しさを感じる。(1)(2)(4)〔第1週〜第3週〕 ○体を十分に動かしてあそぶ。 ◎冬の行事やあそびを楽しむ。(5)(7)(10)〔第1週〜第3週〕 ○ミカン狩りに行き、ミカンをとったり食べたりする。	○防寒着や手袋などをきちんとしまう。 ○自分でファスナーを閉めたりボタンを留めたりする。 ○友達と一緒に、いろいろなじゃんけんあそびをする。 ○お雑煮に使う野菜を畑で収穫する。 ○もちをついたり食べたりする。
環境・援助・配慮のポイント	**安全で快適に過ごせるように** ◆ポケットに手を入れて歩いたり、保育室から廊下へ飛び出したりすると危険なことを知らせ、室内での安全な過ごし方を話し合う。 ◆インフルエンザなどの様々な病気が流行する季節であることを知らせ、手洗い・うがいに加えて、手指の消毒も適切に行っていくように促す。 **友達と一緒に体を動かすきっかけを** ◆体を動かしてあそぶことで温かくなることを体験できるように、教師が周囲に呼びかけ、大なわとびやケイドロなど、仲間と繰り返しあそぶことで楽しさが増すあそびを提案し、一緒にあそぶ。　　　　　　　　　　　詳細はP.93 ◆子どもたちがやりたいときに始められるよう、ドッジボールコートの線を引いておくなど、環境を整える。 **ミカン狩りを楽しむために** ◆果物を観察したり、図鑑で調べたりするコーナーを作り、果物の花や実に興味・関心をもてるようにしておく。 ◆畑の持ち主から直接ミカンのもぎ方を教わり、ミカン狩りの後はその場で会食し、とりたてを味わえるようにする。	**自ら進んで、身の回りのことに取り組む** ◆防寒着や手袋・マフラーなどが乱雑にならないよう、可動式のコート掛けを活動場所に合わせて置く。 ◆防寒着のファスナーを閉めたり、ボタンを自分で留めたりできるように、ひとりひとりに合わせてコツを教えていく。 **いろいろなじゃんけんあそびを楽しめるように** ◆ラブラブじゃんけん（2人組）、グループじゃんけん（生活グループ）、みんなでじゃんけん（クラス全員）など、いろいろなじゃんけんあそびを提供し、作戦を相談したりふれあったりして楽しめるようにする。　　　　　　　詳細はP.94 **もちつき会を楽しむために** ◆園で育てたダイコン・ニンジン・ハクサイを収穫し、お雑煮の材料に加え、収穫した野菜を味わえるようにする。 ◆もちつきの歌などをうたい、雰囲気を楽しみながらつき上がるのを待てるようにする。 ◆つき上がる様子を観察し、衛生に気を付けてもちをついたり丸めたりして感触を楽しめるようにする。会食では、もちをのどに詰まらせないよう「一口ずつ食べようね」と伝え、あんこや雑煮などいろいろな味を楽しめるようにする。
評価・振り返り・改善	**「集団あそびのときの目配り」** 大なわとびがだんだん上手になり、歌に合わせて跳んだり、2人一緒に跳んだりと、大勢の子どもたちが参加するようになってきた。一方で、教師が縄を回さないと続かないことも多くなっている。子どもたちの熱心さについつい回し続けてしまい、園庭のいろいろな場所であそんでいるほかの子どもたちが気になりながらも、動けない状態になってしまいがちだった。ほかのクラスの教師にも協力を依頼し、チーム保育を行いながら、「あと○回ね」「Aちゃんが跳んだらおしまいね」と区切りをつけることで、ようやく園庭全体へ動けるようになった。	

家庭との連携

・もちつき会では、調理やもちつきのお手伝いや会食に同席できる保護者を募る。
・地域の方に野菜を提供してもらい、地元の新鮮な材料でのお雑煮を味わえるようにする。
・寒いからと厚着になりすぎないように、また防寒着に、フックに掛けられるひもを付けるようお便りで伝える。

教材資料

うた
カレンダーマーチ
（作詞＝井出隆夫　作曲＝福田和禾子）
あわてん坊のサンタクロース
（作詞＝吉岡 治　作曲＝小林亜星）

うたあそび
1ぴきのうさぎ

絵本
ダンスのすきなワニ（朔北社）
てぶくろ（福音館書店）

12月の予定

・ミカン狩り
・もちつき会
・お楽しみ会（ALT※来園）
・誕生会
・第二学期終業式
・みゅう広場

(6)思考力の芽生え　(7)自然との関わり・生命尊重　(8)数量や図形、標識や文字などへの関心・感覚　(9)言葉による伝え合い　(10)豊かな感性と表現

第3週

●家庭の様子から年末の慌ただしさを感じている。
●クリスマスやお正月を楽しみにしている。
●友達と一緒にあそぶ楽しさがわかり、「○○してあそぼう」と声をかけ合う姿が目立ってきた。

◎身の回りをきれいにし、1年の締めくくりを感じる。(1)(5)
○大掃除に参加する。
○2学期を振り返り、身の回りの整理をする。

○鬼ごっこや集団あそびをする。

○お楽しみ会を楽しみに、準備や製作をする。

楽しく身の回りの整理をするために

◆ぞうきんがけレースなど、ゲーム感覚で清掃できるようにする。きれいになる気持ちよさを感じ、使わせてもらったことに感謝して取り組めるようにする。 **詳細はP.96**
◆2学期の作品の整理をしながら、楽しかった思い出を振り返れるような言葉をかけていく。掃除後は子どもたちとカレンダーでカウントダウンしながら、年末・年始の見通しをもって楽しみに待てるようにする。

集団のあそびを楽しむために

◆鬼ごっこやサッカーなど、5歳児のあそびを見たり一緒に仲間に入れてもらったりする機会をつくり、5歳児からルールを教わりながら楽しめるようにしていく。

お楽しみ会を楽しむために

◆クリスマスの曲を流したり歌ったりするほか、クリスマスの絵本を読んだり、プレゼントを入れるためのブーツの製作を取り入れたりして、お楽しみ会に期待をもたせていく。
◆お楽しみ会当日は、サンタクロースをＡＬＴ講師に依頼し、会えた驚きやプレゼントのうれしさに十分共感していく。子どもたちから質問したり、一緒に歌をうたう機会をもつ。

第4週

冬休み

冬休み中に行うこと

＜2学期のまとめ＞
・個人記録の整理……個人の指導要録に照らし合わせ、ひとりひとりの課題を明らかにし、3学期のねらいとして指導要録に記録する。
・行事の反省……1・2学期の行事の反省を「全職員・学年ごと・学級ごと」で行い、次年度の「年間行事計画」の立案をする。
・教育課程の反省……「教育目標」「保育時間」などを反省し、次年度の教育課程を作成する。

＜3学期の準備＞
・1～3月まで3か月間の見通しをもって保育できるように職員間で話し合って計画を作成する。

＜次年度の準備＞
・新教材の検討・発注・準備
・一日入園の準備・要項作成
・学級編制

子どもたちに本物の体験を

家庭で実際にうすやきねを使って「もちつき」をすることは、とても少なくなっている。「もちつき会」では、きねの重さや手触り、ついたときにきねにもちがくっつく感触に、ウワーと歓声が上がった。園だからこそできる貴重な体験なので、もちつき会当日の「雑煮・あんこもち・きなこもち」のほか、のしもちにして後日も「のりもち・甘辛もち・しょうゆもち」など、存分に味わえるようにしている。子どもたちからは「幼稚園のおもちがいちばんおいしい!!」との声が聞かれる。

※ALT＝外国人指導助手。英語を母国語とする講師で、年に3回来園している。

9・10・11・12月 指導計画

9月10月11月12月の保育資料

ごっこあそびの展開

指導計画 P.66

夏休み前に親しんでいたあそびで楽しむ子どもたち。ちょっとしたきっかけで、あそびは発展していきます。

魚と釣りざおを借りて

1学期の間、積み木の船を作り、その中で楽しむあそびを盛んに行っていましたが、9月も引き続き船あそびで楽しんでいます。そこで、5歳児クラスから魚釣りごっこの道具（手作りの魚や釣りざお）を借りてきて、船あそびを楽しんでいる子どもたちに渡しました。するとさっそく、船の周りに魚を放す子、魚を釣る子、釣った魚をまた海に放す子などの役割分担をしながら、あそび始めました。

実践者より

2学期になると、自分のいる小集団から周りの子どもたちの様子が気になり、徐々に世界を広げていこうとし始めます。保育者は子どもの会話や行動から、「何を求めているのか」を読み取り、あそびを刺激するためにも、環境の再構成をしていきます。

積み木で作った船のへりに座り、釣りごっこを楽しむ。魚はポリ袋に花紙を詰めた物。

あそびを広げていこう

しばらくすると、ほかのあそびをしている子も興味を示し始めます。そこで、保育者が子どもたちの様子を見ながら、あそびを広げるきっかけを作りました。するとそこから子どもたちは、友達同士イメージを伝え合いながら、ごっこあそびを広げていきます。

「女の子たちも、魚をとりたいみたい」
↓
牛乳パックとカラーセロハンで水中眼鏡を作り、渡してみる。

「ままごとをしている子どもたちも、一緒にあそべたら楽しいだろう」
↓
魚をとった子どもたちに「お料理してもらおうか？」とままごとのコーナーに持って行く。

水中眼鏡を付け、海に潜って魚をとるまねっこあそび。

中の花紙が出てポリ袋だけになった魚。子どもたちからは「クラゲだね」の声が。

家庭で魚をさばく様子を見ている子どもたち。持ちこまれた「魚」を、まな板の上で調理する。

あそびから運動会へ

指導計画 P.66、67

運動会に向けた取り組みが盛んになる時期。あそびの延長で楽しみながら運動会につながる活動を工夫します。

「走ることが楽しい」と感じるように

運動会の中心となる「走る」運動を、あそびを通して楽しみ、走ることが楽しいと感じられるようにします。園庭の端から端まで走ったり、固定遊具など目標物にタッチして戻ったり、距離や方向を変えながら、いろいろなコースを走る「走りっこ」を楽しみます。保育者は、上手に走っていること、転んでも泣かなかったこと、走っている友達を応援できたことなど、ひとりひとりを褒め、自信につなげていきます。

「競うことが楽しい」と思えるように

玉入れやリレーなど、チーム対抗で競う楽しさを味わえるあそびも行います。あそびのなかでも勝ったうれしさが、次へのやる気につながります。

玉入れの説明を聞く。何度か行ううちに、競い合う楽しさがわかってくる。

楽しくルールを覚える

日ごろから「並びっこ」などであそんでいるため、すでに「並ぶこと」は身についていますが、この時期、さらに「男女に分かれて」「○人組で」「線に沿って」などいろいろな並び方を経験します。これらも、運動会の練習としてばかりではなく、生活やあそびのなかで取り上げていくことで、自然に身につくようになります。
なお、4歳児でも個人差があるので、手をつなぐ相手やグループ構成には、普段の子どもたちの関係や個性を配慮して、決めていきます。

実践者より

● 体を動かす楽しさを味わうために

運動会に向けた取り組みで大切なのは、「子どもたちが主役であること」を忘れないこと。見栄えがいいようにとか、なるべくたくさんの競技に参加させて、とかいうことではなく、取り組みを通して子どもたち自身が、「体を動かすことは気持ちがいい」「みんなで一緒に踊ると楽しい」「一生懸命走ったら速くなった」など、運動することへの興味や関心を揺り動かし、「もっとやりたい」という意欲を高めていくこと。そのためにも、「楽しい」と感じられるような内容を工夫し、意欲を高める声かけを行っていくことが大切です。

● 段階を踏んだ取り組みを

当日の完成された競技内容を保育者が頭に描き、その前段階をあそびのなかで繰り返すことで、段階を追った指導ができていきます。その取り組みの際に、子どもの姿から無理が感じられた場合は、当日の内容を変更していくことも必要です。

9・10・11・12月 保育資料

秋を感じる自然体験

指導計画 P.67

園庭や散歩先など身近な自然を通して、子どもたちと様々な「秋」を体験していきます。

空や雲を観察して

保育者が澄み切った青空、いろいろな形の雲など、空の美しさに気づいたら、園庭に大きなシートを敷き、その上にクラス全員で寝転がってみます。
じーっと空を見ていると、雲は次々と形を変えて流れていき、赤トンボも飛んで来たりして、秋を感じる体験となります。

虫を捕まえよう

子どもたちは虫捕りが大好きです。園の畑や雑草園で虫を追いかけます。網を使ったり、素手で捕まえたり、みんな夢中です。

サツマイモ畑で、虫を追いかける子どもたち。

ペットボトルで作ろう

戸外での自然あそびが多くなるこの時季、ペットボトルで作った種や虫を入れる容器が大活躍。お散歩にも持って行くことができて、重宝します。

●虫かご

ペットボトルの側面に穴を開け、扉にする。

●種入れ

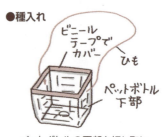

ペットボトルの下部を切り取り、ひもを付ける。

種を採ろう

園庭で様々な植物の種を採り、形や色を比べ、図鑑で調べたり保育者に聞いたりして、分類します。特にフウセンカズラの種はハートの模様があるので「かわいい」と喜びます。

園庭のアサガオの種を採る。

寒天ゼリー作り

指導計画 P.65

寒天という子どもにとって「不思議な食材」を使い、食材が変化する様子や調理の楽しさを味わいます。

材料（30人分）
棒寒天3本、砂糖200g、水900cc、オレンジジュース（100%）600cc

導入
前日に保育者が、寒天の絵本や写真を使って、寒天が海藻からできていることなどを教え、当日には、栄養士が調理の手順を説明した。

「おなべは熱くなるから気を付けてね。」

1つのテーブルに集まり、調理に使う材料や道具を見せながら、手順を一通り説明。

実践者より
グループごとに呼びかけながら、ゆったりとできるように進めます。その間、待っている子どもは、棒寒天にふれたりしながら、楽しめるようにしました。

作り方

① なべに水を入れて火にかけ、沸騰したら火を弱め、棒寒天を入れる。
※安全のためIHヒーターを使う。

水でふやかした寒天を手でちぎり、なべの中へ。初めて棒寒天にふれた子どもたちは「においがする」「スポンジみたい」と大興奮。

② 砂糖を入れ、1～2分煮る。

寒天が溶け、徐々にとろみがついていく。

「水でも溶けるかな～?」

ちぎった寒天がテーブルにこぼれているのを発見した子どもたち。ボウルに水と集めた寒天を入れ、溶けるかどうかを試している。

③ 寒天が溶けたら火から下ろして粗熱をとり、オレンジジュースを加えて混ぜる。

オレンジジュースをそーっと入れる。器に手を添えて、お手伝いする子も。

④ 容器に③の寒天液を流し入れる。

1人ずつ、お玉を使って器に寒天液を注ぎ入れる。

⑤ ④を自分の席に持っていき、固まる様子を観察する。
※座るスペースは広めにとり、込み合いによる衝突やこぼしがないようにする。

「あ、固まってきた」「○○ちゃんのは?」など、目の前で少しずつ固まっていく寒天に興味津々。

「いただきます!」

その後の給食時間。みんなで一緒に出来上がった寒天ゼリーを食べる。

9・10・11・12月保育資料

芋掘りから広がる活動

指導計画 P.71

芋掘りは、その当日だけでなく、その後も様々な活動に広げて楽しんでいます。

畑での活動

芋掘り当日、畑ではイモを掘ること以外にも、土に触ったり、虫を捕まえたり、いろいろな楽しみがあります。芋掘り後は、翌年のために畑を整えることも忘れずに行います。

畑に御飯をあげよう。

来年もおいしいおイモができるよう、葉は畑の土に埋めて肥料にする。

ままごとあそびに

つるや小さくて食べられないイモは、砂場でままごとの材料にしたり、色水を作ってジュースにしたりしました。

皮をすりつぶして水を加えるときれいな紫の色水に。

ちびイモたちは、砂に混ぜて御飯にしたり、お皿に取り分けて、おかずにしたりする。

みんなで食べる

収穫したサツマイモは園に持ち帰り、様々な方法で調理して、いただきます。子どもたちは、イモを洗う作業を手伝いました。

イモのつるはきんぴらにして、昼食時に食べる。

もちろんふかし芋も！

リース作り

イモのつるは、丸めてリースにします。

芋掘りの後、子どもたちと一緒につるから葉を取った。

まだ柔らかいうちに、つるを丸めて。日数がたつと硬くなり、丸まらなくなってしまう。

子どもたちが丸めたら、保育者が上から別のつるでくるくる巻いて形を整える。それぞれ名札を付けて乾かし、12月には飾りを付けてクリスマスリースに。

球根を植えて

指導計画 P.71

来年の春開花する球根を植えます。年長組に進級するころに花が咲くと、期待をもって取り組みます。

こんなふうに

年長組になるころに咲く花ということで、スイセン、アネモネ、クロッカスなどいろいろな花の種まきや球根植えを行います。子どもたちとはチューリップの球根を植えました。
事前に球根を手にとって、植え方を伝えます。球根を人間の体にたとえ、「とんがっている方が頭、丸い方がおしり。おしりを下にして、土のお布団に入れてあげてね」と伝えました。

植える前に、図鑑でどんな花が咲くのか調べ、球根をじっくり観察。

いろいろな形があるんだね。

球根の上下を間違えないよう、慎重に植える。

ひとりひとりプレートを作り、植えた場所に刺す。「マイチューリップ」だと親しみをもって育てられて、より生長が楽しみになる。

固定遊具に挑戦

指導計画 P.71

体力・筋力がついてきて、鉄棒やうんていに挑戦するように。改めて安全なあそび方を伝えていきました。

こんなふうに

実際にあそぶなかで、安全なあそび方を伝えます。挑戦したい気持ちに実際の運動能力が追いつかず、思わぬけがをすることや、使い方を間違ってしまうこともあるので、子どもが固定遊具であそんでいるとき、保育者は目を離さず、再確認も兼ねて、ときには全体指導も行います。

＜伝えるポイント＞

● 滑り台
　階段から上って、滑るときはおしりをつける。

● 鉄棒
　周りに人がいないかをよく見る。
　手は絶対に放さない。

● うんてい
　次の子は少し離れて待つ。前の子の体が揺れて足が顔に当たることがあるので近づきすぎないよう気を付ける。

次の子は少し離れて待ち、前の子が半分以上進んでから始めるように。

いすに座って、友達の取り組んでいる姿を見るようにすると、どうしたらいいのかが客観的にわかる。

9・10・11・12月 保育資料

共同製作・虫の世界

指導計画 P.69

友達と一緒の活動が楽しくなるこのころ。クラスみんなで大好きな虫の世界を題材に、製作を行いました。

こんなふうに

廊下の壁に、背景（水色の模造紙の下部に地面として茶色い紙をはったもの）をはり、「いろいろな生き物をかいてはってみよう」と誘いました。子どもたちは、好きな生き物を紙にかいて、はさみで切り抜き、模造紙の好きな所にはっていきます。

実践者より

小さな生き物が好きな子が多く、よく戸外でつかまえてはあそんで、結果死なせてしまうということもありました。興味を深めながら、命の大切さが感じられるようにしたいと思ったのがこの活動のきっかけです。製作に入る前に絵本や図鑑でイメージを広げる工夫をしました。

絵本の読み聞かせでイメージが膨らむ。

最初は、身近でかきやすいダンゴムシをかく子どもが多かった。

自分で模造紙にはっていくうちに、「○○も、ここにはろう！」と、違う虫をかく子どもも出てきた。

「カブトムシをはるから木を作って！」のリクエストで新たに木を作ると、次第に花や太陽など、虫以外の物もどんどん増えていった。

実践者より

「かけない！」と葛藤する子どもに

「かけない！」と、かいていた絵を途中で切り刻みだした子どもがいました。「やりたいけれど、思い通りにいかない」という葛藤が見られます。
そこで保育者が、切り刻んだ紙を並べて「こうすると、虫みたいだね」と見せたところ、「本当だ！」と目を輝かせて作り始めました。数日前に見つけた「ゲジゲジ」を思い出し、「この前、いた虫！」と言って何度も作っています。それを見たほかの子どもも、まねをして作り始めました。

切り刻んだ切れ端を、足のようにしてはっていく。

「上で歩かせたい」というリクエストにこたえて廊下につるしたところ、大満足。

秋から冬の健康指導

指導計画 P.68、69

戸外での活動が増えるこの時季。清潔・健康面を、改めて見直していきます。

手洗い・うがい

手洗いやうがいについては4月から絵で表示をしていますが（P.35参照）、この時季改めて、子どもたちの様子を見直します。

手洗いでは、保育者も一緒に行いながら、指の間、つめの間、手首など細かい部分まで意識できるように声をかける。

手ふきは、衛生面を考えペーパータオルを使用。
※一日中、布のタオルを下げたまま繰り返し使用するのは、衛生的とはいえないため。

はなをふく

鼻水が出たままだったり、すすってしまったりする子どもには個別に知らせます。また、各クラスに子どもが見える高さの鏡を設置しているので、「○○ちゃん、鼻水が出ているね」「鏡を見て、きれいにしてごらん」など、気づけるように声をかけます。ゴミ箱は保育室の数か所に設置し、ティッシュペーパーは捨てやすい環境にしています。

休息をとる

押し入れの下に「くつろぎスペース」を設けています。長時間生活するなかでは、子どもでも、ごろりと横になってゆっくりしたいときがあります。いつでも横になれる空間を保証することで、子どもたちの心のよりどころにもなります。

実践者より

時には保育者が「お外であそんで疲れたな。少し休憩しよう」と言いながら休んでいるところをさりげなく子どもたちに見せることで、「疲れたら静かに休む」ということがわかりやすいようにします。

布団やクッションでほっとできる場所に。環境を整えておくだけで、特に声をかけなくても子どもたちは自然とこの場所に来て休んでいる。

衣服の調節

戸外に行く際、保育者が「上着はどうしようか？」と問いかけ、子どもたちはそれぞれ「いらない」「着て行く」など判断します。

自分で判断するのが難しい段階では、「テラスに出てみたら？」と声をかけ、自分で外気を確かめるよう促すこともあります。すると「やっぱり寒いから着る」と考え直す子どももいます。

時には判断を誤る（寒いのに着ない）こともあるので、保育者が園庭に持参しておくなど、すぐ対応できるようにしておきます。自分で判断することを繰り返すうち、徐々にその判断が確実になっていきます。

9・10・11・12月 保育資料

交通安全の再確認

指導計画 P.73

散歩など園外に出る機会も多くなる秋。実際に歩きながらの交通安全指導を行っていきます。

こんなふうに

交通安全協会が指導の際に使用した信号機や横断歩道を活用しながら、園庭で保育者による指導を行いました。「道路の歩き方」「信号の見方」「横断歩道の渡り方」を中心に伝えます。

その後、実際の散歩でも「車は来ていないかな？」「信号は何色？」など、交通安全を意識できるような言葉をかけます。ただ、散歩を楽しむ雰囲気も大切なので、あまり口うるさくならないようにということも心がけています。

実際に点灯する信号機を使って説明。

2人ずつ手を上げて横断歩道を渡る。

お散歩では、「道の端を並んで歩く」ことも、実践しながら伝える。

いろいろな気持ちに気づく

指導計画 P.64

友達との話し合いの場では、いろいろな思いや考えがあることに気づけるよう配慮をしています。

こんなふうに

① 「話し合い」について考える

新しいグループになる際、グループでの話し合いの場を設けています。実際に話し合う前、「話し合い」とは何か、考える機会を作ります。保育者がパペットを使って「言い合いからけんかになる」という内容を見せ、子どもたちに「どうしたらいいのかな……」と考えてもらいました。子どもからは、「あきらめる」「譲ってみる」など意見があがり、保育者は「それも1つの方法ですね」と伝えました。

② グループで話し合ってみる

いよいよ、実際のグループ名決めの話し合いに入ります。すると、仲間と言い合いながらも、最終的には「これにしよう」とまとまる姿も見られました。前回のグループ名決めのときにできなかった、「相手の意見を聞く」という姿勢が身についてきたようです。

実践者より

話し合いの最中、保育者はできるだけ見守るようにしています。そして、自分の思いを話せたときや友達の話を聞いたとき、自分たちで解決できたときなどを逃さずに、たくさん褒めて自信につながるようにします。
周囲に圧倒されて意見を出せない子どもには、保育者がさりげなく「○○ちゃんは、どう思う？」と意見を言いやすいように援助しました。

できることを自分たちで

指導計画 P.72、73

手伝いに意欲的になってきた子どもたち。新しいことにも挑戦し、自分でできることを増やしていきます。

給食の配ぜんに挑戦

●水で練習を

「みんないろいろなことが上手にできるようになってきましたね」と成長を伝え、「これからは、自分たちで給食の汁物をよそってみましょう」と投げかけます。

そして練習として、水でよそう体験。まず、保育者が、実際によそってみせながら、以下の注意点を伝えます。

- 食べられる量を入れること
- 丁寧に行うとこぼれにくいこと
- 静かに運ぶこと　　　　　など

そして次は子どもたちが挑戦。なべに水を入れ、1人ずつ順番に行います。友達がやっているところを見ることで、「自分もできる」と意欲が増すようです。

保育者がやりながら、ポイントを説明。

待ち時間が長いと飽きてしまうので、なべを2つ用意し、グループごとに並んで行う。

失敗するのが心配な子がいるため、「こぼれてもふけば大丈夫」ということを伝える。

●いよいよ本番

実際に給食の時間に行います。保育者は、「やっぱり自分でできたね」など意欲的にできるように声をかけていきます。子どもたちは自分でよそったということで、よりおいしく感じられるようです。

練習を生かし、落ち着いて行う。

運ぶときも、慎重に……。

実践者より

保育者は、声をかけたり、当番に必要な物を置いたりして、子ども自身が気づき、考えて行う部分を残すようにしています。また、「助かったよ」「ありがとう」と感謝の気持ちを伝え、「役に立った」ことが実感できるようにしています。

当番活動に取り組んで

●何をやるか決めよう

保育者が、「みんな、お手伝いが上手になってきたけれど、どんなお仕事ができますか？」と投げかけ、当番の内容を、子どもたち自身で考えられるようにします。そして、出てきた意見をまとめ、次のような内容に決めました。

- 朝の会の進行の手伝い
- 製作物材料などの配布
- ザリガニのえさやり
- 食事前にテーブルをふき、花を飾る
- 帰りの準備のチェック（歯ブラシ・コップをしまったかの確認）　　など

●活動してみよう

保育者が「お当番バッジ」を見せると、子どもたちは「新しいバッジだ！」と喜んでいました。そして朝の会で当番の子を紹介し、意識できるようにしました。

朝の会の進行

保育者が「先生になって、あいさつをお願いします」と伝え、当番が「立ってください」「さんはい！」などと声をかける。

製作材料の配布

保育者が配布する物をまとめて渡し、「（当番さんに）協力してお願いします」と声をかける。
※だれが何をどのくらい配るかはできるだけ指定せず、子ども同士で考えて進められるようにする。

9・10・11・12月 保育資料

葉っぱであそぼう

指導計画 P.74

子どもたちが毎日拾い集める園庭の葉っぱ。そんなたくさんの落ち葉をいろいろなあそびに生かしました。

落ち葉プール

園庭にビニールプールを出し、子どもたちと集めたたくさんの落ち葉を入れてプールを作りました。靴を脱いで落ち葉プールに入り、全身で落ち葉の感触や音を味わいます。2、3人ずつしか入れないので、周りにベンチを置き、順番を待ちながら友達のあそんでいる様子を見られるようにしました。

いい気持ち〜。

落ち葉の中に潜り込み、ダイナミックにあそぶ。

上からパラパラと降らせて。

押し葉で製作

用意する物・準備

落ち葉（園庭で拾った葉や、収穫したときにとっておいたサツマイモの葉）、キッチンペーパー、新聞紙、段ボール、トイレットペーパーのしん、折り紙、シール、モール、透明カバーフィルム

段ボール、トイレットペーパーのしん、シールは図のように切っておく。

折り紙はいろいろな色を用意し、図のように切っておく。

作り方

① 用意した葉を押し葉にする。
② 1週間後くらいに乾いた葉を取り出す。
③ 段ボールに葉をはり、上から透明フィルムでカバーする。
④ しんに、好きな色の折り紙をはり、目と口のシールをはって顔を作る。モールを付けて手足にする。
⑤ しんの上部に切り込みを入れ、③の段ボールを差し込んで出来上がり。

出来上がりの作品を壁に飾る。手足のモールは自由に動かして好きなポーズに。

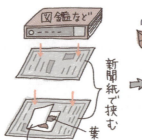

紙粘土で表現あそび

指導計画 P.73

なじみのある油粘土とはまた違った感触も体験しようということで、紙粘土を取り入れました。

「特別な粘土」に興味津々

「今日は、特別な粘土をみんなに持ってきましたよ」と伝え、保育者が紙粘土を見せながら「今は、こうやって軟らかいでしょ。でも、乾かすとね……」と、事前に保育者が作って乾かしたものを見せました。すると、実際に触ってみて「硬くなってる！」と、子どもたち。この発見によって、興味がぐんと膨らみました。

実践者より
苦手な子どもへの配慮

感触は味わっていますが、形を作ることができずにやめてしまう子どももいました。「上手にできない」という気持ちがあるので、保育者が粘土を少し丸めてパックに入れておき、「おだんごみたいだね」と見立てやすいところから始めました。また、型抜きの使い方なども教えながら誘っていきました。何か入れ物に入れることで、「作った」という実感がわくようでした。

作ってみよう

ひとりひとりに紙粘土を固まりで渡すと、早速、こねたり、丸めたり、へらで切ったり、型抜きをしたり、それぞれ自由な表現を楽しんでいました。
紙粘土は、乾いたら固まるという特徴も理解でき、仕上がった作品を棚に置いて時々触って確かめる、という姿も見られました。「乾いたら、色を塗ってみようね」など、次の活動を楽しみに、また作品を大切にできるような会話をしました。

最初の触感が硬く、油粘土より扱いにくさを感じるが、こねているうちに、だんだんと軟らかく、扱いやすくなってくる。

こねて、丸めて……

細かい作業が上手になり、つまようじで刺して模様を付ける子も。

おいしい物、作ろう！

プラスチックパックを用意したことで「お弁当作り」にイメージが広がる。

おだんごいっぱい作ったよ。

プリンカップで型抜きして……ケーキの出来上がり。

棚に置いた作品に、時々ふれて、固まり具合を確かめる。

9・10・11・12月 保育資料

ルールのある集団あそび

指導計画 P.73、76、78

ルールのあるあそびを楽しむようになった子どもたち。あそびながらルールを守る大切さを伝えています。

ペンダントを下げて～フルーツバスケット～

新しいあそびを導入する際、まず、わかりやすくルールを伝え、みんなで確認してから行っています。何度かやったことのあるあそびでも、時々ルールを忘れたり、守れなかったりで、トラブルになることがあるので、そんなときも改めてルール確認をするようにしています。

あそび方

① フルーツの写真をペンダントにして、それぞれ首から下げる（自分が何かがわかりやすいように）。
② 「イチゴの人はだれですか？」などと確認しながら練習を兼ねて少しやってみる。
③ 最初は保育者がオニになり、「自分のフルーツを呼ばれたら、違う席に移る」ことを楽しめるようにする。その後、子どもがオニになり、保育者も入って楽しむ姿を見せていく。

 実践者より

ルールを守る大切さを伝えて

時折、オニになりたくて、ずっと座らずに立っている子どもが出てきます。すると、ずっと同じ子がオニになったり、数名で立っていてオニが決まらなかったり、ということになり、ほかの子どもたちは飽きてしまいます。
保育者は、すぐには声をかけずに見守りますが、そのうちほかの子どもたちから、「つまらない」「ちゃんとやって」といった声があがってきます。そこで、保育者は「どうしたらいいと思う?」と、子どもたちの思いや意見を聞きながら、ルールを再確認するようにします。
また、ひと通りあそんだ後に、「1回もオニにならなかった人?」と問いかけ、「○○ちゃんと、△△ちゃんと……」と、名前を呼んでいきます。ルールを守りながら頑張った子を紹介することで、次への意欲につなげ、ルールを守れなかった子も、「次は頑張ろう」という気持ちになります。

リストバンドを付けて〜鬼ごっこ〜

ルールを意識しやすくする工夫として、鬼ごっこやチーム対抗のゲームでは、色分けしたリストバンドを使用しています。これには、

- オニはだれか
- 自分がどのチームなのか
- だれがチームの仲間なのか

などをわかりやすくするという効果があります。

※慣れてきたらリストバンドは外す。

また、「タッチされたくない」と言って泣いたり、途中でやめてしまったりする子どものため、"応援席"を設けました。「やりたくなったらおいでね」と声をかけたところ、しばらくそこで友達のあそぶ様子を見た後、自分から来て参加。何度か繰り返しているうちに、楽しんで行えるようになってきました。

保育者も仲間に入り、「みんなであそぶ楽しさ」を感じられるようにする。

氷鬼でタッチされ、氷になった子。ルールを理解し、守ることであそびが楽しくなる。

実践者より

互いの気持ちを知る機会に

あそびのなかでは、「タッチされた・されていない」「〜ちゃんずるい」といった言い合いも増えてきます。まずは子ども同士での感情のぶつけ合いを見守り、できるだけ子どもたちで解決できるようにしますが、時には保育者が「タッチされたのに逃げてしまうのはどうかな?」「タッチされたことに気がつかないこともあるかもしれないね」などと声をかけ、きっかけを作ります。

また、タッチされてもグッとこらえて"氷"になるなど、ルールを守っている子には、「えらいね。ルールを守って上手にできているね」と、周囲の子どもにも聞こえるように意識して伝えます。

こういった経験を通して子どもたちには、悔しい気持ちを味わったり、互いの気持ちを思ったりする経験をし、ルールを守ることで楽しくあそべることに気づけるようにと考えています。

線を引いて〜大なわとび〜

みんなで大なわとびを楽しむには、並んだり、順番を守ったりということが重要です。また、上手に跳ぶためのちょっとしたコツを伝えることで、続けて楽しめるようにもなります。

並んで順番を待つことができるようになった。

白線を引いて

早く跳びたい一心で、どんどん縄に近づいてきてしまい、危険なことも。白線を引くことで、適切な位置で応援しながら待てるようになった。

丸をかいて

跳んでいるうちに、横にずれてきてしまう子には、地面に丸をかき、「丸の所で跳ぶんだよ」と伝えると、安定して跳べるようになった。

じゃんけんあそび

指導計画 P.78

じゃんけんを理解し、楽しめるようになってきた子どもたち。いろいろなバリエーションであそんでいます。

ラブラブじゃんけん

あそび方

① 4人で、「グー」「チョキ」「パー」のポーズを相談して考える。

例えば…　　グー　　　　　　チョキ　　　　　　　パー

抱き合う。

両手は前。
足は前後に広げる。

両手両足を開く。

② 2組に分かれ、「♪ラブラブじゃんけん、じゃんけんぽい！」の合図でじゃんけんをする。

実践者より

友達と力を合わせて勝つ経験を

4歳児の後半くらいから、勝ってうれしい、負けて悔しいという気持ちを、個人ではなく、みんなで力を合わせた結果として味わう経験が大切になってきます。「グループじゃんけん」のように集団で気持ちを合わせて行うじゃんけんあそびを通して、相談する、相手の意見を聞く、相手の出方を推理する、といったことを経験し、「みんなが力を合わせて戦うことで勝てる」といったことがわかってきます。また、お山の大将的な子が「自分1人では勝てない」ことを知るよい機会にもなります。

グループじゃんけん

あそび方

① 5〜6人のグループを作り、グループ対抗で行う。グループメンバーで何を出すかを相談して決める。

② 「♪グループじゃんけん、じゃんけんポイ」のかけ声で、足じゃんけん。勝ったグループの勝ち。また、1人でも違うものを出した子がいた場合は、そのグループの負けとなる。

みんなでじゃんけん

あそび方

クラス全体を2つに分け、グループじゃんけんと同じルールで行う。大勢になるので、息を合わせるのが大変。

クリスマスを楽しんで

指導計画 P.76

クリスマスが近づき、園でのパーティーを楽しみにしている子どもたち。
飾り付けなどでクリスマスの雰囲気を盛り上げていきます。

クリスマスの製作コーナー

保育室にはクリスマスに関連した塗り絵や製作の材料を用意しました。自由に製作をしているうちに、大きいクリスマスツリーを作ろう！ということになり、床に広げての共同作業が始まりました。

コーナーで作った折り紙の飾りや、塗り絵を切り取ったものなどを、大きなツリーの紙にはっていく。

輪つなぎを作ったり、絵をかいたり、自由に楽しむ。友達同士で楽しめるよう、スペースは広めにとり、BGMにはクリスマスソング。

ツリーの完成！

出来上がりは壁にはってクラスのクリスマスツリーに。

ランチョンマットを作ろう

クリスマスパーティーの日に使うランチョンマットを作ろうと投げかけたところ、みんな意欲的に作っていました。

星形に切ったキラキラ折り紙やラメ入りののりなど、ちょっと特別な材料を用意すると、ワクワク感アップ！

八つ切りの色画用紙に、折り紙をはったりクレヨンでかいたりして、自由に構成。

ラメ入りののりを絞り出す。

これで、水にぬれても大丈夫だよ。

出来上がったら、数日間よく乾かした後、子どもたちが見ている前で、ラミネートする。

9・10・11・12月 保育資料

おうちの人からプレゼント

指導計画 P.77

園でのクリスマスパーティーでは、ひとりひとりに保護者からのメッセージカードを渡します。

こんなふうに

毎週土曜日まで登園する子どもも多く、子どもとじっくりかかわる時間をもてない保護者が、思いを届けるきっかけになればと考え、メッセージカードのプレゼントを企画しました。事前に渡したカードには、愛情いっぱいのメッセージが書き込まれ、保育者もあらためて保護者の思いを知ることができました。

保護者から届いたメッセージカード。愛にあふれる言葉がいっぱい。

大好きなお父さん、お母さんからのメッセージに、この笑顔！

「おうちの人からのプレゼントとして、メッセージカードが届いています」と伝え、ひとりひとりにメッセージを読み上げながら渡す。

友達同士見せ合いながら。

2人組で大掃除

指導計画 P.79

年末行事としての大掃除。意欲的に行えるよう、2人組で楽しみながら掃除ができるようにしています。

交代でふき掃除

まず1人がぞうきんを絞って自分のロッカーと引き出しをふき、終わったらもう1人にぞうきんを渡します。

1枚のぞうきんを2人で交代しながら、そうじをする。

ぞうきんがけレース

それぞれのペアが部屋の両端に分かれてスタンバイ。よーいドンの合図で、1人が床をぞうきんがけで進み、向こう端でバトンタッチ。子どもたちの筋力アップにもつながり、ぞうきんがけの後は部屋が加湿される効果もあります。

「おしりを上げてまっすぐね」と伝える。

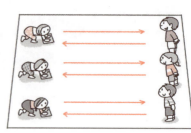

1月 2月 3月

指導計画と保育資料

指導計画と保育資料は連動しています。

1月の指導計画 保育園

1月のねらい
◎冬の健康や過ごし方に関心をもつ。
◎友達と一緒に表現することを楽しむ。
◎冬の自然に興味をもち、意欲的にかかわろうとする。

※幼児期の終わりまでに育ってほしい姿　(ア)健康な心と体　(イ)自立心　(ウ)協同性　(エ)道徳性・規範意識の芽生え　(オ)社会生活との関わり

	第1週	第2週
前週末の子どもの姿（1月当初の子どもの姿）	●年末年始の休みや寒さで、生活リズムを崩している子どもがいる。 ●正月の行事やあそびに興味をもっている。	●徐々に生活リズムが整い、活発にあそんでいる。 ●ペープサートやお面であそんで、劇あそびに関心をもち始めている。
ねらい・内容	◎生活リズムを取り戻し、整えようとする。(ア)(イ) ○徐々に規則正しい生活に戻す。 ◎保育士や友達と一緒に、正月の雰囲気を味わう。(オ)(ケ) ○近隣の神社へ行く。 ○正月あそびを友達と一緒にやってみる。 ◎「みんなでありがとうの会」※に向け、劇あそびを楽しむ。(ウ)(ケ)(コ) ○会の意味と内容を知る。 ○劇のストーリーを理解する。	◎冬の健康や過ごし方に関心をもつ。(ア)(イ)〔第2週〜第4週〕 ○戸外であそぶ前には体を十分にほぐす。 ◎劇あそびを自分なりのイメージでのびのびと楽しむ。(ケ)(コ) ○意欲的に劇を演じる。 ○自分がやりたい役をやってみる。 ◎冬の自然に興味をもち、意欲的にかかわろうとする。(カ)(キ) ○霜柱や氷を見つけたり、それを使ってあそんだりする。
環境・援助・配慮のポイント	**生活のリズムを取り戻せるように** ◆あそびの様子や食欲、睡眠時間などから、子どもに無理がないか確認し、必要であればゆったりできる工夫や、午睡を長めにとるなどの配慮をしていく。 **正月の雰囲気を友達と楽しむ** ◆正月飾りを園内に飾り、雰囲気を感じやすいようにする。 ◆登園時は年始のあいさつを交わし、休み中の様子を会話のなかから引き出していく。散歩時にはみんなで近隣の神社に行き、初もうでの雰囲気が味わえるようにする。 ◆こまの色つけや、数人で集まってできるトントン相撲などのゲームを用意したりして、正月あそびを友達同士で楽しめるようにする。　詳細はP.111 **「みんなでありがとうの会」に興味をもって** ◆「みんなでありがとうの会」の意味に子どもが気づけるよう、「どんな人にどんなありがとうを言いたいかな？」とみんなで話し合い、感謝の気持ちを込めて演じられるようにする。 ◆劇あそびの演目を、保育士がCD劇で披露し、関連したお面などを用意して、子どもたちがあそびのなかで自由に使えるようにし、興味を引きやすくする。　詳細はP.114	**安全にあそべるように** ◆戸外あそびの前は、体を十分にほぐす必要があることを子どもに伝え、保育士も加わって準備体操を行う。 **劇あそびの楽しさを十分に** ◆昨年度の劇あそびの映像などをみんなで見て、イメージをもちやすくする。「（劇あそびは）順番に登場するのね」「ステージの線に並ぶのね」など、子どもがポイントに気づくように声をかける。 ◆ステージからジャンプをするなど、あそびたい気持ちをくんで、自由に体験できるようにする。　詳細はP.114 ◆ステージを使って劇あそびをしてみる。劇の流れをつかむとともに、気に入った役が見つかるよう、いろいろな役になってあそべるようにする。保育士は見本になるように、それぞれの役を表現してみせる。　詳細はP.114 **冬の自然にかかわる機会を** ◆園庭で氷を見つけられるように、タイヤの中の水などはできるだけ残したままにする。 ◆霜柱などを探しにいく機会を設ける。「今日は霜柱、あるかな？」など、期待できるように声をかける。
評価・振り返り・改善	**「劇ごっこのやり取りや表現を楽しむ」について** 保育士が最初に演じて見せたことで、子どもたちがCD劇のイメージを膨らませやすかったようだ。また、自由にペープサートやお面を使えるようにしておいたので、いろいろな登場人物になりながら、友達と十分にあそぶことができた。そのうえで、自分のやりたい役を選択できるようにしたので、満足感や期待感をもちやすかったようだ。人前での表現が苦手な子どももいるので、その子どもなりのよさを認めながら進め、自信をもって参加できるようにしていきたい。	

※「みんなでありがとうの会」＝歌や踊り、劇の披露などを通して周りの人への感謝の気持ちを表す会。2月に行う。

家庭との連携

・風邪やインフルエンザ、流行性の胃腸炎などの予防に関して伝え、子どもの体調や生活リズムに関する情報交換を密に行う。
・劇あそびに向けた子どもの様子について、少しずつ伝えていく。

教材資料

うた　ゆき（文部省唱歌）
　　　みんなでつくろう
　　　（作詞＝山上路夫　作曲＝いずみ たく）

うたあそび　カレーライス

絵本　はじめてのおつかい（福音館書店）
　　　だいじょうぶ だいじょうぶ（講談社）

1月の予定

・避難訓練　・身体測定　・保育参加
・個人面談　・誕生会

食育

・感染症について知り、食事前の手洗い、うがいを積極的に行う。
・育てている野菜（ニンジン）を収穫し、給食で食べることに喜びを感じる。

(カ)思考力の芽生え　(キ)自然との関わり・生命尊重　(ク)数量や図形、標識や文字などへの関心・感覚　(ケ)言葉による伝え合い　(コ)豊かな感性と表現

第3週

●集団あそびを好んで行っているが、ときには友達とぶつかり合うこともある。
●友達と一緒にいろいろな役を演じて楽しんでいる。

○感染症予防について知り、積極的に行う。
〔第2週～第3週〕→
○劇の役決めをする。
◎集団あそびを友達と一緒に楽しむ。(ウ)(エ)(ケ)
○友達とやり取りをしながらあそぶ。
〔第2週～第3週〕→
○氷作りに関心をもち、どうしたら作れるか試してみる。

健康に過ごせるように
◆手洗い、うがいの大切さとともに、せきやくしゃみをするときのエチケットについても伝え、インフルエンザなどの感染症予防が意識できるようにする。

納得して役決めをする
◆役決めでは、子どもたちが納得できるように、立候補、じゃんけん、譲り合いなど、決め方から話し合う。　**詳細はP.114**

友達同士のやり取りの楽しさを十分に
◆簡単なルールを守ってあそべるようになったので、氷鬼など少し高度なルールのあそびを提案し、成長に合わせた手ごたえのあるあそびを楽しめるようにする。
◆「○○ちゃんに（ゲームのなかで）助けてもらったのね。よかったね」など友達とのかかわりやつながりを、子どもが意識できるような言葉をかける。

冬の自然への興味を深める工夫を
◆氷作りを自由に試せるように、空き容器などを十分に用意する。「ここに（容器を）置きたい」などの子どもの思いを実現できるようにしていく。

第4週

●寒さに負けずに、戸外あそびを行っている。
●豆まきをすることを聞き、節分に興味をもっている。
●友達と一緒に劇あそびの歌をうたったり踊ったりすることを楽しんでいる。

○体の不調を感じたら、自分から大人に伝える。
◎友達と一緒に、劇あそびの楽しさを味わう。(ウ)(ケ)(コ)
○同じ役の友達と劇の流れを一緒にやってみる。
◎節分を楽しみにし、関心をもつ。(オ)(ケ)
○節分の意味や内容について知る。
○友達と一緒に、鬼をイメージしながら製作を行う。

自分の体調を考えるきっかけに
◆「具合が悪いと、どんな感じになるかな？」と問いかけ、子どもたちが自分の体調の変化に気づき、伝えられるようにする。

表現の楽しさが味わえるように
◆子どもの「演じたい」気持ちを大切に、あまり細かい指示を出さず、「楽しかった」と感じられるように進める。
◆「○○役のグループは、上手に並んで踊れるのね」など、子どもたちが友達と一緒に頑張ろうと思えるように声をかける。

行事に関心をもてるように
◆節分が近いことを伝え、写真や絵などで由来を説明し、節分の意味や内容が理解できるようにする。鬼の塗り絵ができるコーナーを用意し、関心が高まるようにする。
◆鬼の面を自分のイメージで作れるように、材料を多めに用意する。「○○ちゃんは、どんな鬼にするのかな」「ゆっくり考えて大丈夫よ」などとじっくり取り組めるよう声をかけ、時間を十分にとり、ひとりひとりの製作過程を見守ったり、援助したりする。　**詳細はP.112**
◆製作途中に「豆はいくつ食べる？」「何て言いながら豆まきをするのかな？」など、期待が膨らむ会話をしながら進める。

「冬の自然に興味をもつ」について

園庭に置いたたくさんのタイヤの中にたまった水が凍り、子どもたちが大小様々な氷を発見し、そこから自然にあそびが始まった。その後、5歳児が氷作りを始めたことをきっかけに、自分たちもやりたいという子どももいた。そこで氷作りをしてみたが、氷ができていないときは、子ども同士で「どうしてかな」「（気温が）暖かかったからだよ」などと話す場面もあった。戸外あそびに出るころには、氷や霜柱が溶けていることが多かったので、子どもの気持ちをかなえられるように、戸外に出る時間を工夫するとよかった。

1・2・3月指導計画

1月の指導計画 　幼稚園

1月のねらい
◎園生活のリズムを取り戻し、新しい環境に慣れる。
◎最年長児になることを意識し、進級することに期待をもつ。
◎冬の自然に興味をもち、すすんでかかわろうとする。

※幼児期の終わりまでに育ってほしい姿 　(1)健康な心と体 　(2)自立心 　(3)協同性 　(4)道徳性・規範意識の芽生え 　(5)社会生活との関わり

第1週

前週末の子どもの姿

ねらい・内容

冬休み

環境・援助・配慮のポイント

第2週

1月当初の子どもの姿
● 家庭で経験したかるた、トランプ、たこ揚げなどを友達や教師に話したり、教えようとしたりしている。
● 久々の登園で気持ちが高ぶる子、逆に不安になってしまう子がいる。

ねらい・内容
◎園生活のリズムを取り戻し、進級へ期待をもつ。(1)(2)
○あそびながら生活リズムを整える。
○保育室の引っ越しをして、新しい環境に慣れる。
◎友達と一緒に教え合ってあそぶことを楽しむ。(3)(4)(8)(9)
○友達とかるた、トランプ、すごろくなどをしてあそぶ。

◎冬の自然に興味をもち、すすんでかかわろうとする。(6)(7)(10)├──────
○観察しながら植物の世話をする。

環境・援助・配慮のポイント

リズムを取り戻し、進級を楽しみにする
◆ 2学期に親しんだ長縄とびや製作コーナー、ネコごっこなどにすぐに取り組めるように環境を整えておき、自分で片付けもできるよう、声をかける。
◆ 事前に「大きい組になる準備をするから、お部屋を引っ越そうね」と伝えておく。引っ越し当日は年長組の保育室へ自分たちで道具やロッカーの私物を運んで引っ越し、進級への期待と自分たちの成長を感じる機会とする。

教え合ってあそびを楽しむ
◆ かるたやトランプなどを多めに用意し、じゅうたんや小テーブルなど、複数名であそびやすい場を準備しておく。
◆ ルールの理解などには個人差があるので、教師があそびに加わり、整理しながら楽しめるようにする。

冬の自然に興味をもつために
◆ 2学期に植えたチューリップは、寒い季節でも水やりなどが必要なことを知らせ、教師も一緒に世話をしていく。
◆ 発芽など、小さな自然の変化を発見したときの喜びを共有していく。

評価・振り返り・改善

進級への期待を大切に
あこがれの5歳児の部屋で過ごすようになると、必ず「うわ〜、広いな〜！」「すご〜い、天井が高いね！」と歓声を上げる。隣の部屋に移っただけで、自分の成長に胸を張り、園全体の当番活動へのやる気も満々になる。5歳児が使っていた保育室の余韻も味わいながら、自分たちの保育室へと作り上げていくことを楽しむことが大切である。

「氷ができないなあ〜」
寒い日が続き、園庭のあちこちで氷や霜柱ができて、子どもたちが「冷た〜い！」と言いながら集めてくるようになった。自分たちでも作って

家庭との連携

・冬休み中の様子や、子どもの生活や健康について聞き、ひとりひとりにかかわっていく。
・雪あそび用に防寒着や手袋など、あそびに適した服装を準備するよう伝える。
・保育参観で一緒に活動することを通して、子どもの成長を感じられるようにする。

教材資料

十二支のうた（作詞・作曲＝吉田美智子）
北風小僧の寒太郎（作詞＝井出隆夫
　　　　　　　　　作曲＝福田和禾子）

カレンダーマーチ

絵本
おおきくなるっていうことは（童心社）
スイミー（好学社）
ことばのあいうえお（岩崎書店）

1月の予定

・第三学期始業式
・みゅう広場
　（未就園児対象園開放日）
・保育参観
・誕生会
・避難訓練

(6)思考力の芽生え　(7)自然との関わり・生命尊重　(8)数量や図形、標識や文字などへの関心・感覚　(9)言葉による伝え合い　(10)豊かな感性と表現

第3週

●これまで5歳児が使っていた保育室で過ごし、進級への期待が高まっている。
●友達と一緒にあそびたい気持ちが強まり、仲間と誘い合ってあそんだり、意見を言い合っている姿が見られる。

◎最年長児になることを意識し、進級への期待をもつ。(1)(2)(5)
○未就園児や3歳児に優しくかかわる。
○5歳児から当番活動を引き継ぐ。
◎試したり工夫したりしてあそぶ。(2)(6)
○作ったたこで、たこ揚げをする。
○いろいろなこまあそびに挑戦する。

〔第2週～第4週〕
○雪や氷、霜柱にふれたり、観察したりする。

進級への期待を高めていく
◆年下の子とふれあう機会を増やし、かかわり方を伝え、最年長児になる自覚がもてるようにする。
◆掃き掃除など、5歳児から直接当番活動の手順を教えてもらい、進んで取り組めるようにする。

たこ揚げやこま回しを楽しむために
◆保育参観で、親子一緒に話し合ってたこを作り、完成後、揚げて楽しめるようにする。　詳細はP.111
◆いろいろな揚げ方を試せるよう、広い場所で走り回れる機会をもつ。　詳細はP.111
◆こま回しを安全に楽しめるよう、保育室・廊下・中庭などであそべる場所を確保し、様々な投げ方をやってみせ、挑戦する意欲を引き出す。

冬の自然現象に興味をもつきっかけを
◆雪が降ったときは、予定を柔軟に変更してあそぶ。雪の感触を楽しめるように雪あそびの身支度を用意しておく。
◆霜柱など、子どもたちが気づいたことを受け止め、一緒に疑問をもったり、試したりして興味をもてるようにする。

第4週

●今までのあそび仲間にほかの子どもも加わって同じあそびを楽しみ、仲間関係に広がりが出てきている。
●寒さを感じながらも、冬の自然を楽しみ、戸外でのびのびとあそぶ姿が見られる。

◎冬の防災を意識する。(1)(5)
○避難訓練に参加したり消防士の話を聞いたりする。
◎寒さに負けず、戸外で体を動かす気持ちよさを味わう。(1)
○ラジオ体操やマラソンに取り組み、体を温める。

○工夫しながら氷作りをする。

安全な生活への意識を高める
◆火災の発生が多い時期なので、緊急時に、一番近くにいる教師の元へ行く練習をする。担任以外の教師のところに集まったときも不安のないように「○○先生(担任)も来るから大丈夫よ」と言葉をかける。
◆消防士から直接話を聞き、火災の怖さを知り、防火への意識が高まるようにする。

戸外で元気にあそぶために
◆寒さで体を動かす機会が少なくなるので、園全体でラジオ体操やマラソンなどをする機会をつくり、全身が温まっていく心地よさが感じられるようにしていく。

氷作りを楽しめるように
◆園庭で氷や霜柱のできる所や日陰を観察するよう伝え、子どもたちが氷作りに必要な条件に気づくきっかけをつくる。
◆雪や氷、また冬の自然に関する絵本・図鑑などを、子どもたちが手に取りやすく、目にふれやすい保育室のコーナーに設定しておく。
◆氷探しや氷作りを通して、日なたと日陰の違いや冷気の存在に気づけるようにしていく。　詳細はP.110

みようと、カップ類に水を入れて降園。翌朝、氷ができていないかと楽しみに登園した子どもたち。カップを見にいくと、ほとんどのカップが北風に飛ばされて水も空っぽになっていた。教師は「飛ばされないように」と高さのあるプラスチック製ボックスにカップを入れた。ところが、周りのバケツなどには氷ができるのに、ボックス内のカップには氷ができないので、子どもたちもがっかり。教師はボックスのために水温が下がらないと気づき、浅いボックスに変えたところ、氷ができて、子どもたちも満足することができた。教師が解決策を提案するのではなく、もっと子どもたちが考え、いろいろ試すように促せば、学びの機会がより広がったかもしれない。

2月の指導計画 保育園

2月のねらい
◎感染症の予防など、冬の健康に気を付けて過ごす。
◎自分で気づいたり考えたりしながら、友達とかかわる。
◎劇を発表することを喜び、のびのびと表現して達成感を味わう。

※幼児期の終わりまでに育ってほしい姿 （ア）健康な心と体 （イ）自立心 （ウ）協同性 （エ）道徳性・規範意識の芽生え （オ）社会生活との関わり

	第1週	第2週
前週末の子どもの姿	●栽培しているニンジンの調理に関心をもっている。 ●節分にちなんだ鬼の塗り絵などを楽しんでいる。 ●友達とのやり取りのなかで、相手にうまく伝えられずにトラブルになる場面が見られる。	●風邪や発熱など、体調を崩している子どももいる。 ●発表する劇の役を自主的に練習している。 ●ビーズやブロックなど、細かい作業のあそびに興味がある。
ねらい・内容	◎調理への参加を喜び、楽しい食事の雰囲気を味わう。(ア)(キ) ○ニンジンの調理に意欲的に参加し、みんなで楽しく食べる。 ◎節分に関心をもち、豆まきを楽しむ。(オ)(ケ) ○節分に関連した紙芝居を見て、豆まきに意欲的に参加する。 ◎相手の気持ちに関心をもち、適切にかかわろうとする。(ウ)(エ) ○友達の表情に関心をもち、気持ちを考える。 ○相手に自分の思いを伝える方法をみんなで考える。	◎冬の健康に関心をもち、感染症の予防を意識する。(ア) ○感染症の予防の必要性を知る。 ◎自分たちで工夫しながら劇を楽しむ。(ウ)(ケ)(コ) ○演技について自分たちで気づいたことを話し合う。 ○劇に必要な物を自分たちで考えながら作る。 ◎友達とじっくりとあそびを楽しむ。(ウ)(カ)(コ)［第2週～第3週］├────── ○友達と話し合いながら細かい製作に取り組む。
環境・援助・配慮のポイント	**興味のある食材を楽しく食べられるように** ◆収穫したニンジンは、子どもたちが決めた食べ方を栄養士に依頼し、会食をする。 ◆生のニンジンを輪切りにしておき、型抜きができるようにする。型抜きをしているときは、野菜の硬さやにおいに気づきやすい言葉をかける。その後、ゆでて味わい、味や硬さの変化を感じられるようにする。 **節分の雰囲気を十分に体験できるように** ◆節分に関連した紙芝居を見せ、自分たちで作ったお面を使うことで、豆まきへの期待が高まるようにする。 ◆豆まきのときは、過剰に鬼を怖がらないように、段ボールで作った鬼を使うなど配慮する。 **友達の気持ちや思いやりに気づくきっかけに** ◆いろいろな表情の顔をかいた絵カードを使い、視覚的に感情の表し方を説明する。「どんな気持ちがあるかな？」「こんな表情のときは、どんな気持ちかな？」などと聞き、子どもたちの発言を認め、気持ちを意識できるようにする。 ◆友達に「されたらうれしいこと」「嫌なこと」についても話し合い、日常のかかわりのなかでも生かせるようにする。	**病気予防の知識を日常に生かして** ◆風邪をひくと、なぜせきや鼻水が出るのかをパネルシアターでわかりやすく伝え、自分の健康に意識を向けていく。 ◆保健師がせきやくしゃみの飛距離を実際に示しながら、感染症の予防について再確認できるようにする。　詳細はP.116 **発表への意欲が高まるように** ◆ステージで練習をして、お互いの発表を観客席から見る機会をつくる。恥ずかしがる子には、「昨日よりも、すてきだったよ」などと個別に声をかけていく。 ◆劇あそびの様子をビデオに録画し、みんなで観賞する。「どこがすてきだったかな」「大きく腕を動かすと、お客さんが見やすいね」などと投げかけ、よりよい発表に向けて子どもたち自身が気づき、話し合えるようにする。 ◆自由あそびで作ったチョウを劇で使うことを提案し、「羽が動くよう棒に付けたい」などの要望に応えていく。 **じっくりと取り組める環境を** ◆細かいビーズやてぐすなどを多めに用意し、自由にあそべるようにする。製作コーナーは、保育室の角に設定し、集中して行えるようにする。また、子ども同士があそびながらつながりをもてるような環境をつくる。　詳細はP.113
評価・振り返り・改善	**「健康に気を付けて過ごす」について** 風邪をひくと、なぜ鼻水やせきが出るのか、ということに関心をもつ子どもが多かった。「少し難しいこともわかりたい」という意欲が高まってきているときだったので、タイミングよく伝えられた。また、くしゃみやせきの飛散距離について、テープを使って実際に飛散距離を示すと、	その長さに驚き、せき・くしゃみをするときのエチケットがわかりやすい内容になったと思う。戸外であそんだ後の手洗いなど、寒い時季は雑に行いがちなので、今後も、風邪予防に関する言葉かけを意識して行っていきたい。

家庭との連携	教材資料	2月の予定
・風邪やインフルエンザ、流行性の胃腸炎などの予防について伝え、子どもの体調や生活リズムに関する情報交換を密に行う。 ・劇あそびに向けた子どもの様子について、少しずつ伝えていく。	**うた** こんこんクシャンのうた（作詞＝香山美子　作曲＝湯山 昭） ぞうさんのぼうし（作詞＝遠藤幸三　作曲＝中村弘明） **うたあそび** ビスケットをやきましょう **絵本** さっちゃんとなっちゃん（教育画劇） ふんふんなんだかいいにおい（こぐま社）	・避難訓練・誕生会・身体測定・保育参加・個人面談 ・節分（豆まき）・みんなでありがとうの会※

食育
・先月から興味が続いているニンジンの調理や会食を楽しむ。
・しっかりと栄養をとることが感染症予防につながることを知る。

(カ)思考力の芽生え　(キ)自然との関わり・生命尊重　(ク)数量や図形、標識や文字などへの関心・感覚　(ケ)言葉による伝え合い　(コ)豊かな感性と表現

第3週

- ●「みんなでありがとうの会」に期待している言葉が聞かれる。
- ●戸外で霜や氷など、冬の自然にふれながらあそんでいる。

◎発表することを喜び、のびのび表現して達成感を味わう。(ウ)(ケ)(コ)
○劇を披露する主旨を再確認し、製作活動をする。
○クラスのみんなで力を合わせて、劇を発表する。
◎氷や雪の感触を楽しむ。(カ)(キ)
○戸外で雪や氷を使ってあそぶ。
○友達と共同で、少し高度なあそびに挑戦してみる。

みんなで力を合わせることの楽しさと充実感を
◆「みんなでありがとうの会」の意味を話し合い、保護者への感謝の気持ちを込めて、自分の顔をかいて掲示する。また、製作コーナーで自由に気持ちを表現できるように、画用紙や色鉛筆、はさみなどを用意しておく。　**詳細はP.115**
◆「すてきなところを見てもらおうね」など、ひとりひとりが十分に力を発揮できるように声をかける。

冬ならではの自然にふれて
◆降雪があったときなどは柔軟に計画を変更し、戸外で雪にふれる機会を設ける。また、「冷たいね」「解けちゃうね」など、雪や氷の特徴に気づくような言葉をかけ、さまざまなあそびを提案する。

友達と一緒に挑戦するおもしろさを十分に味わう
◆細かい模様の塗り絵、ビーズ製作など、あそびごとにコーナーを設置し、数人でじっくり取り組めるようにする。　**詳細はP.113**
◆友達と共同で段ボールを使った製作に取り組めるよう、保育室に広いスペースを作る。「友達と協力するとできるかもしれないね」など、友達と一緒に行うきっかけになるよう声をかける。　**詳細はP.113**

第4週

- ●戸外活動の際に、園に戻る時間になっても集合せず、あそび続ける子がいる。
- ●劇の発表について思い出し、話す姿が見られる。
- ●ひな祭りについて、友達と話をしている。

◎ルールを守りながら、園外での活動を楽しむ。(エ)(オ)(ク)
○園外活動で気を付けることを再確認する。
◎いろいろな友達と一緒に、劇の余韻を楽しむ。(ウ)(ケ)(コ)
○年下のクラスの前で劇を見せたり、踊りを教えたりする。
◎季節の行事の雰囲気を味わう。(オ)(ケ)
○ひな祭りの由来や内容について知る。
○ひな人形を作る。

園外で安全にあそぶために
◆園外活動の際は、保育士の目の届く範囲であそび、帰りは集合するなどのルールを再確認する。事前にあそぶ場所の写真や絵などを使い、「この場面では、どんなことが危ないかな？」など、危険な行為を具体的に話し合う。
◆あそんでいる間も、子どもたちが自らルールを守れたときは、褒めたり認めたりすることを繰り返していく。

楽しかった行事の余韻を十分に楽しむ
◆いつでも劇の歌をうたったり踊ったりできるように、CDやデッキ、衣装や小道具を自由に使えるように準備しておく。
◆子どもの要望にこたえて年下児のクラスで劇を披露する機会を設定する。披露した後は「優しく教えられたね」など、年下の子どもとのかかわりを意識した言葉をかける。　**詳細はP.115**

ひな祭りの行事に興味がもてるように
◆絵本や紙芝居などで、由来をわかりやすく説明する。
◆様々なひな人形の写真を見せた後、実物を見せ、イメージをもちやすくして、おひな様とお内裏様の配置がわかるよう、テーブルごとにひな飾りの写真が載った広告を置く。
◆製作には千代紙を使い、ひな祭りの曲をBGMにして行うなど、雰囲気を楽しみながら作れるようにする。

「みんなでありがとうの会に積極的に参加する」について
先月から続いている劇の活動なので、さらに細かい表情まで工夫できるようになった。「この場面で、○○は、どんな気持ちかな？　どんな顔がいいかな？」などと声をかけ、子どもたちが考えたり工夫できるように援助しながら進めることができた。また、虫がたくさん登場する劇だったので、事前に昆虫の生態がわかるビデオで虫の飛び方などを観察したところ、「こうやって飛ぶんだよ」などと自分たちで工夫する姿も見られた。自分の登場場面以外にも興味をもち、舞台のそでで一緒に歌ったり踊ったりする子どもが多くいた。みんなで協力する気持ちが継続するように、今後も集団活動を取り入れていきたい。

1・2・3月 指導計画

※「みんなでありがとうの会」＝歌や踊り、劇の披露などを通して、周りの人へ感謝の気持ちを表す会。

2月の指導計画 幼稚園

CD excel → 幼稚園 → 月間 → P104_4歳2月_幼

2月のねらい
◎室内での安全な生活の仕方を身につける。
◎自分の意思を伝え、人の話も聞こうとする。
◎友達と共通の目的をもって活動に取り組み、充実感を味わう。
◎冬から春への自然の変化に興味や関心をもつ。

※幼児期の終わりまでに育ってほしい姿　(1)健康な心と体　(2)自立心　(3)協同性　(4)道徳性・規範意識の芽生え　(5)社会生活との関わり

	第1週	第2週
前週末の子どもの姿	●登園後に、ラジオ体操とマラソンをするという意識が出てきて、朝の身支度も早くなってきた。 ●新しい保育室にも慣れ、年長組になることを心待ちにしている様子が見られる。	●インフルエンザ・風邪などによる欠席が多くなってきた。保育時間中に体調を崩す子もいる。 ●5歳児から引き継いだ当番活動などで、お互いに教え合ったり、片付けたりと意欲的に取り組んでいる。
ねらい・内容	◎安全な生活の仕方を身につけ、進んで行う。(1)(4) ○室内での安全を意識し、約束を守って過ごす。 ◎友達と共通の目的をもって活動に取り組み、充実感を味わう。(2)(3)(6)(9)〔第1週〜第2週〕 ┄┄┄┄┄┄┄┄→ ○アイディアを出し合いながら、あそびに必要な物を作る。 ◎節分に興味をもち、豆まきを楽しむ。(5)(6)(10) ○鬼の面やますを工夫して作る。 ○節分の意味を知る。	◎清潔や整とんの意識をもつ。(1)(2)(4) ○共有物を整えたり、ごみを拾ったりする。 ○友達と協力して一日入園の準備に取り組む。 ◎冬の自然の心地よさを感じる。(7)(10) ○日だまりの暖かさに気づく。
環境・援助・配慮のポイント	**安全な生活を行うために** ◆室内での活動が多くなるので、「急に廊下へ飛び出さない」など安全に過ごすための約束について思い出せるように話し、実行できるように話し合う。　**詳細はP.116** ◆室内の過ごし方など、4歳児から3歳児に教える機会をもち、自らが手本になって生活できるようにする。 **共通の目的をもってあそべるように** ◆友達と一緒に廃材で車作りをしてあそぶなかで、出し合っているイメージや考えを周りの子にも伝えたり、車を実際に走らせる作り方を提案したりして、道作りなどへ発展するよう教師が仲立ちをしていく。 ◆子どもひとりひとりが考え、工夫しているところを十分に認め、自信をもって取り組めるように援助していく。 **節分や豆まきに興味をもつきっかけを** ◆鬼のお面やますを作る前に絵本で由来を伝え、関連した歌やダンスなどを通して、節分に興味がもてるようにする。　**詳細はP.112** ◆「いじわる鬼」など心のなかにいる鬼について話をし、自分の友達への行動や態度を振り返る。	**清潔な幼稚園への意識を高めるために** ◆ひとりひとりが共有物を整えたり片付けたりすることで、気持ちのよい生活ができることを話す。自ら進んでスリッパを片付けたり、ゴミを拾ったりしている子どもを、教師が認め、褒めることで、ほかの子の意識も高めていく。　**詳細はP.116** **友達と一緒に一日入園に向けて取り組む** ◆入園予定の未就園児を招待する「一日入園」では、4歳児が中心になって進めていくことを話す。小さい子と何をしたら楽しいか、当日の受け付けや誘導などの役割分担をどうするかなど、みんなで話し合ってから準備を進める。 ◆受け付けや未就園児とのかかわりのなかで、自分たちの成長を感じられるように「優しく上手に教えてあげているね」などと、声をかける。 **冬ならではの自然を感じる** ◆日だまりでままごとなどをしてあそんでいる子どもたちに、日ざしの暖かさを意識する言葉をかけたり、みんなで日陰に行ってみて気温差を比べてみるよう提案し、太陽の力を体感できるようにする。

評価・振り返り・改善

「自分の意思を伝え、人の話も聞こうとする」について
子どもたちのあそびを丁寧に聞き取り、周りの子どもたちに仲立ちしていくと、イメージの共有になり、楽しさも倍増した。一部の子どもたちが始めた「温泉ごっこ」に教師も加わり、周りの子どもたちと一緒に「何しているの？」「どこから入るの？」と聞きにいった。すると、得意げに「ここから入るよ」「入場券はこれ」「服はここで脱いでね」「温泉はこちらです」と説明していた。こうして温泉ごっこのイメージが友達から周りの子にも伝わり、ほかの学年の子も加わって、「タオルや洗面器、シャワーもいるんじゃない」などと次々と楽しいアイデアを話し合ってあそびが盛り上がり、大にぎわいとなった。

家庭との連携	教材資料	2月の予定
・園生活での子どもの姿を具体的に保護者へ伝え、一緒に成長を感じられるようにする。 ・年度末の行事予定を具体的に伝え、進級へ向けて期待をもてるようにする。	**うた** おにのパンツ （作詞＝不詳　作曲＝L．デンツァ） １年生おめでとう （作詞＝佐倉智子　作曲＝おざわたつゆき） **うたあそび** ラーメン体操 **絵本** ライオンのすてきないえ（学研）	・豆まき会 ・一日入園（入園予定者向け体験入園） ・おもいで遠足 ・サッカー教室 ・交通教室 ・誕生会 ・避難訓練

(6)思考力の芽生え　(7)自然との関わり・生命尊重　(8)数量や図形、標識や文字などへの関心・感覚　(9)言葉による伝え合い　(10)豊かな感性と表現

第3週

- 気の合う友達グループ以外の友達にも声をかけ合ってあそぶこともあり、かかわりが広がってきている。
- 「一日入園」の準備や当日の活動を通して、年長になることを楽しみにする言葉が聞かれる。

◎自分の意思を伝え、人の話も聞こうとする。(1)(6)(9)
○自分の体調を教師に伝える。
○ごっこあそびでやり取りを楽しむ。
◎ルールのあるあそびを楽しむ。(1)(4)(5)
○サッカー教室に参加する。
○5歳児とルールのあるあそびをする。
◎栽培している植物の変化に関心をもつ。(6)(7)
○育てている草花を観察し、変化に気づく。

自分の話を伝えたり、相手の話を聞いたりできるように
- 自分の手足や顔、胸などにふれて体温を確かめることを伝え、普段と違うと感じたときは、教師に言う大切さについて話す。
- 教師がごっこあそびに加わり、「この温泉はどこから入るの？」などと質問し、その回答を聞いてみんなで楽しめるようにする。

ルールのあるあそびを楽しむために
- ドッジボールなど5歳児のあそびに加わる機会をつくり、ルールを5歳児に教えてもらえるようにする。また、ルールが明確でチームプレーが求められる運動あそびをするために、外部講師から教わるサッカー教室に参加する。
- あそびのなかでトラブルが生じたときには、子どもたちで解決しようとする姿を見守り、必要ならば教師が間に入り、ルールを守れていたか確認できるよう話し合う。

自然の変化に興味がもてるように
- プランターの草花を日々世話をし、興味をもって見る姿を認め、つぼみの膨らみなどに気づけるよう声をかける。
- 花が咲くころには自分たちも進級することを伝え、チューリップの生長に期待を高められるようにする。

第4週

- 遊具を組み合わせたり、友達とあそび方を工夫したりして楽しんでいる様子が見られる。
- 友達や教師の話を聞こうという意識も高まり、少し長い時間でも静かに聞けるようになってきている。

◎あいさつの習慣を身につける。(1)(5)(9)
○園の内外で気持ちのよいあいさつをする。
◎「おもいで遠足」を友達と楽しむ。(1)(2)(5)
○「おもいで遠足」に参加し、友達とあそんだり、会食したりする。
◎ひな祭り会に期待をもつ。(5)(10)
○ひな人形を作り、飾る。

気持ちよくあいさつができるように
- 朝、昼、帰りのあいさつの言葉をはっきり言えるように、教師が率先して子どもや保護者に元気にあいさつをする。
- 「おもいで遠足」に出かける前には、園外で出会った人にも、気持ちのよいあいさつや返事ができるよう、どんなあいさつの仕方がよいか話し合う。

「おもいで遠足」を楽しむために
- 「おもいで遠足」では、グループごとに空き缶タワーなどのミニゲームをして楽しめるようにする。
- 昼食バイキングでは、自分で配ぜんや食器の片付けができるように、友達同士で助け合うことを伝える。

ひな祭りに関心をもつきっかけを
- 実物のひな人形の飾り付けを子どもたちと一緒に行い、教師がそれぞれの人形や道具の名前を伝えたり、絵本を読んだりして、ひな祭りの行事に興味がもてるようにする。
- ひな人形を丁寧に作れるように、実物を見せながら「きれいなお顔ね、大切に作ろうね」と声をかける。
- 丁寧に作った喜びが味わえるように、完成した人形を飾ったり、友達と一緒に見たりする。

「友達と共通の目的をもって活動に取り組む」について

一日入園での子どもたちの役割は、予定では「受け付け」「ダンスを披露する」「お土産を渡す」などだったが、当日の4歳児は「制服の試着コーナー」で小さい子どもたちに、園の制服を着せてあげたり、脱いだ服をきれいに畳んだりして、一生懸命世話をしていた。教師だけでなく、周りの保護者からも、「とっても上手ね」「幼稚園のお姉さんたちは、なんでもできるのね」などと褒められ、とてもうれしそうだった。このような気持ちを活動の自信や意欲につなげていきたい。

1・2・3月指導計画

3月の指導計画 保育園

3月のねらい

◎年長組になる自覚をもち、進級に向けて期待感を高めていく。
◎1年間を振り返り、成長を感じる。
◎5歳児へ感謝の気持ちや親しみをもつ。

※幼児期の終わりまでに育ってほしい姿　（ア）健康な心と体　（イ）自立心　（ウ）協同性　（エ）道徳性・規範意識の芽生え　（オ）社会生活との関わり

	第1週	第2週
前週末の子どもの姿	●卒園する5歳児について話をしている。 ●給食で、好きな物だけ多く食べるような姿が見受けられる。 ●暖かくなり、戸外活動を楽しみにしている。	●なわとびに挑戦する子どもが増えている。 ●余震が発生したり、避難指示のチャイムが鳴ったりすると敏感に反応し、机の下などに素早く隠れる。 ●5歳児に「何かプレゼントしたい」と言っている。
ねらい・内容	◎いろいろな食べ物に興味をもち、食べてみようとする。(ア) ○栄養に興味をもち、楽しく食事をする。 ◎卒園式に興味をもつ。(ウ)(オ) ○卒園の意味を理解する。 ○卒園児へプレゼントを作る。 ◎春の散歩を楽しむ。(キ) ○菜の花摘みをする。	◎友達と運動あそびの楽しさを共有する。(ア)(イ)(ウ) ○集団ゲームに参加する。 ○なわとびや跳び箱などに挑戦してみる。 ◎落ち着いた雰囲気のなか、集中してあそびを楽しむ。(カ)(ク)(コ) ○好きなあそびを十分に行う。 ◎5歳児へ感謝の気持ちや親しみをもつ。(オ)(ケ)(コ)〔第2週〜第3週〕 ○5歳児に気持ちを込めて掲示物の製作をする。
環境・援助・配慮のポイント	**楽しい食事につながるきっかけを** ◆食べ物の栄養素について、パネルシアターを使って、視覚的に理解しやすいように伝える。 ◆食事の際には、バランスよく食べることが丈夫な体をつくるために大切なことを伝えながら、「どんな栄養が入っているのかな？」など、子どもが食べ物の栄養に関心をもてるように言葉をかけ、無理なく楽しく食べられるようにする。 **卒園のイメージがもてるように** ◆「今の年長組さんたちは、次はどこに行くのかな？」と投げかけ、5歳児がもうすぐ就学することを話すことで、卒園についてわかりやすく伝える。 ◆卒園式についてもふれながら、感謝の気持ちがもてるよう、5歳児にしてもらったことを振り返る。クラスで話し合って決めたペンダント作りの材料を用意する。 **春らしい雰囲気を感じる** ◆道端の草花や虫などに目を向けられるように、ゆったりと歩くようにする。「少し暖かくなってきたね」など、季節の変化を感じられるような言葉をかける。 ◆3歳児と近隣の畑へ行き、一緒に菜の花摘みを体験し、1学年大きくなることに期待できるようにする。	**クラスのみんなで一体感を感じられるように** ◆今まで経験してきたいす取りゲームなどのゲームをしているときに、「話し合って、決められたね」などと言葉をかけ、友達同士で調整し、ゲームを進められるようになったことに気づけるようにする。　詳細はP.118 ◆園庭に、なわとび練習場と友達のなわとびの様子を見学するスペースを作り、挑戦する意欲を高める。　詳細はP.118 ◆跳び箱に1人ずつ挑戦し、友達の頑張る様子を一緒に見て褒めたり、応援し合ったりできるようにする。 **好きなあそびに夢中になれる環境を** ◆得意なことや好きなあそびを落ち着いてできるよう、製作コーナーに粘土や日用品などを用意し、十分に素材を使えるようにする。また、友達とあそべる大きくつなげたテーブルやじっくりと取り組める個人スペースなど、様々な場を用意し、選んで使えるようにする。 **5歳児に感謝の気持ちを表す** ◆5歳児への「ありがとうコーナー」を設ける。長い模造紙に絵をはり、保育士がそれぞれから聞いたメッセージを絵の横に書く。出来上がったら、5歳児の目につきやすいよう、みんなで階段の踊り場に掲示する。　詳細はP.117
振り返り・評価・改善	「進級に向けて期待感を高める」について 3歳児クラスと合同で行った散歩では、年上らしさを発揮しようと頑張る姿が見られた。「もうすぐ年長組だから、疲れても頑張る」「（年少さんは）歩道側を歩いてね」と、年下の子どもに優しく接していた。春を感じる散歩が目的だったが、進級を意識した子どもたちの態度を見るこ	とができた。また、5歳児の保育室で過ごす体験を取り入れたことで、あそびや生活について具体的にイメージすることができ、期待感を高めるきっかけになった。進級に対して不安感をもっている子どももいるので、継続して個別に丁寧な援助をしていけるように配慮していきたい。

家庭との連携

・クラス懇談会を行い、子どもの1年間の成長を共有すると共に、進級への見通しがもてるように、5歳児の活動内容などを伝える。**詳細はP.125**
・保護者アンケートや送迎時の会話、面談などで、保護者の気持ちを十分に受け止められるようにし、安心して進級を迎えられるようにする。

教材資料

うた かわいいかくれんぼ
（作詞＝サトウハチロー　作曲＝中田喜直）
すうじの歌
（作詞＝夢 虹二　作曲＝小谷 肇）

うたあそび トコちゃん

絵本 いっぽにほさんぽ！（ポプラ社）
ちゃんとたべなさい（小峰書店）

3月の予定

・避難訓練　・誕生会　・身体測定
・ひな祭り　・卒園式　・保育参加　・個人面談

食育

・栄養のバランスについて理解し、食事に生かそうとする。
・友達と一緒に楽しい雰囲気のなかで、ひな祭り会食をする。

（カ）思考力の芽生え　（キ）自然との関わり・生命尊重　（ク）数量や図形、標識や文字などへの関心・感覚　（ケ）言葉による伝え合い　（コ）豊かな感性と表現

第3週

● 進級する話を聞き、身の回りの整理整とんをし始めている。
● 卒園式の参加を楽しみにしながらも、5歳児の友達が卒園することを寂しがる言葉も聞かれる。

◎ 大掃除の気持ちよさを味わう。（イ）（ウ）（オ）
○ 移動に向けて、ロッカーの整理をする。
○ 年下の子のために保育室の大掃除をする。

○ 卒園式に参加する。

1年間使った場所をきれいにする意識を

◆ ひとり1枚ぞうきんを渡し、個々のロッカー掃除から始める。終わった子から、ほかに掃除したい場所を自分で選ぶようにし、意欲的に取り組めるようにする。「1年間、みんなで使ったから、汚れている所があるかもしれないね。どこかな？」と話し、子どもたちが気づきやすいようにする。**詳細はP.119**
◆「次は、このお部屋をだれが使うのかな？」などと、4月に進級する年下の子どもたちが引き継ぐことを意識できるようにする。**詳細はP.119**
◆ 掃除中に、子どもたちの好きな音楽をかけるなどして、楽しみながら取り組めるようにする。

卒園をお祝いする雰囲気を

◆ 卒園式に参加し、4歳児全員から5歳児へお祝いの言葉と歌を贈ることを伝える。どんな言葉を贈るか話し合う機会をもち、参加への意欲や祝う気持ちがもてるようにする。
◆ 卒園式のリハーサルに参加し、式の雰囲気を感じられるようにする。当日は、卒園児の立派な姿について「お兄さんたち、とってもすてきだね」など、感じたことを伝えていく。
◆ 卒園式に主体的に参加できたことを十分に褒めて、「自分たちも卒園のお祝いができた」と感じられるようにする。

第4週

● 5歳児から引き継いで飼育するカメの世話について話している。
● 進級への期待が高まってきている子どもと、少し不安を感じている子どもがいる。

◎ 年長組になる期待感を高める。（イ）（オ）
○ 5歳児から引き継ぐ仕事について知る。
○ 5歳児の生活を体験する。
◎ 1年を振り返り、成長を感じる。（イ）
○ 1年間の作品整理を行う。

新しい生活に期待をもてるように

◆ 3～4日間程度、5歳児の保育室で生活できるようにする。ロッカー、靴箱なども移動し、進級への戸惑いや不安が少なくなるようにする。
◆ おもちゃや絵本など、共同で使う物を確認し、「カメの世話は、どんなことをすればいいのかな？」「給食の配ぜんは、どこですればいいのかな？」など、保育室の使い方や流れ、内容が具体的に理解できるように丁寧に伝えていく。
◆ 5歳児が中心で使っている絵本コーナーの使い方を伝え、自由あそびのなかで積極的に利用できるようにする。
◆ 5歳児と一緒に、バルーン遊戯やソーラン節など年長組の運動会の種目を行い、運動会の楽しさを思い出し、進級後は自分たちが行うことに期待をもてるようにする。

1年間を楽しく振り返る

◆ 1年間の作品整理を行い、年中組へ進級したばかりのころと最近の作品を比べながら、「今は、もっともっとかけるようになりましたね」など、自分の成長を感じられるような言葉をかける。また、「このときは、散歩に行って、落ち葉を集めてきたよね」など、作品を作ったころのエピソードなどを交えながら、楽しく進めていく。**詳細はP.119**

「1年間を振り返る」について

大掃除や作品整理、5歳児との運動会ごっこなどを通して、1年間の様々なエピソードを思い出し、子ども同士で「これ、懐かしい！」などと語り合う場面も見られた。また、1年間を振り返ることで、自然と自分たちの成長も感じ、進級への自覚がもてた様子だった。1年間の活動やあそびの様子を撮影した写真などを使って、スライド観賞をすると、子どもたちもより楽しめるのではないかと感じた。

3月の指導計画 幼稚園

→幼稚園 →月間 →P108_4歳3月_幼

3月のねらい
◎友達と一緒に活動する楽しさを味わう。
◎1年間を振り返り、進級することへの期待をもつ。
◎園内外の自然にふれ、春の訪れに関心をもつ。

※幼児期の終わりまでに育ってほしい姿 (1)健康な心と体 (2)自立心 (3)協同性 (4)道徳性・規範意識の芽生え (5)社会生活との関わり

	第1週	第2週
前週末の子どもの姿	●ひな人形製作のときには、それぞれが工夫したり、思いを込めたりして、真剣に取り組んでいた。 ●気の合う友達との間で少しずつ、相手の動きを見て考えを聞こうとする姿が見られるようになってきている。	●修了式やお別れ会に向けての準備をしたり歌をうたったりしていくなかで、進級することに期待する言葉が聞かれる。 ●菓子作りで、友達と力を合わせて取り組んでいた。
ねらい・内容	◎友達と一緒に活動する楽しさを味わう。(3)(4)(5)(9)〔第1週〜第2週〕---------→ ○ひな祭り会に参加する。 ○クラスの友達と一緒にお菓子を作る。 ◎進級することを喜び、期待をもつ。(2)(3)(5)〔第1週〜第2週〕---------→ ○修了式会場の飾り付けを行う。 ○5歳児へプレゼントを作る。 ◎身近な自然にふれ、関心をもつ。(5)(6)(7)〔第1週〜第2週〕---------→ ○イチゴの苗を植え替える。 ○自分たちで植えたチューリップを観察する。	○クラスでやりたいあそびをリクエストする。 ○異年齢で鬼ごっこなどをしてあそぶ。 ○主体的にお別れ会の準備をする。 ○お別れ会に参加する。 ○園外に出かけ、植物の生長から春を感じる。
環境・援助・配慮のポイント	**友達と一緒に活動する楽しさを味わうために** ◆クラスでひな祭りの歌をうたったり、記念の写真を撮ったりしてひな祭り会を楽しむ。 ◆クラスでカップケーキなどのお菓子の調理をする機会を作り、相談しながら飾り付けの材料を選ぶ楽しさや、出来上がった菓子を友達と一緒に食べる喜びが味わえるようにする。 **進級への喜びや期待をもって生活するために** ◆進級や5歳児の卒園が近づいていることを話し、会場をきれいに飾ることを提案する。　　　　　　　　　　詳細はP.117 ◆お別れ会に向けて5歳児に喜んでもらうことを考え、気持ちを込めてキーホルダーを作ってプレゼントできるようにする。 **春の自然にふれて楽しむ** ◆イチゴの葉や根を観察し、冬を越して大きくたくましくなったことを話す。 ◆地域の方を招き、イチゴの苗の植え方を直接指導してもらい、世話をする意欲がもてるようにする。 ◆みんなで植えたチューリップなどの花の生長に気づけるよう、花壇やプランターを一緒に観察する時間を設ける。	**いろいろなあそびを楽しむために** ◆一日のなかに「子どもたちのリクエストにこたえる時間」を設定する。毎回何をしてあそびたいかを話し合って決め、クラス全体で楽しく取り組んでいくようにする。 ◆異年齢で鬼ごっこなどをする機会をつくり、3歳児に声をかけるよう促したり、5歳児に誘ってもらうよう声をかけたりして、あそびのなかで自然なかかわりをつくる。 **自分たちが中心になって「お別れ会」を進めるために** ◆5歳児への感謝の気持ちをもって、活動を進めていけるように、一緒にあそんだことなどを思い出せる言葉かけをして、ゲームの係の分担などを決められるようにする。　　　詳細はP.117 ◆リレーを異年齢のチーム対抗にしたり、全園児一緒に食事をしたりして、園全体で交流できるようにする。 **春の訪れを感じる園外保育を** ◆近くの公園まで行き、木の芽吹きなど、自然の変化に気づけるような言葉をかけていく。
評価・振り返り・改善	「1年間を振り返り、進級することへの期待をもつ」について 1月中に年長組の部屋への引っ越しを済ませていたこともあり、3月には進級への意識がぐんと育ってきている。「自分たちが大きい組になる」ということもわかり、年長組だけが行う当番活動なども大張り切り。そのようななかで、4歳児クラスの思い出を十分に振り返るよう、1年間の作品を整理したり、楽しかった活動を話し合ったりして、安定した気持ちで過ごす時間を意識的につくることで、落ち着いて進級を迎えられるようにしていく。	

家庭との連携	教材資料	3月の予定
・園生活や修了式での姿を伝え、子どもの成長の喜びに共感し、園と家庭が協力し合う大切さを再認識できるようにする。 ・1年間の様々な保護者の協力に感謝し、その思いを伝えていく。	**うた** うれしいひなまつり（作詞＝サトウハチロー　作曲＝河村光陽） 　　　まきばの合唱団（作詞・作曲＝阿部直美） **うたあそび** 黄色い電車 **絵本** カラスのパンやさん（偕成社） 　　　11ぴきのねこ（こぐま社） 　　　おまえうまそうだな（ポプラ社）	・ひな祭り会 ・お別れ会 ・修了式

(6)思考力の芽生え　(7)自然との関わり・生命尊重　(8)数量や図形、標識や文字などへの関心・感覚　(9)言葉による伝え合い　(10)豊かな感性と表現

第3週

- ●お別れ会などを通して、みんなで相談したり力を合わせたりした経験を話題にし、様々なことに自信をもつようになってきている。
- ●5歳児から引き継いだ仕事を積極的に行っている。

◎春休み中の安全な過ごし方に関心をもつ。(1)(4)
○安全な過ごし方を知る。
◎1年間の生活を振り返り、進級に期待する。(1)(2)(3)(4)
○1年間の作品を整理する。
○友達と協力して、園舎内外をきれいにする。
○修了式に参加する。

春休みを元気に過ごすために
◆交通事故防止のために、道路を歩くときの安全について話し合う。また、4月からは年長組になるので、年下の子に優しくするよう話をし、期待をもって春休みを過ごせるようにする。

1年間を振り返り、成長を感じられるように
◆一緒に大きくなったことを喜び合えるように、1年間の作品の整理をするときに、友達と見せ合うよう声をかける。
◆保育室やロッカーなど、自分たちが使ってきた場所の掃除を、グループごとに分担し、みんなで協力してきれいにし、気持ちよさを味わえるようにする。
◆砂場遊具など、5歳児が片付け担当の共用の場もきれいに洗ったり整理したりして、年長児になることを楽しみにする。
◆修了式の会場準備のために自分でいすを運ぶなどして、主体的に参加する意識が高まるようにする。
◆修了式当日は、ふさわしい態度で臨めるよう話をし、厳粛ながらも温かい雰囲気を大切にして、進級への期待をより強くもてるようにする。また、1年間の成長や頑張りを認め、ひとりひとりが進級することに自信をもてるように励ましの言葉をかける。

第4週

春休み

春休み中にすること
・個人記録の記入
・指導要録のまとめ
・出席簿などの整理
・新年度の名簿作成
・入園式準備（配布物など）
・入園式会場準備
・保育室整備
・園舎、園庭の整備

「友達と一緒に活動する楽しさを味わう」について
5歳児の「お別れ会」を中心になって準備していくなかで、ひとりひとりが5歳児に対して感謝の気持ちを込めて会を進めていこうとしている姿が、話し合いのときに見られた。教師は、例年にならうようなことはせず、子どもたちのアイディアを最大限に引き出し、実行できるよう援助していくことを大切にしていきたい。

1月2月3月の保育資料

氷できるかな実験

指導計画 P.101

寒い日が続き、冬の自然に興味をもち始めた子どもたち。氷作りを通して、さらに興味を深めていきました。

こんなふうに

「氷を作ろう」と思い立った子どもたちは、プラスチックのカップに水を入れて、日陰に置いて降園。翌日見に行くと、風でほとんどのカップが飛ばされて、水も空っぽ。がっかりした子どもたちの様子を見て、どうしたらうまくできるか、保育者と一緒に考え、いろいろ試していきました。

●いろいろ試して

「袋に入れれば、風で飛ばされない」とやってみたが、氷にならない。

「水が多いとなかなか凍らないみたい」と、少し減らしてみる。

●こんなのできた！

花びらを入れたら、きれいな氷ができた！

カップが風で飛ばないように、ケースに入れてみた。でも、なかなか氷にならない。隣の大きい入れ物は、厚い氷ができている。どうしてか考えた。

こっちは凍っているのに……。

すごいでしょ！

枝を入れておいたら、そのまま凍った！

実践者より

カップが飛ばされるからと、保育者が用意したプラスチックケースに入れてみました。ところが、ケースの中の温度が下がらず、また、冷たい風にも当たらないため、なかなか凍りません。そこで浅いケースに変えてみたところ、氷ができ始め、子どもたちは大喜び。冷気に当たらないと氷ができないということを実感できました。

友達とこまあそび

指導計画 P.98

こまにカラーペンで色をつけ、自分だけのオリジナルこまにします。

こんなふうに
製作時間に差が出るため、色つけスペースとあそぶスペースを分けて設定。お正月の話をしながら、楽しんで取り組んでいました。

● 色をつけて

きれいでしょ。

色つけでは、じっくり模様を考える子ども、ダイナミックに一気に仕上げる子どもなどいろいろ。

● 回してあそぶ

色つけを終え、早速回し始める子どもたち。付けた模様によって、回ったときの色の変化がおもしろい。

実践者より

回せるようになった子どもに、保育者が「こま回しの先生、お願いします」と言うと、張り切って友達に教える姿も見られました。

ここだとよく回るよ！

ままごとの流し台の中だとうまく回ることを発見。

親子でたこ作り

指導計画 P.101

保育参観では、親子でたこを作りました。親子で協力した製作は、よいふれあいの機会にもなりました。

用意する物
カラーポリ袋、竹ひご、たこ糸（約1m）、段ボールまたは牛乳パック

作り方

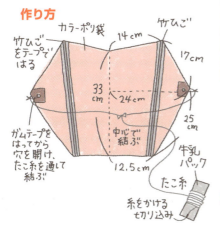

絵をかくのは子ども。糸を縛ったり竹ひごを付けたりするのは、保護者に手伝ってもらう。

できたよ！うまく揚がるといいな。

実践者より

たこが完成したら、園庭に出て親子でたこ揚げを楽しみます。その後もたこは園に置いておき、自由に楽しみました。

園庭は狭く、糸が絡まったりぶつかったりして危険なので、一方通行のたこ揚げコースを作った。

1・2・3月保育資料

111

鬼のお面を作ろう

指導計画 P.99、104

節分が近いことを話し、興味が高まったところで、鬼のお面作りに取り組みました。

○、△、□のパーツで

用意する物
色画用紙、○△□に切ったパーツ、画用紙と輪ゴムで作ったバンド

作り方
① 好きな色の画用紙を選び、顔や角をかいて切り取る。
② 顔に角をはり、目・鼻・口などは、○△□のパーツも使いながら作っていく。
③ 紙のバンドをホッチキスで留めて完成。

用意したパーツを使わず、自分でこだわりの目を製作中。

できた！

まて〜！
出来上がったお面を付けてあそぶ時間をとっておくと、早速「鬼」になりきる子どもたち。

実践者より
自分で形を作ることが苦手な子どもも、パーツをはることで顔ができたという達成感が得られるようにしました。

お花紙やひもで飾って

用意する物・準備
画用紙（直径16〜17cmの丸をかいておく）、お花紙（1/4に切っておく）、顔のパーツ（色画用紙を切って作っておく）、毛糸

作り方
① 絵の具で、画用紙の丸の中を塗る。

線を縁取ってから塗る子、中央から塗り始める子など、様々。

② 絵の具が乾いたら、はさみで切り取る。保育者が周りにパンチで穴を開ける。

③ お花紙を丸め、髪の毛に見立ててはる。
※はる位置を保育者が鉛筆でうすくかいておく。

お花紙は優しく丸め、4〜5つかためてはる。

④ 角、目、鼻などのパーツを選んではり、顔を作る。

はり方によって、いろいろな表情になる。

⑤ 2本、好きな色の毛糸を選び、穴に通していく。
※保育者が、2本の毛糸をまとめて端をテープで巻き留めておく（通しやすいように）。
※一周通し終わったら、保育者が裏に留めておいたテープを外して毛糸を結び留める。

スタートは保育者が通しく裏からテープで留めておく。

できた！
自作のお面にはベルトを付けて頭にかぶれるように。

お部屋でじっくりあそび

指導計画 P.102、103

じっくりあそび込むようになりました。友達とかかわりながら、落ち着いてあそべる環境を整えています。

段ボールで飛行機作り

お気に入りの人形でままごとあそびをしていた2人に、保育者が段ボール箱を持ってきて「使う？」と聞きました。すると、「飛行機にする！」と言って、すぐに製作がスタート。難しいところは保育者が手伝いながら、ペン・クレヨン・画用紙・ガムテープなどを自由に使って作っていると、徐々に友達が集まってきて、数人でのあそびになりました。

2人で始めた飛行機作り。段ボールで座席を作り、人形を座らせている。

徐々に人数が増えていき、いろいろなアイディアがプラスされていく。

手先を使ったあそび

あそびごとにコーナーを設けて材料を用意すると、数人の子どもたちが集まって、じっくり取り組みます。

●ビーズコーナー

糸にビーズを通して、ネックレス、指輪、ブレスレットなどを作ります。ビーズは大小用意し、扱いやすい物を自分で選べるようにしました。

●粘土コーナー

粘土は、ふた付きバケツに入れてあり、好きな量を自由に使えるようにしています。

細かい作業ができるようになり、作品の幅も広がってくる。

子どもの自由な発想に任せると、粘土ベラも腕に変身。

●塗り絵コーナー

細かい模様のかかれた紙を用意し、ペンや色鉛筆などで、狭い空間を集中して塗ります。

細かい作業の好きな子、塗り絵好きな子が集まり、じっくりと集中して取り組んでいる。

1・2・3月保育資料

みんなでありがとうの会

指導計画 P.98、99、103

来月の「みんなでありがとうの会」（生活発表会）に向けて、楽しみながら表現活動を行っていきます。

劇あそびの導入

子どもたちに、「ありがとうの会」があることを伝え、「みかん組さんは虫が好きだから、こんなお話はどうかな？」と、絵本『みつばちマーヤの冒険』を読みます。そして、「みんなが虫に変身して、このお話をやろうと思います。踊りもありますよ！」と期待が高まるように話し、その後、保育者が演じてみせます。

「この日、おうちの人にみんなのすてきなところを見てもらう会があります。」

カレンダーを見ながら、「ありがとうの会」の日程を伝える。

「やりたい！」「○○の役にしよう」「恥ずかしい」など、子どもたちの反応は様々。

保育者2人が、いろいろな役をかけもちで行う。

実践者より

まず保育者の真剣な姿を見せることが大切だと思ったので、振り付けは完璧に、それぞれの役の感情表現もきちんと伝わるようにしました。

自由あそびで

保育室に「踊りのコーナー」を設けたところ、保育者や友達同士で踊ったり、やり取りしたりしながら楽しむ姿が見られました。

どのペープサートにしようかな？

パタパタ……

ミツバチってこんな飛び方？

実践者より

なかには恥ずかしくて「見るだけ」の子どももいるので、「お客さん席」を用意し、その子なりに楽しめるよう配慮しました。また、人前で踊るのが苦手でも、ペープサートを持つことで参加できるという子もいました。

ステージに上がってみよう

まずはステージに慣れることと、今のうちに「やりたいこと」（跳び降りたい、下に潜りたい、ドンドンと音をたてたい、など）をやって、気持ちを満たしてしまうことを目的として、自由にステージを使います。

※ステージでの注意事項（友達を押したりすると危険、順番に上がるなど）は初めに伝える。

その後、劇の表現を行います。自分の好きな役で自由に演じる段階を十分に楽しんだ後、みんなで話し合って配役を決めます。

それぞれ好きな役で自由に表現。

実践者より

事前に自分の希望通りにならなかったらどうするかを話し合い、子どもたちからは、「じゃんけんにする」「違う役にする」などの意見が出ます。それぞれやりたい役のイメージがあり、「○○ちゃんと同じ役がいい」という子もいて難しいのですが、どうしたらよいかを子どもと一緒に考えることで、ひとりひとりが納得できるようにと、配慮しています。

自分たちの顔を掲示して

会の前に、家族への「いつもありがとう、見に来てね」という気持ちを込めて、自分の顔をかきました。劇の役ごとに画用紙にまとめてはり、廊下に掲示します。

役ごとにまとめているため、保護者にとっては、配役の紹介にもなる。

「こんな顔で、頑張りたいな」という思いを込めているので、笑顔をかく子が多い。

絵画製作が得意な子どもが、来園者全体に向けた掲示を作り、園の玄関に掲示した。

のびのびと劇発表

会の当日、保護者を招いて、前月からみんなで取り組んできた劇を発表。みんな、家族に見てもらうことがとてもうれしく、のびのびと表現していました。

役になりきって、のびのびと動く。

実践者より

物語に親しみをもち、劇あそびを楽しんできた子どもたちには、自分の役を大切にする姿が見られ、とても楽しそうに表現していました。「この役のこの場面は、どんな気持ちかな」などといろいろな表情、感情にも気を配り、丁寧に取り組めるようになっていきました。

会が終わってからも

リハーサルや本番での様子を年下の子どもたちがとても喜んで見ていたことを知り、会が終わってからも、小さい子に見せに行ったり踊りを教えたりして、あそびが続いていました。

1歳児に見せて
リハーサルを見て喜んでいたという1歳児クラスへ行き、歌や踊りを披露。

3歳児と
自分たちも踊ってみたいという3歳児にダンスを教えます。前に立って踊って見せたり隣で教えたり、子どもたちの姿も様々。

1・2・3月 保育資料

安全・清潔な過ごし方を

指導計画 P.104

進級も近づき、改めて健康で安全な生活に興味をもち、
子ども自身で気を付けていけるよう伝えていきます。

こんなふうに
室内での安全・清潔な過ごし方について、みんなで再確認。「約束事」として、4歳児から3歳児にも伝えていくようにします。

●**走らない**
保育室、廊下ともに走らずに歩くこと。特にトイレなどの行き帰り、多くの友達が移動することを知らせ、静かに歩くように伝える。

●**飛び出さない**
保育室から廊下へ急に飛び出すと、出会い頭にぶつかり、けがをしてしまうことがあると話し、左右よく見てから出るようにと伝える（道路の横断と同じに）。

●**床はいつもきれいに**
保育室や廊下にごみが落ちていたらどうするかを話し合いながら、「清潔にすることの気持ちよさ」に気づけるようにする。

●**トイレのスリッパはそろえて**
きれいに並んでいるスリッパと、バラバラになっている状態とを比べ、次の人のために、ひとりひとりが丁寧にそろえて置くように伝える。

ごみやほこりに気づいたら、小さなほうきとちりとりで、はき取る。

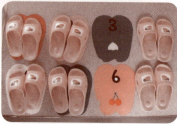
床にシールをはって、置き場所をわかりやすく。

かぜ・ばい菌について知ろう

指導計画 P.102

かぜが流行するこの時期、保健師より、かぜの予防と対応について伝えています。

こんなふうに
子どもたちが興味をもって聞けるように質問形式で話し、その後正解を伝える形で話してもらいました。

Q ばい菌（かぜのウイルス）はどこにいるの？
A どこにでもいる（目に見えない）。

Q ばい菌はどこから入ってくるの？
A 鼻や口などから入る。だから、手洗い・うがいが大切。

Q 体に入るとどうなる？
A 鼻水やせきが出る。鼻水にはばい菌がたくさんあり、せきをするとばい菌が飛び散るので、友達にうつらないようにマスクをしたり、手で押さえたりしよう（手を洗って付いたばい菌を流すことも大事）。

Q ひとりひとり体を守ってくれるパワー（免疫力）が違うため、パワーを高めよう。そのためにどうしたらいい？
A よく食べること（バランスのよい食事）、休むこと（休養）、外で元気にあそぶこと（運動）が大切だと伝える。

せきでこんなにばい菌が飛ぶんだよ。
友達にうつらないように、マスクの大事さを伝える。

せきをするとばい菌が約2mも飛び散ることを、2mのテープを使って伝える。

お別れ会を企画して

指導計画 P.108

卒園児とのお別れ会は、4歳児が中心となって、企画、準備から当日の進行まで行います。

こんなふうに
5歳児と一緒にあそんだことや、お世話をしてもらったことなどを思い出し、今までの感謝の気持ちを込めて、お別れ会をしようと投げかけます。4歳児が中心になることを伝えると、みんな張り切って、プログラム作りや会場準備に取り組みました。

● プログラムを考える
前年のお別れ会を思い出しながら、プログラムを考えていきました。前にやったクイズが楽しかったという思い出から、保育者の好きな物などを当てる「○○先生クイズ」を行うことに。設問は、子どもたちと一緒に考えました。

<設問例>
○○先生の好きな色は？
　　〃　　おすしは？
　　〃　　飲み物は？
○○先生の乗っている車の色は？　　など

● 必要な物を製作
お別れ会に必要な物を考え、製作に取り組みました。

室内装飾　作ったお花を、柱などにはっていくと、たちまち会場が華やかに。

係のバッジ　保育者がかいた絵に、子どもたちが色をつける。当日は自分の係のバッジを胸に付ける。

プログラム　保育者が書いた文字の周りに子どもたちが、絵をかいて。

ありがとうコーナー

指導計画 P.106

もうすぐ卒園する5歳児への感謝の気持ちを込め、メッセージと自分の絵を構成し、壁面装飾を作りました。

用意する物
ロール紙（色つき）、桜の花びらの消しゴムスタンプ（保育者が作った物）、スタンプ台、画用紙、水性ペン、はさみ、のり

作り方
① ロール紙を床に置き、自由にスタンプする。
② 画用紙に自分の絵をかき、はさみで切り取る。それぞれ5歳児へのメッセージを保育者に伝え、書いてもらう。
③ ①のロール紙に②の絵とメッセージをはる。
④ 仕上がった作品は、5歳児の目に留まりやすい階段の踊り場にみんなで運んで掲示する。

桜の花びらを模したスタンプを模造紙全面にペタペタ。一気に春らしくなった。

5歳児クラスの子どもたちは、4歳児からのメッセージに大喜び！

1・2・3月 保育資料

クラスで集団あそび

指導計画 P.106

何度も楽しんできた集団あそび。あそびを導入した当初（P.92、93参照）とは変化した姿が見られました。

いす取りゲーム

ルールの理解も深まり、子ども同士、笑顔でゲームを進めようとしています。保育者は、「先生が教えなくても、自分たちでできるの。すごいね」など自信をもてるような言葉をかけていきます。

アウトになった子どもは、「応援席」で応援。

保育者が入らなくても、子どもたちだけであそびを進めるようになっている。

実践者より

以前はアウトになったことで意欲をなくしたり、「もうやらない！」と怒ったりしていた子どもも、今では、アウトになってもゲームの進行を楽しみながら参加できるようになりました。

おめでとう～！

最後まで残ったチャンピオンが、みんなからの祝福を受ける。

なわとび

初めは保育者が「なわとび大会をやろうか」と声をかけ、一緒に入って行いました。子どもたちは、園庭にかいた円の線上に、丸く並びます。
※丸く並ぶと互いの顔や姿が見えるので楽しめるし、危険も少なくなる。

「よーいスタート」で一斉に跳び始め、だれが長時間跳べるか挑戦。引っかかってしまっても、「もう1回やろう！」と何度も挑戦していました。

地面にかいたライン上に。互いがぶつからない位置まで離れて立つ。

中当て

みんなルールを理解して行うようになっているので、保育者は「ボールはどこにあるかな？」と、ボールの行方に気づけるように声をかける程度にしました。また、いつも当てられがちな子どもがうまく逃げられたときには、「よく見ていたから、避けられたね」と、よかったところを具体的に言って、意欲が高まるようにしました。

実践者より

ボールが当たって痛い、悔しいという気持ちに共感しつつ、「当てた子どもが悪い」とならないよう、公平にかかわるように気を付けました。周囲の友達も「泣いていても仕方がないから頑張ろう！」と声をかけるようになっています。また、ラインを引いたりマットを置いたりして「休憩場所」を作り、当てられてしまった子には、「ここで休憩して、またやりたくなったらおいでね」と伝えました。この場所があることで、自分で気持ちの整理をつけられるようになってきました。

子ども同士相談しながら、ルールを守ってあそびを進める。

年度末の整理整とん

指導計画 P.107

保育室の掃除や作品整理。「どうしてやるのか」を理解したうえで、意欲的に取り組むようにしました。

保育室の大掃除

「この部屋は、次にだれが使うの?」「どんな部屋だと、気持ちがよいですか?」と尋ね、保育室をきれいにして引き継ぐことを意識できるようにしました。また、「どんな所が汚れているかな?」と聞き、子どもの意見を取り入れながらホワイトボードに掃除する場所を書き出し、イメージができたところで、掃除開始。まずは自分のロッカーから始め、終わった子どもから、ほかに掃除する場所を探します。子ども同士で「ここも汚れているよ」と絵本棚の絵本をどかしてふくなど、細かい部分にも気づいて、積極的に行っていました。

実践者より

どこを掃除していいかわからない子や飽きてしまった子に、保育者から「ここを手伝ってくれる?」と場所を指定したり、玩具ふきの所にかごを用意し、「ふき終わった物は、こっちに入れようか」と伝えるなど、子どもが意欲的に取り組めるよう、配慮していきました。

ロッカーの中身をすべて出してぞうきんでふき、服を整理しながら戻していく。

ぞうきんはひとり1枚ずつ用意。絞り方も上手になった。

水槽の汚れに気づいて掃除する子も。

作品の整理

※事前に1年間の作品を個別に分け、名前のついた洗濯バサミで留めておく。

名前を書いた紙袋と作品を子どもに渡し、子どもが自分で入れていきます。子ども同士、作品を見せ合いながら整理をし、楽しい時間になりました。

実践者より

保育者が「これは、みんなが○○組（4歳児クラス）になってすぐにかいた作品ですよ」と言って4月の作品を見せると、「えーっ! こんなのかいたっけ?」「今のほうが上手だよ」と子どもたち。「どうやって作ったか覚えていますか?」と聞くと、「絵の具を手に付けてやったんだよね」と思い出す子も。「"○○組で、こんなにすてきなものを作ったよ"って、おうちの人に見せてあげてね」と話しました。

絵を見ながら、かいたときの思い出をみんなで話す。

自分のかいた絵を見て、そのときのことを思い出し、楽しく整理。

友達と協力しながら、作品を袋に入れる。

週（日）案の工夫

月の計画を立てて、週、日へと落とし込んでいくなかで、より子どもの姿が見え、明日へつながる書き方とは、どのようなものでしょうか。園による書き方の工夫を紹介します。

保育園　あゆのこ保育園（神奈川県）

みかん組　3週　指導計画	10月 18日（月）　～　10月 22日（金）
今週のねらい	→今週のねらいの評価
①散歩の際のルールを確認することで、歩き方や気を付けることを確認しながら歩く。 ②どんなサツマイモがあるのかな？と想像したり、実際に体験したなかでのサツマイモの製作を通して表現してみる。	①行く場所や道路の写真を事前に見せることで、心の準備や期待も高まった。「上手に歩けたら、今度は～に行ってみようね」と声をかけることで、"気を付けて歩く"という意識が感じられた。 ②芋掘りは、事前に畑の様子を見たり、絵本などを見た事により、興味をもって参加できた。間をおかずに製作を行った事で、製作にも意欲的だった。
今週用意する環境	→今週の子どもの様子を生かして来週用意するものなど（メモ）
・サツマイモに関する絵本、写真等 ・虫眼鏡　・色鉛筆 ・運動会で使用したCD、ポンポン　など	・絵の具・筆 　※絵の具の混色に興味をもち始めた、という経緯などからメモする。 ・秋の動植物に関する図鑑、絵本 ・ハロウィンの塗り絵

活動の予定・設定　※保育士間の連携や配置含む

日付	活動内容	準備・設定・配置図等
10月18日（月） 天気 晴れ 室温 25℃ 湿度 57%(10:00)	10:00～芋掘り ・畑に移動する。 ・葉やつる、イモなどを畑の人に見せてもらう。 ・掘ったイモを運んだり、並べたり、選んだりする。 11:00～室内あそび（コーナー）	・タオル、たらい、ハンドソープ、段ボール箱 ・ビニール袋、シート、デジカメ ☆A保育士：先導　B保育士：最後尾 ●年長児がイモの数をかぞえたり、大きさで分けたり、片付けたりする姿も見られるようにする。（時間に余裕をもつ）
19日（火） 天気 曇り 室温 26℃ 湿度 55%(10:00)	10:00～製作「サツマイモ」 ・茶系、紫系の画用紙に、クレヨンでサツマイモをかく。 ・はさみで切り、土（画用紙）にはる。 ・ほかにもかき入れたり、はり付けたいものがあれば、継続して行う。 11:00～園庭あそび	・あらかじめ、大きな画用紙に土の色を絵の具で塗っておく（子ども）。 ・画用紙、クレヨン、はさみ、のり、その他素材 ●つるや葉っぱにも気づきやすいように、緑系の画用紙や折り紙、毛糸なども準備し、タイミングを見て提供する。（B保育士）
20日（水） 天気 曇り 室温 25℃ 湿度 55%(10:00)	10:20～散歩（恩曽川周辺） ・行く場所を写真で確認する。 ・道路、信号なども写真を使い、交通ルールを確認する。 ・2人ずつ手をつなぎ、並んで歩く。 ・到着後は、農道で十分に散策をする。（草花、虫など）	・写真（資料）　・各自、水筒を持参する。 ・携帯電話　・虫眼鏡　・ビニール袋　・デジカメ ●並び順などは自由だが、トラブルや安全面、一人になりやすい子などにも十分に配慮し働きかける。 ☆A保育士：先導　C保育士：中央　B保育士：最後尾
21日（木） 天気 晴れ 室温 25℃ 湿度 56%(10:00)	10:30～歯科健診 ・歯に関する絵本を見て、歯科検診の話をする。順番に検診を受ける。 11:00～サツマイモの茶巾絞り ・ふかしたサツマイモをつぶし、好みの量の砂糖と牛乳を加える。ラップで茶巾絞りにする。その場又は給食時に頂く。	・絵本　・健康診断票　・歯ブラシ、コップ ・ボウル　・砂糖、牛乳　・ラップ ●しっかりと手洗いを行った後に調理に参加するよう、子どもに伝え援助する。 ☆調理の指導：D栄養士　補助：保育士
22日（金） 天気 曇り 室温 24℃ 湿度 57%(10:00)	10:00～製作「虫の世界」 ・虫の世界について絵本を読む。 ・廊下に大きな紙をはり、地面や木、空などをかき入れておく。 ・自由に好きな虫をかき入れたり、折り紙や画用紙で作ってはっていく。 11:00～室内あそび（コーナー）	・大きな長い模造紙　・虫の世界の絵本　・はさみ、のり ・クレヨン、ペン　・セロハンテープ ●廊下にベースの模造紙をはり出し、自由に廊下と保育室を行き来しながら製作を進められるようにする。（廊下の見守り：B保育士が中心で行う） ●活動終了後も継続したい子どもがいれば、自由に続けられるコーナーを作る。

↑その日の経験・活動内容を具体的に書く。

↑必要に応じて図を入れる。
　準備するもの、環境設定、保育士の配置等
　活動がスムーズにいくための協働の内容について

> **point**
> ・週・日案という形式をとっている。
> ・次週へのつながりを意識できるように、ラインやメモ欄でわかりやすいようにしている。
> 　（振り返りから継続的につながるように）
> ・子どもひとりひとりに対応できるように、経過や課題点などの具体的な記録等は、
> 　別紙の個別記録用紙に記入している。

園長	主任	起案	確認

配慮が必要と予想される子どもの姿	→配慮が必要な保育の配慮点	→評　価
・10/18（月）Aちゃん 芋掘りに参加したい気持ちはあるが、手や服が汚れることに抵抗がある。	→保育士が付き添い、少しずつ土にふれられるようにする。無理させず、苦手な部分は手伝っていく。「石けんで手を洗って、おうちでお風呂に入れればきれいになるのよ」など、安心できるように声をかける。	最初は、畑にしゃがんだままで自分からは動こうとしなかった。保育士が声をかけながら付き添い手伝うと、自分から掘り出したり、イモを運んだりすることができた。「ここにもある！」など予想よりも意欲的に参加することができた。
・10/19（水）Bちゃん サツマイモの製作を行うが、立体的にしたい、自分で色を塗りたいなどの欲求がある。	→新聞紙、模造紙、セロハンテープ、絵の具なども用意しておき、様子を見ながら提供していく。	やはり、画用紙を切ってはるだけでは物足りず、保育士が用意したほかの素材に興味をもっていた。
・室内あそび時　Cちゃん 友達とトラブルになると、大きな声で相手に伝えようとするので、うまく相手に伝わらない。	→自分の気持ちを伝える方法を一緒に考え「小さい声で気持ちを伝えてみる」など保育士が見守り、時には一緒に伝えてみたりする。うまくできたら十分に褒める。	友達とのあそびの途中で表情が悪くなってきたので声をかけ見守る。普段よりも声のトーンは抑えられたが、最後にはどなってあそびから抜けてしまった。

→保育の評価	安心度・夢中度・育ち 今後の配慮を含む子どもの様子（別紙記録あり）	特記事項
・つるや葉っぱを触ったことで、思い切り引っ張るとどうなるかなど体験できた。つるを引っ張ることに夢中になる子ども、虫探しに夢中になる子ども、イモを見つけて掘り出すことに夢中になる子どもなど、それぞれの興味や関心が異なり、それに応じて声をかけていった。 ・イモの大きさや、虫に対する関心が高かったので、今後に生かしたい。	・10/18 　Aちゃん（経過） ・10/19 　Dちゃん（課題）	・Fちゃん　与薬 ・Gちゃん 　発熱で早退 　（11：30）
・イモをかいて切るだけでなく、土の色をつけたり、「ここはカラスに食べられたの」など、それぞれ体験したことや見たことなどを思い出しながら表現する姿が見られた。 ・子どもたちは、イモの大きさや形を表現したい気持ちが強く、つるや葉っぱにはそれ程つながっていかなかった。もう少し丁寧に、イモとつる、葉っぱの関係についてふれると良かった。年長になれば関心が高まっていくかもしれない。	・10/19 　Bちゃん（経過）	・Hさん保育参加 ・避難訓練（地震） 　（16：00） ・Iちゃん受傷 　（園庭で転び流血）
・春に行った恩曽川方面に行き、自然や季節の移り変わりにふれられるようにした。カエルもまだ若干いたが少ない事に気づいていた。代わりに服にくっつく草の実あそびを知って友達と楽しむ姿が見られた。 ・カエルをつかまえた子どもに「お世話できるかな？」「お世話が難しかったら、ここで逃がしてあげた方がカエルもうれしいね」と声をかけると、逃がしてあげる姿が見られた。春には見られなかった姿で、生き物とかかわるなかで、少しずつ気持ちも芽生えてきたようだ。	・10/20 　Cちゃん（課題）	・Jちゃん誕生日 ※午後のおやつ時に、かりん組が行ったサツマイモのバター焼きをいただく。
・茶巾絞りでは、味の調整を各々でできるようにしたり、「出来上がったらその場で食べても、給食の時までとっておいても良い」とした。"自分で考えて自由に判断する"という部分を作ったことで、少し食べて「おいしいから、給食にとっておこう」など食べ物を大切に楽しみにする姿が見られた。		・歯科検診
・虫に対する興味、関心が高い子どもたちなので、それを生かして虫に関する共同製作を行った。結果、子どもたちは、活動に相当夢中になっていた。 ・絵をかくのが苦手で抵抗のある子どもいると予想したので、導入を工夫したのと、担任が最初にかいて見せ、わざと間違えて「このくらいなら、大丈夫ね」と失敗を気にしない姿を見せた。子どもたちも、失敗しても「いいか！」と気にせず行う事ができた。紙を多めに用意したが、足りないくらいだった。	・10/21 　Eちゃん（経過）	
↑自分の保育を振り返る。子どもへの適切なかかわり・援助・環境設定　など 　今後の保育に生かせる内容。 　※子どもの様子だけの文章にならないように注意。	↑名前と記入日だけメモ。 　後ろに添付する経過記録の用紙に実際には記入。	↑・与薬状況　・保育参加 　・試食会　・遅刻、早退 　・子どもの体調　・行事　等

週（日）案の工夫　幼稚園　いわき市いちご研究会（福島県）

園長	主任	担任	9月 6日 ～ 9月 17日　第 3 期（ 2 週 ～ 3 週）

ねらい	内容
・気の合う友達とかかわりながらあそびを楽しむ。 ・戸外で体を動かしてあそぶ心地よさを味わう。	・あそびに必要な物や場所を作ってあそぼうとする。 ・友達と同じようなイメージをもってあそぶ。 ・友達と一緒に体を動かしてあそぶ。 ・運動会があることを知る。

◎教師の援助／△予想される幼児の姿／環境構成

気の合う友達とかかわりながらあそびを楽しめるように

◎イメージが実現できるように、あそびや育ち（年齢、経験等）に合った、扱いやすい用具や素材を準備しておく。
◎自分たちであそびの場作りができるような遊具や用具を用意しておく。（段ボール板、積み木等）

○「こうしたら？」と自分の考えを相手に伝えてあそぶ。　→　△自分のイメージが先行し、友達と一緒にあそぶことがうまく進められていない場面が多くあった。仲介を必要としたが、自分で伝えていく経験を増やしていきたい。
○イメージしたものを作ろうとする。

△数人の仲間と一緒に物を作れるように促したり、力を合わせられるように声をかけたりして、友達とかかわりながら場作りができるように援助する。　→　ウレタン積み木は複数で作っているので、イメージが同じになるように言葉をかけるようにした。

△あそびのイメージに合わせて、必要な物を自分たちで作れるように素材を提示したり、アイディアを出したり、また、保育者がモデルとなって使い方を示して、あそびに取り入れられるようにする。　→　材料を提示するばかりで、それの使い方まで示すことが足りなかったと思う。特にあそびだせない子にはしっかりと示して少しずつ不安を除いていきたい。

行事		フラダンス交流会（年長）	中学生福祉体験 新採研	祖父母参観	
月日	9月6日(月) 天気 晴れ	9月7日(火) 天気 晴れ	9月8日(水) 天気 雨	9月9日(木) 天気 晴れ	9月10日(金) 天気 晴れ
反省・評価	◎初めて園庭に運動会用のトラックをかいた。朝だったので登園してくるときに様子を見ることができた。子どもたちの興味が高まっていた。 ◎前後やペアの関係に配慮しながら、運動会の並ぶ順を決めた。 △あそびのなかでは、特に不安定な子に多くかかわっていく意識を常にもっていなければいけなかった。	◎お弁当を食べるときの座席位置を運動会で並ぶ順番になるように変更した。新鮮だったようで喜ぶ子が多かった。 △年長児が行事を行っていたのでその時間は子どもたちが年長児クラスの方へ行くことのないよう、クラスでの活動を考えていたらよかったと思った。	◎福祉体験の中学生がいつもと違うウレタン積み木の構成を楽しんだり、じっくりといろいろな折り紙を作ったりして雨でも思い切りあそべていた。 ◎不安定な子にかかわり、あそびの楽しさを味わわせることができた。 △運動会の並ぶ順番でペアが意識できるふれあいあそびは安全への配慮が足りていなかった。見本を見せるやり方や危ないことなどを伝えることは不可欠だと思った。	◎年中児は小学校の体育館を借りて歌や手あそびをしたが、広々とした中でのびのびとふれあいができていたように思う。 ◎祖父母の方に向けた言葉かけや行事の進行など、合同だったので学ぶところがとても多かった。 ◎自由あそびの参観では保育室内に入れずにいる方もいたので、参観できるようなスペースを確保するために、環境を整えるなどの配慮ができたらよかった。	◎毎日並ぶことを少しずつ取り入れていったので、だいぶスムーズに並べるようになってきた。特に女の子がリードしてくれるように言葉をかけたところ、よりスムーズになった。 △かけっこの順番を決めて走った。トラックを走るということがまだできない子がいる。周上に置いたコーンの側なので、正しく走れるように声をかけるための教師の位置など、考えさせられた。

> **point**
> ・保育の振り返りとして、その日の「反省・評価」（◎＝良かったと思う点、△＝反省すべき点）に、簡潔に記入している。
> ・予想と違った点や改善点を「朱書き」して、次に生かすようにしている。

前週までの幼児の姿	夏休み明けで気持ちが高まり、保護者や友達と積極的にかかわろうとする姿が多く見られる。一方で、久しぶりの幼稚園に不安を感じたり、泣き出したりする子もいる。プール納めまで、毎日プールあそびを楽しみ、プールが終わることを残念に思う声が聞かれる。
歌 絵本 資料	・さんぽ　とんぼのめがね　ガンバリマンのうた ・とんぼのあかちゃん　運動会関係のもの→「むしたちのうんどうかい」 ・祖父母のプレゼント
生活 安全	・必要に応じて汗をふいたり、水分補給したりできるようにする。 ・園庭や砂場の安全点検をする。

戸外で体を動かしてあそぶ心地良さを味わえるように
◎砂や水を使って水あそびが楽しめるように、園庭、砂場の安全点検をしたり、テントやパラソルなどで日陰をつくったりし、安全にあそべるようにする。 → *気温の高い日が続いたので、テントやパラソルは戸外で気持ちよくあそぶのによかった。*
◎運動会のトラックをかくことで、運動会を身近に感じていけるようにする。
◎気候に応じ、少しずつ、運動会に向けての活動を取り上げていく。
◎毎日ひとつは運動会に向けての活動ができた。気持ちを高めていける言葉かけを多くするよう心がけた。

＜運動会に向けて…＞
・並び方を覚える。
・ペアでのふれあいあそびを通して順番を守って歩く。
・走り方（トラックを走ること）を知る。

祖父母参観に向けて
おじいちゃん、おばあちゃんが来ることを楽しみに歌や手あそびの練習をする（2クラス合同）。
歌→さんぽ、ねずみのはみがき、げんこつやまのたぬきさん、アブラハムの子
2クラス合同で、ほかの手あそびや絵本などもあって、連日でも楽しく参加できていた。比較的落ち着いて集まっていた。

福祉体験
中学生と安全に楽しく過ごせるように配慮する。
◎*中学生が安全面への配慮がよくできており、見習わなければと思った。*

AED 研修会 （年長保護者対象）		みゅう広場※ （エプロンシアター） PTA 評議員	壁面製作（運動会用）	
9月13日（月） 天気　くもり	9月14日（火） 天気　雨	9月15日（水） 天気　晴れ	9月16日（木） 天気　雨	9月17日（金） 天気　晴れ
◎運動会に向けて入場行進とリレーの練習をした。リレーは初めてのバトンパスもスムーズで楽しみながらできていた。 △入場行進は前との間隔が空きすぎないよう速さを合わせることと、後ろの方を見ることを両立させなければと思った。 ◎入場門に使う子どもたちの手形をとった。直接手に絵の具がつく感触を楽しんでいた。	◎雨天のため室内でのあそびが活発となる。ウレタン積み木であそんでいる子どもたちから「船だよ」の声。魚つりしたり泳いだりしていく。牛乳パックとセロハン紙で「水中眼鏡」を作ると次々に潜り始め、イメージの共有ができていた。	◎前日に園長と一緒に作った船や水中眼鏡を用いたあそびが継続していた。子どもたちのイメージに合わせての言葉かけもしていくことができた。 △ミュウ広場に来ていた未就園児に対し、きょうだい関係の子とはかかわることができたが、それ以外の子をよく見れなかった。直接かかわらずとも、あそびの様子などよく見るようにしていきたい。	◎親子ダンスで行う「にんげんっていいな」のダンスを子どもたちだけで踊った。これも、もも組との合同で行った。初めてだったが、みんな自分なりに体を動かすことができていた。合同だと楽しい雰囲気が作られているように感じる。 ◎クラスで集まるときやお弁当のときなど、2日前に作った船の中を使うなど、あそびの楽しさの部分が継続できている。 △船を壊したくないという声から、残したままにしていたが、また作り直せることも伝えていきたいと思う。	◎全体で入場行進→開会式→体操→かけっこの流れで練習を行った。自分たちの競技だけでなく、年少や年長の応援を一緒にすることで、運動会に向けての雰囲気をより高めていけた。 ◎小学校の大休憩の時間は保育室で寝転がるなど運動会の練習の合間のよい休憩の時間をとれた。 △運動会は園全体で行う大きな行事なので、そのなかで役割を考えて動くことが大事で、これからも頭に置いて動けるようにしていきたい。

※未就園の親子に幼稚園を開放し、在園児と一緒にあそんだり、母親同士の交流の場としている。

保護者とのかかわり

子どもを共に育てていく保護者とのかかわりはとても大切。
各園における保護者連携の実践を紹介します。

保育園 あゆのこ保育園（神奈川県）

● 個別に話す機会を大切に

日々の情報共有だけでなく、必要に応じて面談を行い、子どもの伸ばしたい面、課題と思っている面をじっくり話し合う場を設けています。それにより、子どもへの対応に統一性が出て、「共に育てる」意識につながります。

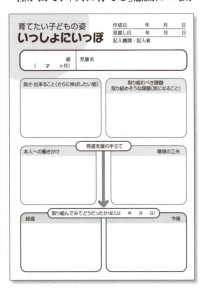

個人面談用紙
面談ではこのような用紙を使い、内容を整理して記録に残します。
※この用紙は、北海道教育委員会の育ちと学びの応援ファイル「すくらむ」を参考に、当園用にアレンジして作成したものです。

● アンケートから悩みを吸い上げて

懇談会では、アンケートや口頭での相談事などを参考に、毎年上がってくる悩みを取り上げています。4歳児の場合、友達関係に関する心配事が多くなります。

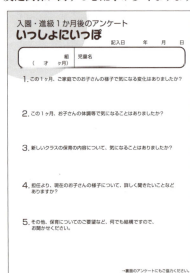

入園・進級1か月後のアンケート
子どもの家庭での様子や保護者の気持ちを記入してもらい、面談やクラス懇談会につなげる。
※裏面は保護者の不安や悩みを吸い上げる項目にしている。
項目例…育児は楽しいですか？／育児をしていてイライラすることは？／育児の相談相手や協力者はいますか？／お子さんの行動について、どうしてそうするか（理由）はわかりますか？／ご自身のことで何か心配なことがありますか？　など

● 保護者のメンタル面への対応も

保護者自身の対応もとても重要です。メンタルに課題のある保護者も多いため、何気ない会話や表情に目を向けるよう意識し、ひとりひとりに合わせた支援を心がけています。しかし、どのように声をかければよいのか、かけないほうがよいのか、何に困り、どんな支援が適しているのかなど迷うことは多く、また、声をかけても「大丈夫です」のひと言で終わってしまうケースもあります。そのため、毎週の主任会議では、子どもだけでなく保護者に関する議題も取り上げ、各部（乳児、幼児）から報告を受けて、全体に周知・共有しています。

また「保護者の意向をくみ取るしくみ」として、アンケート調査、懇談会、個別聴取（伝言板、意見に対する対応の記録、個別面談、保育参観　など）を体系化しています。

4歳児保護者関連の行事予定

	行事・取り組み	内容
4月		
5月	1か月後アンケート クラス懇談会 個人面談	入園・進級1か月後を目安にアンケートをとり、面談につなげると同時に、クラス全体に伝えたい内容は、懇談会で生かす。
6月	個人面談	
7月	夕涼み会	
8月		
9月	園児引き渡し訓練（保護者参加）	災害時の子どもの引き取り方法、一斉メール配信の確認、お迎え届出書の内容確認、非常食の紹介など。
10月	みんなの運動会	
11月		
12月		
1月	アンケート	3月の懇談会に向け、園の取り組みで続けてほしいことや検討してほしいこと、改善してほしいことなどを聞く。
2月	みんなでありがとうの会	発表までのメイキングビデオを保護者に見てもらいながら、子どもたちの頑張りや成長を伝えている。保護者からの感想を聞き、保育方法の確認や子どもの育ちの共有を行う（会の内容についてはP.114参照）。
3月	クラス懇談会	

※保育参加、給食の試食は随時受け付け。また、面談も時期の区切りはあるが、希望や必要に応じて、年間を通して行う。
※保育参加の後にはアンケートの記入をお願いし、その内容を園便りに掲載することも。
※行事は、「子どもの負担にならないよう」「保護者の負担にならないよう」「職員の負担が子どものマイナスにならないよう」に考慮しています。

実践より	クラス懇談会	指導計画 P.27、107

5月・3月 　年2回実施。園からの情報提供と共に、アンケートなどから吸い上げた意見を生かして、保育の方法や園の考え方を伝えています。その際、かかわり方や配慮点がわかりやすいよう、映像も活用しています。

5月　保育の様子のVTRを見ながら

普段の保育を撮影したものを見ながら話をします。このときは製作の様子を見ながら、子どもの発達の姿や保育者のかかわりの意味を伝えました。

道具を使う際には、どうやって持てば危険がないかを確認します。それには保育者の話をよく聞くことが必要で、これは「人の話を聞いて理解する力」につながります。

基本的なやり方を伝えたら、あとは自由に製作できるようにします。見本通りにできるのがよいのではなく、「感じたこと、想像したことを表現して楽しめる子ども」を育てるため、それぞれの表現方法を大切にしています。

3月　資料を見ながら

子どもの1年間を振り返り、成長を共有すると共に、この時期の特徴である「葛藤期」について、このような資料を作成し、スクリーンに映しながら話しました。

「○○組は今、葛藤期の真っ最中！」
自分の気持ちを通そうとする思いと、時には自分の思う通りにいかないという不安やつらさという葛藤を経験しています。言葉で伝えてもうまく伝わらない、わかっているけど自分の気持ちも譲れない、なかなかわかってもらえない……そんな葛藤が子どもたちの心の中で見られます。

葛藤からイライラするのも成長の証。といっても保護者の方はたいへんですよね。でも、ここでイライラと感情的になっては、悪循環です。肯定的な褒め方のポイントをお伝えしますね。

環境設定

リラックスして話ができるよう、カーペットを敷いた上に丸テーブルを置いて。保護者は自由に座ります。

テーブルにはガラスの器に生花を浮かべて。個々に紅茶、お菓子を提供。

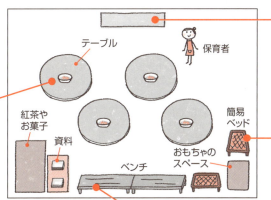

スクリーンには、保育の様子がわかるような写真や映像、資料を映す。

赤ちゃんを連れてくる人もいるので、簡易ベッドやおもちゃも用意。

夫婦での参加も増え、カーペットだけでは座りきれないこともあるため、後ろにベンチを置くなど座るスペースを。

保護者とのかかわり

幼稚園 いわき市いちご研究会（福島県）

● 丁寧に、時間をかけて関係作り

保護者とは、焦らず、じっくりと時間をかけて信頼関係を築いていくように心がけています。そのためにも最初の出会いは大切。入園または進級時、ひとりひとりについて、成育歴や家族構成、また保護者自身の生い立ちなどをとらえ、『幼児理解』に努めています。その上で妊娠・出産から精いっぱい子育てをしてきた保護者に対して「大変でしたね。よくここまで育ててきましたね」とねぎらい、「これからは一緒に子育てをしていきましょう」というメッセージを伝えます。

● 他施設との情報共有

最近は、メールやネットによる情報収集が盛んです。そのため近隣の幼児施設との情報共有も重要です。例えば、同時期の行事について各園の状況を把握し、保護者から「なぜ、うちの園では△△をやらないのですか？」という質問が出た場合「……という考えで行っています」と教育的な裏づけを説明できるように心がけています。

● 新入園児と進級児、それぞれの保護者の思い

幼稚園の4歳児クラスには新入園児と進級児がいますが、入園時には、どちらの保護者にも戸惑いが見られます。新入園児の保護者には、進級児より少し出遅れているという思いがあり、一方進級児の保護者は、環境の変化による生活習慣の乱れや精神的な不安定が見られることで、戸惑うようです。どちらの場合も子どもの姿を伝えながら「この時期が大切な次へのステップとなります。5月末ころには落ち着いてきますよ」と、見通しを伝え、焦らず見守るように話します。

● 子ども同士のトラブルには

4歳児の場合、子ども同士のトラブルが増え、保護者から「○○ちゃんにいじめられるから、行きたくないと言っている」などと言われることもあります。このようなとき担任は、まず保護者の思いを受け止め、これまで以上に丁寧に見ていくと話します。そして実際の子ども同士のかかわりややり取りを観察し、双方の思いから「○○ちゃんは、一緒にあそびたくて手を引っ張ってしまうようなので『あそぼうね』と言葉で伝えるように教えています」など、園での対応を伝えていくと、我が子を見てくれていると、少し安心できるようです。

4歳児保護者関連の行事予定

	行事・取り組み	内　容
4月	保育参観	園での様子を見て安心してもらう。その後「ＰＴＡ総会」「学級懇談会」を行い、園と家庭の連携の大切さを伝える（第2週ころまで）。
5月	親子遠足（春の遠足）	親子での行事を計画し、楽しい経験を共有。
	家庭訪問	日ごろの生活を見ると同時に、防災の観点から建物や近隣の様子を把握。
	交通安全教室（親子）	交通ルールについて実演しながら親子で学ぶ。
6月	保護者合同避難訓練	保護者も対象とし「連絡網による連絡」や「お迎え」を実施。
	親子お話会	絵本・パネルシアターなどお話の世界に浸る。外部講師も活用。
7月	夏祭り会 個別懇談会	P.127参照
8月		
9月	祖父母参観	普段の保育参観では両親が主となってしまうので、祖父母対象の参観日を設定。
10月	運動会	準備や後片付けまで保護者と共に取り組んでいくようにする。
11月	自由参観 パパふれあいデー 生活発表会	日常保育を公開し、保護者が時間帯を選んで参加（P.127参照）。
12月		
1月		
2月	保育参観	学年ごとに日にちを変えて実施し保育に参加。親子でのプレゼント製作や、終了後には学年最後の学級懇談会も実施。
	公民館まつり	地元の公民館まつりに参加し、ダンスの披露や作品展示など園内外の人に見てもらう。
3月	親子リズムあそび	園の思い出として親子でふれあうリズムあそび。外部講師も活用。

実践より	夏祭り
7月	毎年7月に実施。親子でゲームやお買い物を楽しんでいます。

指導計画 P.50、51

計画・準備は保護者が主体となって行い、ゲームや出品物のほとんどが手作り。6月ごろから、学年ごとに公民館などに集まり、あそべるおもちゃやお弁当袋・絵本バッグなどを作っています。当日は売り手と買い手を交換して実施。夏祭りへの準備を通して保護者同士の懇親の機会となっています。

輪投げコーナー。年齢によって投げる位置を変えられるよう、ビニールテープの線を何本か引いておく。

糸につけた磁石で魚を釣る。うまく釣れるかな？

くじ引き1回50円。子どもたちは本物のお金を使ってやり取り。

実践より	パパふれあいデー
11月	通常の保育参観ではほとんどが母親の参加となるため、父親にも参加の機会をという思いから、学年ごとに年3回実施しています。

指導計画 P.74

まず年間行事予定で日程を伝え、近い時期に再度お知らせします。都合により父親が不参加の子どもに配慮し、「親子ペアであそぶ」のではなく「お父さんたちと子どもたちみんなで一緒にあそぶ」という内容にしています。ダイナミックな砂あそびやサッカー教室など、父親も歓声を上げて楽しむ姿が見られます。

毎年多くのお父さんが参加する。

さすがお父さん！おっきい山！

ダイナミックな砂山作り。お父さんならではの大きな山ができた！

執筆園紹介

4歳児 保育園

社会福祉法人 湘北福祉会
あゆのこ保育園（神奈川県）

緑豊かな田畑に囲まれ、西側には大山の雄大な姿や晴れた日には富士山が小さく見えることもあります。東側には大きな国道246号線、本厚木駅前などにぎやかな街並みが広がり、厚木市のいろいろな様子が感じられる環境にあります。ひとりひとりを大切にした保育を目指し、子どもたちがくつろいで過ごせるよう、温かい雰囲気を大事にしています。

総園児数（在籍数） ……………………… 140人
総職員数（正規職員） ……………………… 24人
4歳児園児数 ……………………… 1クラス30人

4歳児 幼稚園

いわき市
いちご研究会（福島県）

いわき市は福島県の南東に位置し、「東北の湘南」と呼ばれる温暖な地域です。市内には18園の市立幼稚園があり、合同の研究も行いながら、それぞれ地域環境を生かした独自のカリキュラムで保育をしています。今回は、好奇心旺盛な教師たちで、4歳児の指導計画作成に取り組みました。「キラキラ輝くいわきっ子」をはぐくむため、教師もさらに輝き続けたいと思っています。

※第2版刊行（2018年）に当たり、各執筆園において、記述の見直し・確認、加筆等を行いました。園についての上記内容は、初版（2013年）当時のものになります。

指導計画と「振り返り」のヒント集

Special対談

感じ、考え、「気づく」保育を目指して —保育の本質を考える—

めまぐるしく状況が変化する現在の保育。
保育者はどんな思いをもって保育をしていけばよいのでしょうか。
新年度を迎える際の心構えや、指導計画を立て、実践し、振り返り、
次の保育へ生かしていくうえで、何が本当に大切で必要なのか—。
この本の監修者である秋田喜代美先生と
0．1．2歳児版※の監修者である増田まゆみ先生に語っていただきました。

秋田喜代美先生
（東京大学大学院教授）

増田まゆみ先生
（元東京家政大学・大学院教授）

計画どおりでなくても
子どもがどう表現するのかを
感じ取れたら
より保育が楽しくなります。
（秋田）

子どもの視線や動きを見て、
子どもの興味に「気づけ」ば、
活動も変わってきますよ。
（増田）

※『発達が見える！0．1．2歳児の指導計画と保育資料 第2版』（2018年　学研プラス刊）

> 計画ありきではなく、子どもに寄り添いながら
> 見通しと柔軟性のある保育になるとよいですね。
> （秋田）

新年度に向けて

秋田先生（以下秋田） 4月は子どもも不安でしょうが、保育者も、自分の思いの枠を超える子どものことがわからず、不安になる時期ですよね。慌ただしい日々ですが、子どもたちが、「この保育室が自分たちの居場所」と思えるような環境を準備してほしいですね。

増田先生（以下増田） 泣き出す子どもも多くて不安もあるけれど、新たな出会いがあって期待感も高まる時期だと思うのです。保育者の興味を膨らませながら、「この子どもはどんなことに興味をもつのだろう」と、ひとりひとりの子どもが、「楽しい！」ということを見出す努力をしてほしいですね。

秋田 それと、この時期は新入園の子どもに気をとられがちですが、進級児が遠慮や我慢をしていることもあって、見えないところでいろいろなひずみが起こりやすいのです。そんなときはひとりで何でも抱え込まず、同僚と協力し合って子どもを受け止めるようにしてほしいと思います。

増田 「このクラスの担任はわたしだから、すべてをやらねば」なんて思わずにね。子どもや仲間を信頼するとよいと思います。

秋田 子どもがずっと泣いていたりして行き詰まったときには、ひと心地振り返って、考えることも大事ですね。この子が泣いているときはどんなときだろうと考えてみると、お迎えの時間が近づくと泣きやむとか、泣かない時間が少し長くなっているなとか、見方が変わると開けてくる面もあるはず。

増田 「ああ、困ったどうして？」と思っているだけでは、ちっとも子どもが見えてこないんですね。子どもが始めたことには、必ず意味があって、何かしらの思いが込もっている。だから普段の保育でも、何かをやらせるのではなくて、子どものちょっとした視線や表情の変化とか、子どもが始めたことに着目していくと保育が見えてきます。そうすると見通しをもった保育になり、より深く、広い保育ができるようになると思うんですよ。

本質をとらえた保育とは？

秋田 増田先生がおっしゃったようにかかわっていくと、指導計画も、今度はこれを準備しようという計画ありきではなく、子どもに寄り添いながら、見通しをもった柔軟性のあるものになるのでしょうね。

これは1つの例なのですが、ある園にうかがったとき、子どもたちが混色あそびをしていたんです。赤や青や黄色とか、いろいろな色を混ぜて。でも、そのなかで1人だけ、青だけをひたすら塗っている子がいました。活動の後、「その子が混色を経験できなかったと考えるのではなくて、青にもいろいろな青があって、どんな青があるか広げてみるとよいのでは」という話が出たんです。青だけでもいろいろな濃淡があって、「僕のは○○ブルーだ」とか名前をつけていくとか、そうやって輪が広がると、保育者の思い通りじゃなくても、その子が生きてくる活動ができるのですよね。こんなふうに、子どもの姿から活動を組み立てられる力もつけていってほしいですね。

増田 それ、とってもすてきなお話ですね。子どもって、保育者のねらい以外のことを始めるのですよね。絵の具を使って塗るのをねらいにしていても、筆を洗ってできた色水のほうで盛り上がったり。でも、子どもの視線や動きを見ていれば、「あ、この子はこれがおもしろいんだな」とわかることも多いはず。子どもの興味に「気づく」保育者になってほしいと思います。

秋田 「どうしよう、この子にも色を混ぜさせなきゃ」と思うのではなく、自分

> 子どもが始めたことには、必ず意味がある。
> 何かしらの思いが込もっているから、
> 子どもが始めたことに着目して。
> （増田）

> 子どもが出合う先がどういうものかを考え、
> みんなが深く良質の「本物」を作っていくという方向が、
> 保育を本当に意味あるものにします。
> （秋田）

の思いとは違う行為を見て、この子ってすごいなと思い、次にこうかかわったら、ほかの子がこう動き出すと読める力というのでしょうか。そんなふうに働きかけられたら、色を混ぜるよりも、微妙な青の違いを感じる子のほうがずっとおもしろいと思うし、その子がどう表現するのかを感じ取れたら、自然にいろいろな子どもの言葉が出てきて、より保育が楽しくなるでしょうね。

考え、気づくことの大切さ

秋田 今の保育の情報は、計画の立て方にしてもそうですが、すぐにはさみとのりでできるようなものが求められるというか、どうしても直接的な成果を求めるものが多いように感じますね。

増田 手あそびなどは、手順通りにしていけば、どの子も行うパターン化した保育になりがち。よく本や保育雑誌にも載っていますしね。でも、それをただ提示されたようにするだけでなく、保育の現場で、どう自分なりにやろうか、工夫しようか、つまり、どういうふうに子どもとかかわるのか、どのくらい変化をつけられるのかといったことを考えることが保育なのです。考えなければ一歩も進まない。

秋田 この歌をうたうことや、このあそびをすることで、子どもの経験にどんな意味があるのかを考えることが大切。また、本や保育雑誌も、そのきっかけを提供する役割が求められていると思います。

増田 それから、考えるためには、まず感じること、「心動かされること」が必要。「あ、おもしろい」、「なぜ、次はどうするのかしら」と感動を受けると、保育者はその感動を子どもと共有したいと思うし、じゃあどうしたらよいかと考えて生活をデザインしようとする意欲が生まれるのですね。子どもひとりひとりのことが思い起こされて、義務からではなく、「保育のなかでどう取り組んでいこうか」、じゃあ、「こんな計画を作ろう」となっていきますよ。

そのためには、これはおもしろいな、美しいなという本物と出合うことが必要。音楽や絵でもいいし、自然でもいい。どんなに忙しくても、保育以外のもので、心動かされるものとの出合いを見つけてほしいし、見つけようとするアンテナをもってほしいですね。常に様々なものに興味をもつこと、感動する心をもつこと、そして新たなものを見つけようとする保育者の姿勢が、豊かな生活やあそびを作り出す基本になると思うのです。それは決して保育の「○○学」という学問や手あそびをたくさん知っているということだけではないのです。

秋田 自分の専門的な教養を高められる刺激は大切ですね。

子どもが出合う世界の先がどういうものかが見えてくる、というのが大事か

> 「おもしろい」と思ったものは、
> 子どもと共有したいと思うのが保育者。
> だから常に感動を見つけてほしいですね。
> （増田）

なと。子どもだから子どもっぽいものを与える、大人が考えるかわいらしいものを与える、だからそれにかかわる保育者も子どもっぽく、ということではなく、みんなが深く良質の「本物」を作っていくという方向が、保育を本当に意味あるものにしていくのではないでしょうか。

増田 あとは、自分の保育を振り返ること。どの保育者も、日誌や連絡帳などに毎日記録していると思うのですが、やり方が問題なのです。振り返ることはイコール「考える」ことなのですが、深く考えずにただ書くだけになってしまうと、「こういうことがありました」となってしまう。でも、心を動かされたときの記録は違うのです。振り返りながら、ほかの保育者とも、園内研修などでぜひ話し合ってほしいですね。「そうそう、こんなことがうちのクラスにもあってね……」と話がつながっていきますよ。

秋田 そこから、子どもの姿をどう読めばよいかということもわかってくるかもしれませんね。

子どもが原点になって、子どもの声に耳を澄ませて聞くような理念のなかで、指導計画が見通しをもって作られ、実践されていくことが大事かなと思います。

増田 これからの保育は、つながりをもち、相互作用しながら考えていくことが求められています。

秋田 たくさんのつながりの輪の中で、子どものかたわらにいて、子どもと一緒に育っていくという関係ができるというのは、とても素晴らしいことだし、それこそが保育の本質だと思います。

✱ 保育を「振り返る」とは

より質の高い保育を行っていくために必要な「振り返り」について、秋田先生と増田先生にポイントをうかがいました。

秋田先生より…

「振り返り」は、明日の保育への架け橋に

「明日の保育をよりよいものに」という保育者ひとりひとりの気持ちが、振り返りの出発点になります。「振り返り」は過去の反省というだけでなく、今日の保育が明日の保育へつながるための架け橋の役目をします。でも心にとどめておくだけだと忙しさに流れて、おざなりになりがちです。

そこで、第一に必要なのが、記録用紙や記録方法の工夫。長続きして実際に実践につなげるためにはこれがとても大事なのです。週案用紙の裏、翌日の日案の横など、つながりが具体的にわかりやすい記録方法、色ペンや矢印、下線など、手を動かして自分なりの工夫を入れることで、考えを目に見えるようにしていくことが大切です。書くことで保育の場面がイキイキと思い出され、明日の保育の予想ができるようになるでしょう。先輩や同僚の記録を見せてもらい、書き方の工夫を知ることで「マイ保育記録」による振り返りの工夫をしてみましょう。

第二は、同僚との話しやすい関係作りを心がけることです。ちょっとしたことでも共有し話せるようになると振り返りの質は向上し、視野が開けます。経験年数にかかわらず本音で話し合い支え合い、悩みやうれしさを共感し合える職場になるとよいですね。

増田先生より…

「振り返る」ことによる変容を楽しむ

1日の保育を終えたひとときの「振り返り」。そこで気づきを得た「わたし」は昨日の「わたし」とは異なり、新たな思いで今日の保育に取り組み、1週間、1か月、そして1年が経過していきます。「子ども理解に基づく計画、実践、振り返り、改善」という「保育の過程」が、らせんを描くように継続していくことが、保育者の意識や記録、実践などに生かされ、保育の質を高めること、そして保育者の育ち、変容へつながっていきます。そうなのです。「振り返り」は過去に向けたベクトルが、主体的に取り組む記録や仲間との対話により、未来に向かうベクトルへと変容していくことに意義があります。

保育中は、ひたすら子どもと共にある保育者です。多様な援助（直接的、間接的）を意識して行うほかに、無意識に繰り返し行っていること、体が動くことがあるでしょう。また保育の現場では、経験を重ねるにつれ、暗黙のうちに理解し合い、同じような受け止めや行為をすることがしばしばあります。こうした「経験の知」を尊重しつつ、記録や対話を意識的に積み重ねていくという「振り返り」を大変で苦しいことではなく、実践者であることの喜びにつなげていってほしいと思います。

指導計画の書き方 Q&A

指導計画が大切だということはわかっていても、どこに、何を、どのように書いたらよいのか、いつも迷いながら作成しているという人が多いようです。
ここでは、そんな指導計画に関する5つの疑問・悩みについて、実例を交えながら、お答えしていきます。

監修・秋田喜代美（東京大学大学院教授）

Q1 「指導計画」って？

A 　保育を行ううえで指導計画は不可欠です。保育者は、子どもの育ちに見通しをもって保育にあたることが大切ですが、この「見通しをもった保育」に必要なのが、指導計画なのです。
　保育の指導のための計画としては、まず園の全体的な計画として「全体的な計画（保育所）」・「教育課程（幼稚園・幼保連携型認定こども園）」があり、これは園の理念・方針、目標や、子どもの育ちに基づく保育（教育）内容を示すものです。幼保連携型認定こども園の場合、教育及び保育の内容に関する全体的な計画としては、①満3歳以上の園児の教育課程に係る教育時間の教育活動のための計画、②満3歳以上の保育を必要とする子どもに該当する園児の保育のための計画、③満3歳未満の保育を必要とする子どもに該当する園児の保育のための計画、④地域の実態や保護者の要請により、教育を行う標準的な時間の終了後等に、希望する者を対象に一時預かり事業などとして行う活動の計画が必要になります。ただしそれぞれに作成するのではなく、教育及び保育の内容の相互関連を図り、統一した全体的な計画を作ります。
　さらに指導計画には、長期的な計画（年・期・月の計画）と、短期的な計画（週・日の計画）があり、いずれも、「子どもの姿」「ねらい・内容」「環境構成・保育者の援助」などから構成されています。長期的な計画で立てた「ねらい・内容」がより着実に達成できるように具体的な内容を入れ、実際に生かせるものにするのが、短期的な計画です。
　このように保育の計画には、長期を見通して大きくとらえることも、短期で区切って具体的な実践を組み立てていくことも必要です。そして、これらの計画すべてが、大きな流れのなかでつながっていることが大切なのです。

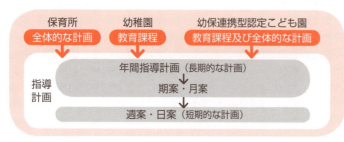

Q2 「子どもの姿」は、どのようにとらえればよいの？

A 指導計画は、子どもの姿を把握し、理解することから始まります。そのときに重要なのは、「子どもひとりひとり」と「集団」の育ちをとらえること。

まず「ひとりひとりの育ち」をとらえるうえで大切なのは、「〜ができる」「〜をしている」という外面的なことだけではなく、その子どもの心情・意欲・態度といった内面を見ていくことです。例えば、みんながゲームをしている時に仲間に入らない子どもがいた場合、別のあそびに夢中になっているのか、仲間に入りたい気持ちはあって、じっとゲームの様子を見ているのか、この2つでは、子どもの姿は全く違うものになります。そういった内面をとらえることが重要なのです。

次に、「集団としての育ち」ですが、まず、ひとりひとりの異なる姿から共通する育ちを見いだすことが必要。右の例のように、あそびの内容は違っても、「友達と一緒にあそぶことを喜ぶ」という共通点を見いだして、「集団の育ち」としてとらえていく目が求められます。そしてもうひとつ、子ども同士の関係性を見ることも大切。いざこざも含めた試行錯誤の段階を経て、一緒にあそぶ楽しさを知り、共通の目的が実現する喜びを味わう……といった関係性の育ちも、「集団としての育ち」における重要ポイントです。巻頭Ⅳ〜で解説した、「10の姿」を意識してとらえてみましょう。

●「子どもの姿」記述例

1-子どもの内面をとらえる

- 集団あそびができるようになってきたが、仲間に入らない子どももいる。

　↓

- 集団であそぶことを喜ぶようになっているが、仲間に入りたくてもその思いを伝えられない子どももいる。

など

2-集団に共通する育ち・関係性の育ちをとらえる

- 友達と一緒に、積み木で基地を作ってあそんでいる。
- 友達同士、砂場でお店屋さんごっこを楽しむ。

　↓　　　　　　　↓

・いろいろな見立てあそびを楽しむ。　または　・友達と一緒にあそぶことを喜ぶ。

など

● 指導計画の書き方 Q&A

Q3 「ねらい・内容」は、どのように立てるの？

A 指導計画における「ねらい」は、全体的な計画・教育課程に基づき、**子どもの発達過程や姿を踏まえて、その時期に育てていきたいこと**を表します。そして、その「ねらい」を達成するために必要な経験など、より具体化したものが「内容」となります。いずれも、**家庭生活との連続性や季節の変化、行事との関連性などを考慮して設定すること**が大切です。

「ねらい」と「内容」については、よく「違いがわからない」といった声が聞かれますが、前述の通り、この2つにはそれぞれに意味があり、双方のつながりを考えたうえで立てていく必要があるものなのです。

また時折、「ねらい」や「内容」に、保育者が主語になったものが含まれていることがありますが、本来、子どもの心情・意欲・態度を記述するものです。そのあたりも間違えないように気をつけましょう。

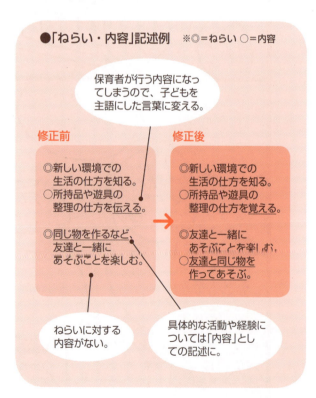

●「ねらい・内容」記述例　※◎＝ねらい ○＝内容

保育者が行う内容になってしまうので、子どもを主語にした言葉に変える。

修正前
◎新しい環境での生活の仕方を知る。
○所持品や遊具の整理の仕方を<u>伝える</u>。

◎同じ物を作るなど、友達と一緒にあそぶことを楽しむ。

ねらいに対する内容がない。

修正後
◎新しい環境での生活の仕方を知る。
○所持品や遊具の整理の仕方を<u>覚える</u>。

◎友達と一緒にあそぶことを楽しむ。
○<u>友達と同じ物を作ってあそぶ</u>。

具体的な活動や経験については「内容」としての記述に。

Q4 「環境・援助・配慮」を考えるうえでのポイントは？

A 「環境」といっても、ただ遊具や素材を用意すればいいということではありません。「環境」には、遊具、素材といった物的環境だけでなく、自然事象、時間、空間、人とのかかわりなど、様々な要素があります。保育者は、活動の様子を予想して、置き方、提示の仕方など、あらゆる観点から工夫し、**子どもがかかわりたくなるような、魅力ある環境**を構成していくことが大事です。

ただ、実際に活動が進むと、計画通りにいかないことが多々あります。保育者は、その都度現れる子どもの気づきや興味・関心の方向をとらえ、**環境を再構成していくことも大切**です。

なお、指導計画では、「環境」同様、「保育者の援助・配慮」も大切な要素です。これは、人的環境のひとつともいえますが、**「ねらい」「内容」達成のために行う、子どもたちへの言葉かけやかかわり**です。活動を予測したうえで、どのような援助・配慮が必要か、具体的に挙げておくことも、保育者にとって重要です。

●「環境・援助・配慮のポイント」記述例
※表の形式は本書に掲載する指導計画に準じています。

項目	記述例	解説
前週末の子どもの姿	●友達のすることに関心をもち、まねしてあそぶ。 ●遠足を思い出し、再現して楽しむ。	
ねらい(◎) 内容(○)	◎友達と一緒にあそぶことを楽しむ。 ○友達と同じ物を作ってあそぶ。	そのときの子どもの姿や状況から、数人が一緒に、バスなど大きな物を作ることを想定。積み木やブロックが、いつもより少し多めに必要だと考えた。
環境・援助・配慮のポイント	◆大型積み木やブロックなど多めに用意して、友達と協力しながら作れるようにする。 ◆あそびに必要な物が作れるように、廃材や描画材など、取り出しやすい所に出しておく。 ◆友達同士で意見の衝突があったときは、様子を見て間に入って双方の思いを聞き、相手に伝えるように促していく。	遠足ごっこが発展することを想定して、ハンドルやお弁当などが作れるような素材や道具を用意するということ。 友達と協力することに、まだ慣れていないので、かかわり方を丁寧に伝えることが必要な時期だと考え、保育者の援助として挙げている。

指導計画の書き方 Q&A

Q5 「指導計画」はその後どのように生かせばよいの？

A 「指導計画」は、保育に生かすためのものですから、書きっぱなしでは意味がありません。

「計画」を立てて「実践」し、その「実践」を「評価」して「反省」点を洗い出し、「改善」点を明確にして次の「計画」に生かす、この繰り返しが大切です。

評価や反省は、1人で行うのではなく、保育者同士で話し合い、相談しながら行っていきましょう。そのためにも、毎日の振り返りや職員会議、研修を、うまく活用していくことが大切です。複数の目が入ることで、1人では気づけない課題や改善点に気づくことができ、こうした取り組みは、保育者の質の向上にもつながります。

保育に生かす エピソード記録

保育の現場で起こったことを生き生きとえがくエピソード記録。子どもの姿や状況がわかりやすいエピソード記録とはどういうものか、また、どんなふうに保育に生かしていけばよいのでしょうか。
監修＝増田まゆみ（元東京家政大学・大学院教授）

エピソード記録
- はっとしたり、強く印象に残ったりした出来事を題材にする。
- 出来事とともに、子どもの心の動きや、それを保育者がどう受け止めたかを書く。

●エピソード記録とは？

子どもと接するなかで、はっとしたり強く印象に残ったりしたことを、出来事や行動やかかわりなどを簡潔にまとめるのがエピソード記録です。起こったことを具体的に書き、それについて自分の感じたことや思ったことも書きましょう。エピソード記録では、書いた人のとらえ方が正しいとか間違っているとかではなく、ほかの人と記録を基に対話を重ねることで、さまざまな感じ方や考え方があると知ることが大事です。

●まずは、書いてみよう

エピソード記録というと、「日常生活のなかで、そんなにエピソードなんてないから、書くのは難しい」という人がいます。また、何かのために書かなくてはならないと思うと、どうしても負担に感じてしまいます。

しかし、ワクワクしたり、ドキッとしたり、ヒヤッとしたり、子どもと接していると、心が揺さぶられる瞬間があるはずです。そんなとき、ほかの人に話したくなりますよね？ それを文章化すればよいのです。

エピソード記録には、書き方の形式はありません。大切なのは、子どもの心の動きとそれを保育者がどう受け止めたかが書いてあるということです。まずは気負わずに、子どもの姿やつぶやきを書いてみましょう。少し慣れてきたら、背景・考察を書くようにしましょう。

エピソード記録の書き方

事例をもとに、エピソード記録の書き方について、考えてみましょう。

事例① 「1月の種採り」（4歳児） 執筆＝藤原幼稚園（福島県）

背景

これまでわたしたちは、無意識のうちに「種採りは『秋』」と思い込んでいるところがあったかもしれません。
環境構成と言いながら季節を先取りし、枯れてしまったり汚れてしまったりした物は、きれいに撤去。見た目も美しく、すっきりと整えることで、保育者自身の心地よさのようなものに満足もしていました。
でも、もしかしたら、それは子どもたちの「新たな気づき」や「季節を巡る感覚」、「時を経ての再発見・再挑戦」の機会を奪っていたのかもしれない……。そんな思いにさせてくれたのが、4歳児の「1月の種採り」です。

――A

エピソード

秋にアサガオやフウセンカズラの種を採り、「片付けなければ」と思いながら、軒下のネットをそのままにしていました。そのネットの上のほうにあった、採り残した種を4歳児が見つけたのです。
4歳児は、背伸びしても届かなかった高い所の種を、運んできたいすに乗って採り始めました。たちまちクラス全体に種採りが広がって、1月のよいお天気の日に目をキラキラさせ、夢中になって「アサガオ」「フウセンカズラ」「ナスタチューム」「ワタ」などの種を集めている姿が見られました。

考察

わたしは園の花壇やプランターに、子どもたちと一緒に季節ごとに植え替えなどをして、「四季折々の花々がきれいに咲いている状態を保とう」としてきました。でも子どもたちにとって『意味のある環境』だったのでしょうか？　大いに反省させられました。
「種の魅力」にはまってからは、「サルビア」や「ペチュニア」「マリーゴールド」などの種が、しっかりできて子どもたちが採取してから、次の植え替えをするようになりました。そうすると、そのからからに枯れた花の姿もすてきに見えて、子どもたちと十分味わうことが大切なのだと思えるようになってきたのです。
畑も、取り残した野菜はそのままにするようになり、サニーレタスはタンポポに似た花が咲きました。翌年、その種をまき、おいしいサラダをいただきました。

――B

事例①に対する
増田先生からのコメント

「1月に種を採った」という記録だけでは、何も伝わってきません。しかし、この事例では、種採りのときのエピソードをきっかけに、保育者の価値観や保育観が変容したことが読み取れます。「四季折々の花々がきれいに咲いている状態を保つ」ことが大切だと思っていた保育者は、自分たちでいすを持ってくるなどの工夫をしてまで、夢中になって種採りをする子どもたちの姿にはっとさせられます。それまで意味がないととらえていた枯れた草花が、子どもにとって魅力ある環境のひとつであるというとらえ方に変わったのです。
それまでの保育の過程や保育観（背景）と、保育者自身の考え方の変容（考察）が盛り込まれているために、保育を深く見つめる記録になっています。

書き方のポイント

具体的には、どのようなことに注意してエピソード記録を書いていけばよいのでしょうか。

ポイント 1
子どものつぶやきや表情をメモする

保育ではっとさせられることがあっても、後からだと、思い出せなくなってしまうこともあります。そこで、いつもポケットに小さなノートと筆記用具を用意しておいて、心が動かされることや、忙しい保育の合い間に「これは」と思うことがあったらメモをとりましょう。保育中のことなので、メモはなるべく簡単に。子どものつぶやきやそのときの表情だけでもメモしておけば、エピソードを思い出す手がかりになります。

ポイント 2 …左ページ A
なぜ、心が動かされたのかを考える

はっとさせられる出来事を振り返ったとき、「あのとき、自分はどうしてはっとしたのだろう？」と、考えてみましょう。そうすると、それまでの保育のプロセスが自然に思い浮かび、その後の気持ちの変化を整理しやすくなります。それまでのプロセスがエピソードの背景であり、記録の多様な読み取りが保育の考察につながります。そこにそれぞれの子ども観や保育観が表れます。

ポイント 3 …左ページ B
自分の気づきから「今」を考える

エピソード記録を通して、保育のプロセスを改めて考えることが、現在の自分の保育を客観的に振り返ることにつながります。こうした振り返りによる自己評価が、保育の改善に生かされていくのです。

ポイント 4
具体的に書く

同じエピソードでも、感じ方は様々です。エピソード記録は、子ども観や保育観の善しあしを決めるものではありません。経験の少ない人と豊富な人では、とらえ方が違ってくることもあります。

書きっぱなしにするのではなく、仲間と共有して様々なとらえ方があることを知るのが、とても大切です。そこで、その場にいない人でもその場の状況が目に浮かぶように、具体的に書きましょう。

保育に生かすエピソード記録

エピソード記録の事例

いろいろな園のエピソード記録から、どのようなことをとり上げ、どんなことを書けばよいのか、考えていきましょう。

事例② 「ママがいい……」（2歳児）　執筆＝中央保育園（佐賀県）

背景
Aちゃんは最近、登園時に「ママがいい」と、母親と別れるまでに時間がかかったり、みんなで活動をしているときに、保育者に「イヤイヤ」という気持ちをぶつけたりすることで関心を引きたいような姿が見られていた。

エピソード
その日は朝から小雨が降る日。「せんせーい！ Aちゃんが外に出とんさー！」と、Bちゃんがびっくりした顔で教えにきてくれた。外を見ると、さっき登園してきたばかりのAちゃんが、水たまりの前に座っている。ほかの友達も「Aちゃん、戻っておいでー」と声をかけるが、聞こえないふりをしている様子。水たまりの中に手を入れて、泥水の感触を確かめるように、何度も何度もかき混ぜている。最近のAちゃんのことを思うと、ここで迎えに行っても「イヤイヤ」と言うだろうなと思い、しばらく様子を見ることにした。

そんな状態が続き、そろそろ迎えに行こうと思ったそのとき、Aちゃんが自分から部屋の中に戻ってきた。自分で気持ちを立て直して戻ってきたことに驚き、「おかえり、Aちゃん待っていたよ」と声をかけると、わたしの目を見てニコッと笑い、広げた手の中に飛び込んできた。

考察
その瞬間、Aちゃんとわたしとの距離が少し近くなった気がした。わたしの「Aちゃんのこと、わかっているからね」という思いが、Aちゃんにも伝わったようでうれしかった。

事例②に対する 増田先生からのコメント

2歳児の自我の芽生えがよく出ている事例です。保育者がAちゃんの今このときの思いを理解して、Aちゃんが戻ってくるのを待っている情景が生き生きと書かれています。Aちゃんの心をとても大事にしていることがよく伝わってきます。

事例③ 「Y君とS君の朝の会話」（3歳児）　執筆＝はっと保育園（兵庫県）

背景
Y君とS君は、共に2歳児からの進級児。
5月の下旬、先に登園していたY君。保育室が変わったせいか、母親と離れるのが嫌で泣いて登園したS君。Y君はS君が落ち着いた後、声をかけに行く。

エピソード
Y君「何で朝、泣いとったん？」
S君「……（お母さんと）離れるのが嫌やってん」
Y君「……うん。……あそぼうか？」
S君「うん」

考察
普段から仲がよく、一緒にあそぶことの多い2人だからこそ、出てきたエピソードだと思います。最近になり朝の登園時に泣くことが少なく、我慢している表情が見られるY君は、自分と同じように泣いて登園することの多いS君が気になっていたようです。

S君も仲のよいY君に、泣いているところを見られた恥ずかしさがあるのか、何事もなかったように平気な顔をしてY君に答えていました。照れくささがあるのか、2人とも目を合わさないようにしながら会話をしていました。

2人のやり取りを見て、3歳児がここまで友達に共感し、自分の心を表現できるものなのかと感動しました。

事例③に対する 増田先生からのコメント

3歳児が相手を気遣い、ストレートには言わない、Y君のS君に対する思いやりがよく伝わってきます。相手のことを気遣えるという心の育ちは、子どもにとって大切です。「3歳児でも微妙な心の動きを表現できるのか」という保育者の驚きが、この記録を書くきっかけになっています。

事例④「大地震の新聞記事を読んで」(5歳児)　執筆=宮前幼稚園(神奈川県)

背景

子どもたちに、中国の四川省で起きた大地震を伝えるために、5歳児クラスの保育室に新聞記事を持っていくと、5～6人の子どもたちが集まってきました。

エピソード

家が崩れ、がれきの上にテーブルを置き、御飯を食べている人の写真を見ているときに、

　　Aちゃん「Bちゃんがいきなりぶってきた！」
　　Bちゃん「だって、Aちゃんが写真を見て、『おいしそ～』って言ったんだもん」
　　わたし（なぜたたいたのかは、もうわかりましたが）
　　　　「なんで、『おいしそ～』って言うのがだめなの？」
　　Bちゃん「本気で、おいしそうなんて言っている場合じゃないんだよ」

Bちゃんは、大地震で多くの人が亡くなったりけがをしたりしたこと、家が崩れたり、食べ物が少なかったりすることなども知っていました。だから、そんな状況で御飯がおいしそうなどと言うのはおかしいと伝えたかったのです。

それを聞いたAちゃんは、はっとした表情をしていました。大地震の大変さを知る機会になったと思います。

考察

ひとつのニュースが話題になったなかで、他人に自分の思いを伝えようとする姿、人の話を聞いて気づくこと、刺激を受けるという姿が見られました。

いろいろな人の気持ちも考えられるようになったり、自分の思いを言葉で表現できるようになったりしてきた年長児と、あそびだけでなく、米作りなどの仕事、そして、ときにはニュースなどを通して、いろいろなことを友達と一緒に考えられるような場を大切にしていきたいと思いました。

事例④に対する　増田先生からのコメント

身の回りのことだけではなく、社会で起きていることにも目を向けるように意図して、保育室に新聞記事を持ち込んだ保育者にとって、Bちゃんは予想もしていなかった反応をしました。

子どもの心の育ちが保育の世界を広げ、多様な経験ができる場へと変化しています。

エピソード記録を日々の保育に生かすには

エピソード記録は、どのように日々の保育に生かすことができるのでしょうか。

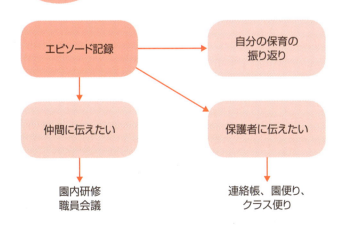

エピソード記録は、自分の保育を振り返るためにとても大切です。エピソード記録で明らかとなった驚きや気づきをほかの保育者や保護者と共有するために活用しましょう。

例えば、園内研修の場でエピソード記録を基に話し合うことで、互いの子どもの見方の違いや保育観の違いに気づかされることも多く、大きな学びとなります。

また、保護者に子どもの成長を報告するときには、具体的なエピソードと、それに対する保育者の思いを合わせて書くようにします。保護者と子どもの心身の育ちを共に喜び合い、保護者が子育ては大変だけれども楽しいものであると気づくことにつながります。

143

CD-ROMの使い方

CD-ROMには、下記のファイルが収録されています。**Windows 10/8.1/7**のパソコンで使いましょう。

■ CD-ROMに入っているもの

Excelのファイル　指導計画（月間、年間）のファイルです。編集して利用できます。記入欄が空白の「ひな型」ファイルもあります。本文ページのCDマーク、収録フォルダー名、ファイル名を参照し、CD-ROMからパソコンにコピーしてお使いください。

収録ファイル一覧

フォルダー	フォルダー	ファイル
保育園	月間	4歳月間指導計画_保_ひな型
		P022_4歳4月_保
		P026_4歳5月_保
		⋮
		P106_4歳3月_保
	年間	4歳年間指導計画_保_ひな型
		4歳保育園年間
幼稚園	月間	4歳月間指導計画_幼_ひな型
		P024_4歳4月_幼
		P028_4歳5月_幼
		⋮
		P108_4歳3月_幼
	年間	4歳年間指導計画_幼_ひな型
		4歳幼稚園年間

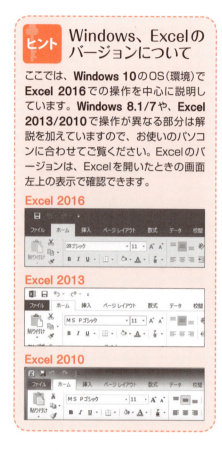

ヒント　Windows、Excelのバージョンについて

ここでは、**Windows 10**のOS（環境）で**Excel 2016**での操作を中心に説明しています。**Windows 8.1/7**や、**Excel 2013/2010**で操作が異なる部分は解説を加えていますので、お使いのパソコンに合わせてご覧ください。Excelのバージョンは、Excelを開いたときの画面左上の表示で確認できます。

Excel 2016

Excel 2013

Excel 2010

オリジナルの指導計画を作ってみよう！

CD-ROMに収録されているExcelファイルを使って、オリジナルの指導計画を作ってみましょう。ファイルは、あらかじめ内容が記入されているものと、記入欄が空白になっている「ひな型」があります。

ファイルをパソコンにコピーして開く

CD-ROMに収録されているファイルを、パソコンにコピーして開いてみましょう。ここでは、保育園 － 月間にある P022_4歳4月_保 を、「ドキュメント」（「PC」内）にコピーします。

❶ CD-ROMを、パソコンのCDドライブにセットする

➡画面右下にCDの名前が表示されます。
● **Windows 8.1**…画面右上にCDの名前が表示されます。
● **Windows 7**…［自動再生］画面が表示されます。手順❸に進みます。

❷ CDの名前をクリックする

➡画面右上に操作選択画面が表示されます。

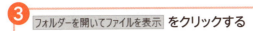

❸ フォルダーを開いてファイルを表示 をクリックする

➡ CD-ROMの中が表示されます。

❹ 保育園 をダブルクリックする。続けて、月間 をダブルクリックする

➡「月間」フォルダーの中が表示されます。

❺ コピーしたいファイルをクリックして選択する

❻ ホーム をクリックし、コピー をクリックする

● Windows 7 … 整理 ▼ → コピー をクリックする

❼ 画面左側の ドキュメント (「PC」内)をクリックする

➡ [ドキュメント] (「PC」内) 画面が表示されます。

❽ ホーム をクリックして、貼り付け をクリックし、コピーする

● Windows 7 … 整理 ▼ → 貼り付け をクリックする

❾ ファイルをダブルクリックして開く

このあと、146ページ以降を参照してファイルを編集してみましょう。

困った CDの名前が消えた！(Windows 10/8.1) 操作選択画面が表示されない！

CD-ROMがCDドライブに正しくセットされていない可能性があります。一度CDドライブから取り出し、もう一度セットしてみましょう。それでも画面が出ないなら、次のようにしてCD-ROMの中を表示しましょう。

❶ デスクトップ画面で、下部の 📁 (エクスプローラー)をクリックする

❷ [エクスプローラー]画面で、左側の PC をクリックし、DVD RW ドライブ をクリックする

困った [自動再生]画面が表示されない！(Windows 7)

CD-ROMがCDドライブに正しくセットされていない可能性があります。一度CDドライブから取り出し、もう一度セットしてみましょう。それでも画面が出ないなら、次のように操作します。

❶ 左下の [スタート] → コンピューター をクリックする

❷ 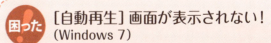 をダブルクリックする

ファイルを編集する

開いたファイルを編集しましょう。

■ 表示を拡大する

表示を拡大しましょう。文字が大きくなり、作業しやすくなります。

① 右下の ➕ (拡大)を数回クリックして、拡大する

② 縮小したいときは、➖ (縮小)を数回クリックする

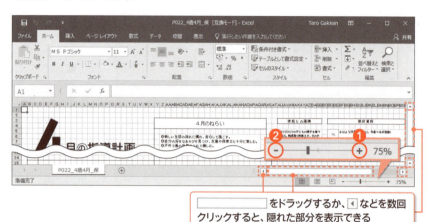

［　　　］をドラッグするか、◀ などを数回クリックすると、隠れた部分を表示できる

■ 文章を追加・修正する

あらかじめ入力されている文章を消して、打ち換えましょう。

① 編集したい枠(セル)をダブルクリックする
→ 枠内の文字を編集できるようになります。

② 消したい文字をドラッグして選択する

③ Delete (デリート)を押し、文字を消す
● 枠内すべての文字を消したい場合は、文字をドラッグせず、枠を選択した状態で Delete (デリート)を押す

④ 文章を入力する
● 日本語は、半角/全角 (半角/全角)を押して画面右下の A を あ に変えてから入力する

ヒント 枠の中で改行する

改行したい位置で、Alt (オルト)を押したまま Enter (エンター)を押します。

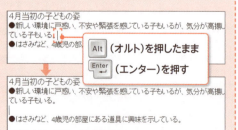

Alt (オルト)を押したまま Enter (エンター)を押す

ヒント 記号を入力する

次の読みを入力して変換しましょう。コピーして貼り付けることもできます(147ページ参照)。

記号	読み	記号	読み
○	まる	◆	しかく
◎	まる	■	しかく
●	まる	★	ほし

CD-ROMの使い方

■ 文章をコピーして使う

書いた文章をほかの場所にコピーしてみましょう。コピー元では コピー 、コピー先では 貼り付け を使ってコピーします。

1 文章をドラッグして選択する

2 ホーム をクリックし、 (コピー)をクリックする

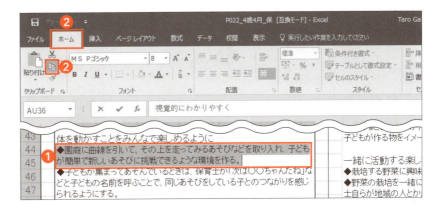

3 貼り付けたい枠の中をクリックして選択する

4 貼り付けたい場所をダブルクリックして、|（カーソル）を表示する

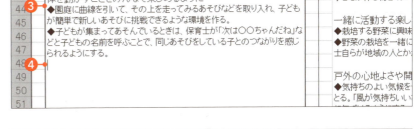

5 (貼り付け)をクリックすると、文章がコピーされる

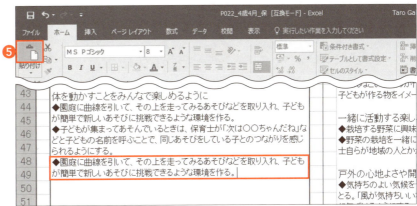

困った 枠から外れて入力された！元に戻したい！

間違った場所に入力してしまったり、誤って操作をしてしまったときは、元の状態に戻し、作業し直しましょう。

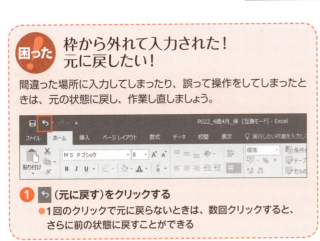

1 (元に戻す)をクリックする
- 1回のクリックで元に戻らないときは、数回クリックすると、さらに前の状態に戻すことができる

困った 枠内の文字が切れている！

枠内に文章を入力中、入力した文字すべてが表示されますが、確定すると一部が隠れることがあります。文字サイズを小さくして、すべてを表示させましょう（148ページ参照）。

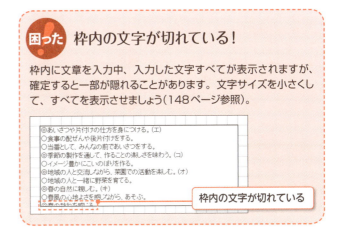

枠内の文字が切れている

147

■ 編集のヒント

必要に応じて下記の内容を参考にし、編集しましょう。

文字を小さくする

枠内の文字すべてを小さくすると、入力できる文字数を増やせます。

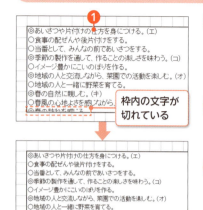

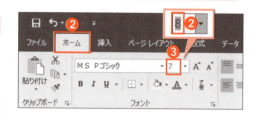

① 文字をクリックして枠を選択する
- 一部の文字を小さくする場合は、ドラッグして選択する

② ホーム をクリックし、8 (フォントサイズ)をクリックする

③ 文字サイズを入力する。
ここでは、「7」を入力する
- 右横の ▼ をクリックして、一覧から選ぶこともできる

➡ 文字が小さくなります。

書体を変える

書体（フォント）を変えてみましょう。

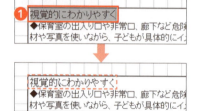

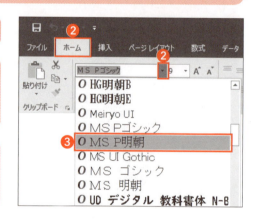

① 文字をドラッグして選択する

② ホーム をクリックし、MS Pゴシック （フォント）の ▼ をクリックする

③ 変えたい書体をクリックする。
ここでは、 MS P明朝 をクリックする

➡ 書体が変わります。

太字にする

一部の文字を太くしましょう。

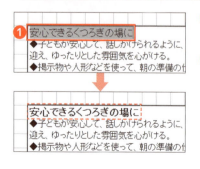

① 文字をドラッグして選択する

② ホーム をクリックし、B （太字）をクリックする
- 太字をやめたいときは、もう一度、B （太字）クリックする
- U （下線）では、文字に下線が付く

➡ 文字が太くなります。

CD-ROMの使い方

文字の色を変える
一部の文字の色を変えてみましょう。

① 文字をドラッグして選択する

② ホーム をクリックし、A▼（フォントの色）の▼をクリックする

③ 変えたい色をクリックする
- 元の色に戻す場合は、自動 をクリックする
→ 文字の色が変わります。

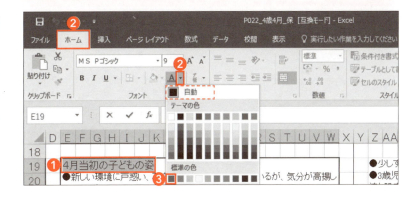

枠をつなぐ
枠（セル）をつなげて、広く記入できるようにしましょう。

枠をつなぎ、はみ出ている線を消す

① つなげたい枠をドラッグして選択する

② ホーム をクリックし、(セルを結合して中央揃え)の▼をクリックする

③ セルの結合(M) をクリックする
→ 枠がつながります。

④ ▼[下罫線]の▼をクリックし、罫線の削除(E) をクリックする
→ カーソルが になります。

⑤ で、消したい線をクリックする。消し終えたら、 をクリックして にし、解除する
→ はみ出ている線が消えます。

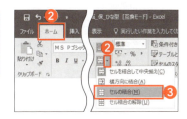

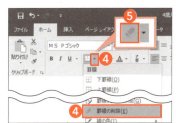

⚠️ **文章が入ったままの枠同士をつなげない！**
文章が入っている複数の枠をつなげると、左上端の枠の内容だけが残り、ほかの枠の内容は消えてしまいます。枠内は空白の状態でつなぎ、あとから文章を入力しましょう。

枠内の記入スペースを広げる
記入枠の周囲にあるマスをつなげて、枠内の記入スペースを広げましょう。

① つなげたい枠をドラッグして選択する。
ここでは、記入枠の右側、下側を含めて選択する

② 上記の「枠をつなぐ」の手順②〜③ と同じ手順で枠を結合し、広くする

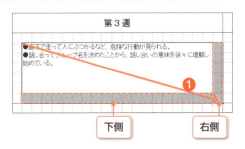

下側　右側

149

「ひな型」を使おう

記入欄が空白になっている「ひな型」のファイルを活用してみましょう。

空白の記入欄に、自由に文字を入力できる

ファイルを保存する

作ったファイルを保存して、パソコンに残しましょう。

① ファイル をクリックする

② 名前を付けて保存 をクリックする

➡ [名前を付けて保存] 画面が表示されます。
● Windows 7…手順 ④ に進みます。

③ 保存する場所をパソコンに指定し、保存の画面を表示する

● Windows 10… この PC → 参照 をクリックする
● Windows 8.1… コンピューター → 参照 をクリックする

➡ [名前を付けて保存] 画面が表示されます。

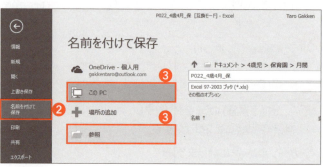

④ 保存する場所を確認する。
ここでは、「ドキュメント」に保存する

⑤ ファイル名を確認する

● ファイル名を変えることもできる

⑥ 保存(S) をクリックする

➡ ファイルが「ドキュメント」に保存されます。

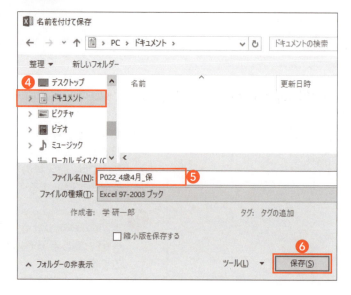

> **ヒント** 保存したあとで、編集した！
>
> 画面左上の 🔲（上書き保存）をクリックしましょう。最新の状態に更新されます。編集の合間に 🔲（上書き保存）をクリックすると、それまでの作業が保存され、作業内容が消えてしまうことを防げます。

CD-ROMの使い方

ファイルを印刷する

作ったファイルをA4用紙（2枚）に印刷しましょう。画面に表示されている薄いグレーの区切り線は、印刷されません。

1  をクリックする

2 印刷 をクリックする

3 プリンター名を確認する
- プリンター名は使用しているものによって異なる

4 用紙サイズを確認する

5 （印刷）をクリックする

➡ A4サイズの用紙2枚に印刷されます。

印刷プレビューで、印刷される内容を確認できる

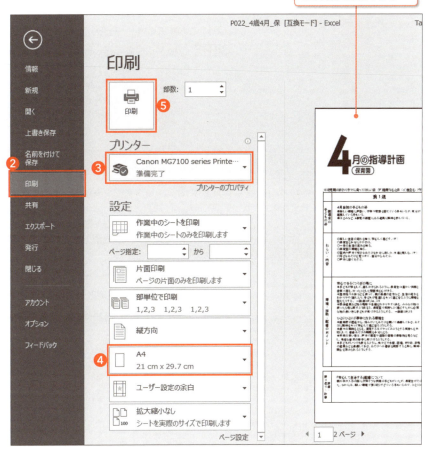

ヒント　A3用紙1枚に印刷するには

ページ設定を変えると、A3用紙1枚に印刷できます。A3印刷対応プリンターで印刷できます。なお、年間 内のファイルは、縮小して（下記の手順❸）印刷します。

① 上記の手順❸で、A4 をクリックし、A3 を選択してクリックする

② 縦方向 をクリックし、横方向 を選択してクリックする

③ 年間 内のファイルを印刷するときは、拡大縮小なし をクリックし、シートを1ページに印刷 を選択してクリックする

④ （印刷）をクリックする

151

監修・執筆

総監修

秋田喜代美
●東京大学大学院教育学研究科教授、同発達保育実践政策学センター センター長。
専門は、保育学、発達心理学、学校教育学。主な著書に『保育の心理学』（編著　全国社会福祉協議会）、『保育の温もり』（単著　ひかりのくに）、『育み支え合う保育リーダーシップ』（監訳　明石書店）、『学校教育と学習の心理学』（共著　岩波書店）など。

「保育に生かすエピソード記録」(P.139〜143)監修

増田まゆみ
●元東京家政大学・大学院教授。
現在、湘南ケアアンドエデュケーション研究所所長。
専門は保育学。長年保育者養成に携わる。主な著書に『乳児保育』（編著　北大路書房）、『保育者論』（編著　全国社会福祉協議会）、『自己評価につながるMYふりかえりノート』（学研）など。

「0〜5歳児の姿」(P.12〜13)、「4歳児の姿」(P.14〜18)執筆

高辻千恵
●元東京家政大学家政学部児童学科准教授。
専門は、保育学、発達心理学。主な著書に『保育者のストレス軽減とバーンアウト防止のためのガイドブック』（共訳　福村出版）、『大学1・2年生のためのすぐわかる心理学』（共著　東京図書）など。

「年間指導計画」(巻頭)、「指導計画・保育資料」(P.22〜119)執筆

社会福祉法人　湘北福祉会　あゆのこ保育園（神奈川県）
いわき市いちご研究会（福島県）

STAFF

- 編集協力／小林留美　小杉眞紀　佐々木智子
- デザイン／長谷川由美　千葉匠子
- ＤＴＰ(P.144〜151)、ＣＤ-ＲＯＭ検証／株式会社コスモメディ
- ＣＤ-ＲＯＭ製作／蟻末 治
- 本文イラスト／ナシエ　西片拓史　長谷川まき　中小路ムツヨ
- 表紙撮影／田口周平
- 表紙撮影協力／竹部結香（セントラル子供タレント）、浜田昊亮
- 校閲／佐々木智子　小林留美（巻頭Ⅰ〜Ⅷ）

※この本は、月刊誌『こどもと』(2011年度4月号〜3月号)、2011年4月号別冊付録、2010年4月号別冊付録に掲載したものを再構成し、新たなページを加えたものです。
※第2版刊行（2018年）に当たり、各執筆園において、記述の見直し・確認、加筆等を行いました。